国浩法律文库

不确定交易中的确定规则

国浩律师（上海）事务所争议解决法律研究中心 编著

法律出版社 LAW PRESS · CHINA
北京

图书在版编目(CIP)数据

法握全局：不确定交易中的确定规则 / 国浩律师(上海)事务所争议解决法律研究中心编著. -- 北京：法律出版社, 2023
ISBN 978 - 7 - 5197 - 7577 - 3

Ⅰ. ①法… Ⅱ. ①国… Ⅲ. ①商法 - 研究 - 中国
Ⅳ. ①D923.994

中国国家版本馆 CIP 数据核字(2023)第 027116 号

法握全局:不确定交易中的确定规则
FAWO QUANJU:BUQUEDING JIAOYI ZHONG DE QUEDING GUIZE

国浩律师(上海)事务所争议解决法律研究中心 编著

责任编辑 慕雪丹 章 雯
装帧设计 汪奇峰 鲍龙卉

出版发行 法律出版社
编辑统筹 法商出版分社
责任校对 赵明霞
责任印制 胡晓雅
经　　销 新华书店

开本 710 毫米×1000 毫米 1/16
印张 18.25 **字数** 259 千
版本 2023 年 4 月第 1 版
印次 2023 年 4 月第 1 次印刷
印刷 三河市兴达印务有限公司

地址:北京市丰台区莲花池西里 7 号(100073)
网址:www. lawpress. com. cn
投稿邮箱:info@ lawpress. com. cn
举报盗版邮箱:jbwq@ lawpress. com. cn

销售电话:010 - 83938349
客服电话:010 - 83938350
咨询电话:010 - 63939796

书号:ISBN 978 - 7 - 5197 - 7577 - 3
定价:79.00 元

本书编委会

（按姓氏拼音首字母排序，不分先后）

“国浩法律文库”总序

作为我国法治工作队伍的重要组成部分，中国律师已经成为协调推进全面建设社会主义现代化国家、全面深化改革、全面依法治国、全面从严治党的战略布局中一支不可替代、举足轻重的重要力量，并且越来越为党和政府以及社会各界所关注和重视。党的十八届三中全会审议通过的《中共中央关于全面深化改革若干重大问题的决定》特别指出，要“完善律师执业权利保障机制和违法违规执业惩戒制度，加强执业道德建设，发挥律师在依法维护公民和法人合法权益方面的重要作用”；党的十八届四中全会审议通过的《中共中央关于全面推进依法治国若干重大问题的决定》更加明确地指出，要“加强律师队伍思想政治建设，把拥护中国共产党领导、拥护社会主义法治作为律师从业的基本要求，增强广大律师走中国特色社会主义法治道路的自觉性和坚定性”。可以说，对律师行业的发展而言，“这是一个最好的时代”！

在律师业的发展过程中，对律师“专业人士”的角色定位已没有异议，而对于专业人士是应以“学者型”为方向还是以“工匠型”为目标之争却始终存在。其实这应是殊途同归的命题。“学者型”要求才高八斗、出口成章、理论扎实、结合实践，因此注重研讨、注重文章；而“工匠型”也要求一丝不苟、中规中矩、一针见血、心得颇多，所以注重琢磨、注重经验。因此，律师队伍中的“学者们”“工匠们”在日理万机的执业实践中，始终没有放弃研究、忘记总结，不时地成文、著作，并使之成为开拓业务、提高水平的重要手段，而鼓励、引导律师著书立说，一直是律师界的良好传统。

国浩律师事务所作为中国最大的法律服务机构之一，一直专注于服务我国投融资及其相关领域的发展与革新，并坚持在应用法律知识服务于经济社会的同时，不断总结经验，撰写理论与实践相结合的专业文章，并编辑成书。“国浩法律文库”系列丛书就是其成果之一。该丛书因其专业、实用、与时俱进等特点，赢得了各界朋友的较高评价、鼓励和支持。

搭建律师思想碰撞之平台、畅通律师信息传播之渠道、建设律师学问总结之道路、营造律师形象展示之舞台、创建律师文化交流之大厦，这正是我们编辑与出版这一文库的出发点与归宿。

我们真诚地希望“国浩法律文库”能让所有的读者朋友愿意读、读得懂、读后有收获。

中华全国律师协会第六、第七届会长
国浩律师事务所原主席　**于　宁**

中华全国律师协会监事长
国浩律师事务所首席执行合伙人　**吕红兵**

简　　目

专题一　《民法典》之担保制度在商事争议中的适用

专题二　通道类资管业务争议中的受托人法律责任

专题三　上市公司并购及投融资争议

专题四　涉上市公司控制权变更争议

专题五　证券虚假陈述民事赔偿案件

专题六　不可抗力、情势变更民法制度在涉新冠疫情商事争议中的适用

详　　目

专题一　《民法典》之担保制度在商事争议中的适用

专题二　通道类资管业务争议中的受托人法律责任

专题三　上市公司并购及投融资争议

专题四　涉上市公司控制权变更争议

专题五　证券虚假陈述民事赔偿案件

专题六　不可抗力、情势变更民法制度在涉新冠疫情商事争议中的适用

专题一

《民法典》之担保制度在商事争议中的适用

国浩律师（上海）事务所　崔庆玮　王璐云

2021 年 1 月 1 日,《中华人民共和国民法典》(以下简称《民法典》)正式施行,《民法典》中的担保制度在原有法律规定基础上作了体系化的编排和重大修改,配套出台的司法解释《最高人民法院关于适用〈中华人民共和国民法典〉有关担保制度的解释》亦新增了不少制度规定。

基于对法律条文的理解,同时基于对司法裁判观点尤其是《民法典》生效后观点的检索与归纳,本专题对涉及担保合同的部分典型纠纷进行汇总及梳理,厘清法院在《民法典》生效后对此类问题的具体认定。

第一章　概　　述

一、担保制度变革

2021年1月1日,《民法典》正式施行。《民法典》是中华人民共和国第一部以法典命名的法律,对原来的单行民事法律进行了修改和整合,构建了完整的民法体系。《民法典》对担保制度作了体系化的编排,部分具体的规则在此前法律基础上进行了重大修改,体现了立法理念和价值方面的变化,为市场交易提供了保障。

通过对比分析担保制度各发展阶段的立法内容变化及考量因素等,可以更好地理解《民法典》关于担保制度的规定。

我国担保制度立法主要经历了以下四个阶段:

1. 第一个阶段——《中华人民共和国民法通则》(以下简称《民法通则》)。《民法通则》于1986年颁布并于1987年起施行,是我国在担保领域的首次立法,规定了保证、抵押、定金和留置四种担保形式,但并未规定质押这一担保形式。

2. 第二个阶段——《中华人民共和国担保法》(以下简称《担保法》)。于1995年颁布并生效的《担保法》,是我国第一部担保方面的基础性法律。《担保法》包括总则、保证、抵押、质押、留置、定金、附则七章,在《民法通则》的基础上增加了质押担保。《担保法》的立法倾向为加大对债权人的保护。《担保法》施行后,最高人民法院于2000年12月发布了《关于适用〈中华人民共和国担保法〉若干问题的解释》(以下简称《担保法解释》)。《担保法解释》的立法倾向与《担保法》一致,并在一定程度上填补了《担保法》未尽之事宜,如规定了保证期间约定不明情况下的推定保证期间和推定保证方式。

同时,《担保法解释》在物权法定的前提下,尽可能承认担保合同效力与担保物权效力。

3. 第三个阶段——《中华人民共和国物权法》(以下简称《物权法》)。《物权法》于 2007 年颁布并施行。《物权法》出台后,《担保法》构建的独立的担保制度体系被改变,担保物权制度归入《物权法》,保证制度仍留在《担保法》,定金制度同时规定在《中华人民共和国合同法》(以下简称《合同法》)和《担保法》中。《物权法》第四编为"担保物权",该编将抵押、质押、留置这三种担保形式规定为典型的物权担保。同时,《物权法》也对《担保法》部分制度作出了修改,包括区分物权变动与物权原因行为。在法律适用上,《物权法》第 178 条规定,《担保法》与《物权法》的规定不一致的,适用《物权法》。

4. 第四个阶段——《民法典》。《民法典》整合了《物权法》和《担保法》的规定,采用了物权与债权二分的立法方式,分别在第二编"物权"第四分编规定了担保物权(物保制度),在第三编"合同"第二分编第十三章规定了保证合同(人保制度),确立了担保物权纳入物权编的立法框架。《民法典》物权编在《物权法》和《担保法》基础上进行的修改和完善主要包括:扩大了担保合同的范围、删除有关物权具体登记机构的规定、简化抵押合同和质押合同的一般条款、明确实现担保物权的统一受偿规则。《民法典》合同编中与担保制度交叉的内容,一部分在第一分编"通则"部分,包括完善担保合同效力规则(如实践中一方当事人违反义务不办理报批手续影响合同生效的问题),另一部分在第二分编"典型合同"部分,包括吸收了《担保法》中关于保证的内容、增加了保证合同,以及为适应我国保理行业发展和优化营商环境的需要增加了保理合同。

这一阶段中,在《民法典》出台之前,《全国法院民商事审判工作会议纪要》(以下简称《九民纪要》)于 2019 年发布。《九民纪要》并非司法解释,不能作为直接援引的裁判依据,但其就金融纠纷、合同纠纷等案件中存在的争议问题统一了裁判思路。《九民纪要》第二部分"关于公司纠纷案件的审理"对公司为他人提供担保的合同效力问题给出了裁判规范,第四部分"关于担保纠纷案件的审理”则专门讨论了涉及一般担保规则、不动产担保物权、动产担保物权以及非典型担保问题的法律理解和适用。尽管此时《民法典》尚未颁布，《九民纪要》在坚持登记对抗的原则下，就担保物权的物权法定原则有限制地适用了缓和主义，基于民商事活动中日益多样化的担保形式，直面了非典型担保、让与担保等概念。

《民法典》颁布的同时，最高人民法院出台了与《民法典》配套施行的司法解释，包括《最高人民法院关于适用〈中华人民共和国民法典〉有关担保制度的解释》（以下简称《担保制度解释》）。由于《民法典》对担保制度进行了重大完善，《担保制度解释》是在清理以往与担保有关的司法解释的基础上，为了切实规范担保交易秩序，减轻融资成本，促进资金融通，扩大增信手段，保障债权实现，缓解中小企业融资难、融资贵问题而制定实施。

二、担保合同类型

《民法典》第388条规定设立担保物权所订立的担保合同，包括抵押合同、质押合同和其他具有担保功能的合同。《民法典》第681条对保证合同作出定义。

《担保制度解释》第1条进一步规定：“因抵押、质押、留置、保证等担保发生的纠纷，适用本解释。所有权保留买卖、融资租赁、保理等涉及担保功能发生的纠纷，适用本解释的有关规定。”由此可见，《民法典》第388条规定的所谓其他具有担保功能的合同，主要包括让与担保、所有权保留、融资租赁以及保理等形式的合同，这些合同具有担保功能，凡是能够通过登记等方式进行公示的，均认可其具有对抗效力，故具有担保功能的非典型担保纳入了《民法典》体系，这也是《民法典》第二编“物权”第四分编“担保物权”最大的亮点和特色。①

广义担保合同的分类见图1-1。

① 参见最高人民法院民法典贯彻实施工作领导小组主编：《中华人民共和国民法典物权编理解与适用》（下），人民法院出版社2020年版，第995页。

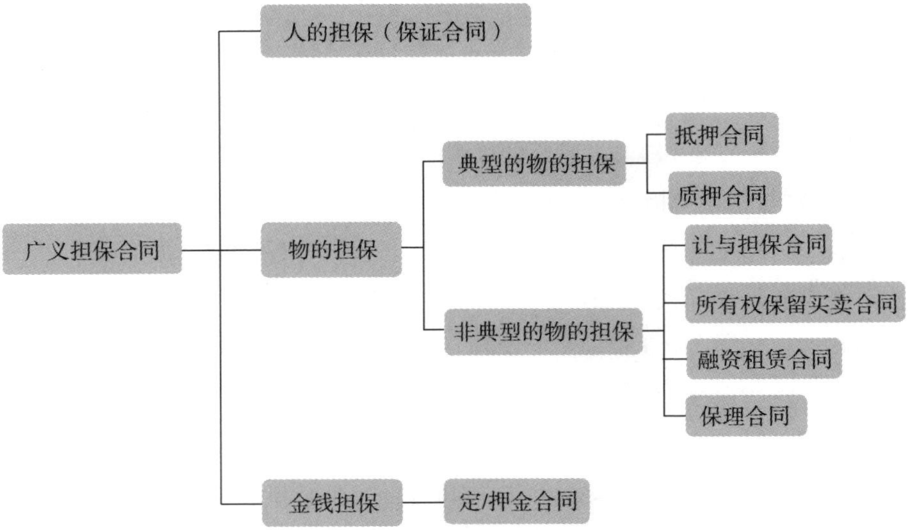

图1－1　广义担保合同的分类

第二章　担保合同主要争议类型

一、担保合同的从属性

（一）法律依据

就担保合同的从属性问题，此前《担保法》第5条第1款规定："担保合同是主合同的从合同，主合同无效，担保合同无效。担保合同另有约定的，按照约定。"此规定看似允许当事人约定排除担保合同的从属性，比如约定主合同无效的担保合同效力不受影响。但《九民纪要》第54条则明确指出："当事人有关排除担保从属性的约定，应当认定无效。"

《民法典》总体上吸收了之前既有的合同主从关系及效力问题的观点，否定了担保合同独立性的约定效力，但允许法定的例外。《民法典》第388条第1款规定，担保合同是主债权债务合同的从合同。主债权债务合同无效的，担保合同无效，但是法律另有规定的除外。《民法典》第682条第1款规定，保证合同是主债权债务合同的从合同。主债权债务合同无效的，保证合同无效，但是法律另有规定的除外。

《担保制度解释》第2条进一步规定："当事人在担保合同中约定担保合同的效力独立于主合同，或者约定担保人对主合同无效的法律后果承担担保责任，该有关担保独立性的约定无效。主合同有效的，有关担保独立性的约定无效不影响担保合同的效力；主合同无效的，人民法院应当认定担保合同无效，但是法律另有规定的除外。因金融机构开立的独立保函发生的纠纷，适用《最高人民法院关于审理独立保函纠纷案件若干问题的规定》。"由此可见，金融机构开立的独立保函属于担保合同独立性问题中的法定例外情形。

（二）裁判观点

最高人民法院审理的（2021）最高法民申6783号建设工程施工合同纠纷案中，尽管各方在《诚意金担保书》中约定担保的效力独立于案涉《建设工程施工合同》，由于《诚意金担保书》形式和内容与独立保函的特征并不完全相符，反而更接近于有独立担保意思的保证合同，并且，出具《诚意金担保书》的一方并非由银保监会批准设立并监管的金融机构，故法院认为，案涉《诚意金担保书》不属于独立保函，根据《民法典》第388条的规定，涉案建设工程施工合同因违反法律的强制性规定而无效，担保合同《诚意金担保书》亦无效。

吉林省长春市中级人民法院审理的（2021）吉01民终6564号建设工程施工合同纠纷案中，发包人将案涉工程发包给无资质的自然人，并与其签订《建筑工程发包协议书》，协议书中同时约定第三方作为担保人对发包人给付工程款提供保证责任担保。法院认为，《建筑工程发包协议书》无效，其中关于第三方承担担保责任的担保条款亦无效。

过去，由于《担保法》允许当事人另行约定担保合同的从属效力，金融机构多在担保合同（独立保函除外）中专门设置“独立性”条款，且会专门约定主合同无效时担保人的责任和义务。《民法典》生效后，若遇主合同无效的情形，金融机构无法继续援引“独立性”条款要求认定担保合同有效，进而要求担保人在主合同无效的情形下继续承担担保责任，而须援引《担保制度解释》第17条第2款规定的担保合同因主合同无效而导致无效情形时的赔偿规则加以救济①。

因此，金融机构在签订借款合同等主合同时，需严格审核主合同效力，避免因主合同无效而导致担保合同无效情形的发生。

---

① 《担保制度解释》第17条第2款规定：“主合同无效导致第三人提供的担保合同无效，担保人无过错的，不承担赔偿责任；担保人有过错的，其承担的赔偿责任不应超过债务人不能清偿部分的三分之一。”

二、担保责任范围

担保合同的根本目的是担保主债权的实现，其效力依附于主债权合同。在此基础上，担保责任范围必然受制于主合同的债务内容。

（一）法律依据

《九民纪要》第55条规定：“担保人承担的担保责任范围不应当大于主债务，是担保从属性的必然要求。当事人约定的担保责任的范围大于主债务的，如针对担保责任约定专门的违约责任、担保责任的数额高于主债务、担保责任约定的利息高于主债务利息、担保责任的履行期先于主债务履行期届满，等等，均应当认定大于主债务部分的约定无效，从而使担保责任缩减至主债务的范围。”

在吸收了《九民纪要》观点的基础上，《担保制度解释》第3条规定：“当事人对担保责任的承担约定专门的违约责任，或者约定的担保责任范围超出债务人应当承担的责任范围，担保人主张仅在债务人应当承担的责任范围内承担责任的，人民法院应予支持。担保人承担的责任超出债务人应当承担的责任范围，担保人向债务人追偿，债务人主张仅在其应当承担的责任范围内承担责任的，人民法院应予支持；担保人请求债权人返还超出部分的，人民法院依法予以支持。”

（二）裁判观点

上海金融法院审理的（2022）沪74民终48号抵押合同纠纷案中，案涉《抵押担保合同》第9条约定：“抵押物共有人同意将本合同抵押物进行抵押……当需要处置抵押物偿还所担保的债务时，愿意在10日内迁离该房地产，无条件地自找住房，否则费××、王×应当自××融资租赁公司发出书面迁移通知后的3日内按照借款本金的1‰每日向如银融资租赁公司承担违约责任。”法院认为，案涉《抵押担保合同》所约定的抵押人搬离清空义务，实为抵押人交付标的物、转移房屋占有时的预先安排，便于抵押房产的处置,仍属于抵押人承担处置抵押房产以偿还主债务的担保责任范围;《抵押担保合同》对此约定的违约责任,属于"当事人对担保责任的承担约定专门的违约责任"情形,也符合"约定的担保责任范围超出债务人应当承担的责任范围"情形。

广东省阳江市中级人民法院审理的(2021)粤17民终1456号金融借款合同纠纷案中,客户与银行签订《借款合同》及《抵押合同》,《抵押合同》第4条约定,"抵押担保的范围:贷款金额及利息[包括罚息、借款人应支付的违约金、赔偿金以及乙方为实现债权而发生的费用(包括处分抵押物的费用等)]",而《借款合同》并未约定债务人需承担律师费用。法院认为,《抵押合同》仅属《借款合同》的从合同,双方在主合同《借款合同》中并未约定债务人应承担律师费,即涉案借款产生的债务不应包含银行支出的律师费用,虽然《抵押合同》中约定了律师费,但若要求债务人承担律师费,则债务人承担的担保责任超出涉案债务范围,即从债务范围大于主债务范围,故对银行主张的律师费不予支持。

在此制度下,如果债权人仅起诉债务人并与债务人达成调解协议,对于通过调解协议达成的付款金额,若实际上构成了债务的减免,则债权人将无法援引约定的担保合同条款要求担保人承担债务减免部分的担保责任。此外,若债务人以外的担保人不配合债权人行使担保物权,如配合清空腾退抵押房屋、配合移交抵押车辆,债权人也无法就此要求担保人承担违约责任。

三、最高债权额的约定与登记

最高额担保登记债权额与当事人约定债权额不一致产生的纠纷在实践中较为普遍。就此争议,《民法典》施行前后的裁判观点存在显著差异。

(一)问题的产生

最高额担保登记债权额与当事人约定债权额不一致的情况,《九民纪要》第58条从审判实践归纳了这个问题的产生原因:"以登记作为公示方式的不动产担保物权的担保范围,一般应当以登记的范围为准。但是,我国目前不动产担保物权登记,不同地区的系统设置及登记规则并不一致,人民法院在审理案件时应当充分注意制度设计上的差别,作出符合实际的判断:一是多数省区市的登记系统未设置'担保范围'栏目,仅有'被担保主债权数额(最高债权数额)'的表述,且只能填写固定数字。而当事人在合同中又往往约定担保物权的担保范围包括主债权及其利息、违约金等附属债权,致使合同约定的担保范围与登记不一致。显然,这种不一致是由于该地区登记系统设置及登记规则造成的该地区的普遍现象。人民法院以合同约定认定担保物权的担保范围,是符合实际的妥当选择。二是一些省区市不动产登记系统设置与登记规则比较规范,担保物权登记范围与合同约定一致在该地区是常态或者普遍现象,人民法院在审理案件时,应当以登记的担保范围为准。"

(二)《民法典》施行前的裁判观点

(2016)最高法民终 595 号金融借款合同纠纷案中,当事人在《最高额抵押合同》中约定的抵押财产限额只针对本金,并办理了最高限额内抵押登记手续。最高人民法院认为,在查明欠款本金数额在约定限额以内的情况下,应就抵押财产折价或者以拍卖、变卖所得的价款优先受偿合同约定的全部债权,即债权人可以向抵押人主张的本金、利息、罚息以及其他实现债权的费用总额,可以超过约定和登记的最高限额。

(2016)最高法民终 727 号金融不良债权追偿纠纷案中,当事人约定的最高限额为本金限额,且实际发生的本金数额也在该限额的范围内,合同担保范围为本金、利息(含复息、罚息)、印花税等全部余额之总和。最高人民法院认为,抵押权人在本金债权及基于该本金所发生的利息、罚息、复利债权范围内对案涉抵押物享有优先受偿的权利。

(2017)最高法民终 230 号金融借款合同纠纷案中,最高额抵押的登记最高债权限额为 19,000 万元,最高额抵押合同约定担保范围包括借款本金、利息、罚息以及其他实现抵押权的费用等,最终的实际债务合计已超过登记的最高限额 19,000 万元。最高人民法院认为,若依照此债务范围认定,将使抵押权所担保的债权突破最高债权额，事实上成为无限额，与抵押人签订抵押合同的预期和《物权法》《担保法》的立法本意相悖，因此抵押权人仅能在19,000万元的范围内行使优先受偿权。

（2020）最高法民终304号借款合同纠纷案中，最高人民法院认为，以登记作为公示方式的不动产担保物权的担保范围，一般应当以登记的范围为准；但是我国目前不动产担保物权登记的系统设置和登记规则并不完善，不动产担保物权登记的内容并不能准确反映担保合同的约定内容，且造成该不一致的责任不在当事人，而在于登记簿的设置没有完全与《物权法》的规定相一致。在此情形下，当合同约定与登记簿记载不一致时，不仅要看登记簿的记载，还要看当事人的合同约定，以此确定当事人对担保范围的真实意思表示。

从上述案例可以看出，法院基于对当事人真实意思表示的审查和判断，可能认可当事人之间约定的优先受偿范围可以大于登记事项范围。

（三）《民法典》施行后的法律依据

《担保制度解释》第15条对当下最高额担保中的担保范围认定问题给出了较为明确的裁判依据，即“最高额担保中的最高债权额，是指包括主债权及其利息、违约金、损害赔偿金、保管担保财产的费用、实现债权或者实现担保物权的费用等在内的全部债权，但是当事人另有约定的除外。登记的最高债权额与当事人约定的最高债权额不一致的，人民法院应当依据登记的最高债权额确定债权人优先受偿的范围”。在此基础上，法院的裁判观点也进一步统一。

（四）《民法典》施行后的裁判观点

最高人民法院审理的（2021）最高法民申4464号金融借款合同纠纷案中，银行与担保人签订的《最高额抵押合同》约定，合同担保的主债权为借款人与银行之间所产生的全部债务，其中敞口余额最高不超过4000万元，合同担保范围为主合同项下全部债务，包括但不限于本金及利息（包括因债务人违约计收的复利和加收的罚息)、违约金、损害赔偿金、手续费、保险费及其他为签订或履行本合同而发生的费用以及哈尔滨银行东丽支行实现担保权利和债权所产生的费用。该抵押办理了登记,不动产登记证明书中在“其他附记”栏记载:“抵押方式:最高额抵押;担保债权数额:人民币 4000 万元”。法院认为,根据《担保制度解释》第 15 条的规定,登记的最高债权额与当事人约定的最高债权额不一致的,人民法院应当依据登记的最高债权额确定债权人优先受偿的范围。据此,担保人承担担保责任应以 4000 万元为限。

上海金融法院审理的(2021)沪 74 民终 702 号金融借款合同纠纷案中,银行与借款人签订《借款合同》,向借款人提供金额不超过 585 万元的贷款,另签订《抵押合同》及《补充协议》,合同约定:借款人愿意为涉案《借款合同》项下贷款所产生的全部债务提供最高额抵押担保,抵押物为借款人名下的房产;抵押范围包括借款人在主合同项下应向银行偿还或支付的所有债务本金及由此产生的利息(包括但不限于法定利息、约定利息、复利及罚息)、违约金、损害赔偿金、银行实现债权的费用(包括但不限于诉讼费用、律师费用、公证费用及执行费用等)和其他应付款项。该抵押依法办理了抵押登记,不动产权利登记证明中明确记载“本次抵押为最高额抵押,最高债权限额 5,850,000 元人民币”。法院认为,不动产权利登记证明中明确记载最高额抵押的限额,抵押权人在抵押权设立时及设立后均未对此记载提出过异议,现不动产权利登记证明记载的担保范围确与合同记载不一致,依法应以不动产权利登记记载的内容为准,抵押人承担的抵押责任应以最高债权限额 585 万元为限。

安徽省合肥市中级人民法院审理的(2021)皖 01 民终 2328 号金融借款合同纠纷案以及(2021)皖 01 民终 5890 号金融借款合同纠纷案中,不动产登记系统未设置“担保范围”,仅有被担保主债权数额(最高债权数额)的表述,法院认为,抵押权人依法只能在登记的最高限额以内对抵押物享有优先受偿权。

结合上述案例不难发现,纠纷中对于如何认定最高债权限额及担保范围限额问题,法院已经基本形成了较为稳定的裁判观点,即认定登记的“最高债权额”应当是一个确定的、不可逾越的、具有公示效力和预见性的限额。

(五)最高债权额的适当登记

虽然在规则层面上,以登记为准的原则被明确确立,但是,《九民纪要》提及的登记系统问题可能仍未得到全面解决。因此,在办理具体的最高额担保业务时,首先,若最高债权额仅登记为最高授信额度/最高本金余额,则可能存在除债权本金以外的利息、违约金、追索费用等被法院认定为不享有优先受偿权的风险,因此,债权人在登记时需要注意担保合同约定内容和登记内容的一致性。其次,若登记机关系统可以设置具体登记内容或者备注的,应当明确、细化登记最高债权数额是否仅指主债权本金,是否将利息、罚息、复利、违约金、延迟履行期间的利息、实现债权的费用等全部作为登记事项予以公示。若无法在登记时对最高债权额以及担保范围加以说明或者备注,则有必要根据债权和担保权利的实际情况尽量测算正常催收和行权周期下可能发生的全部债权金额,并填写一个足以覆盖此债权金额的最高债权数额。最后,债权人有必要保存登记机关不同意或者登记系统无法将本应进行登记公示的利息、罚息、复利等债务一并作为登记事项予以登记的证明。

四、公司法定代表人越权担保

法定代表人越权担保的效力问题在涉及公司为他人提供担保的纠纷中一直是突出的矛盾焦点。《九民纪要》曾对此问题作出专门的规定。《民法典》以及《担保制度解释》颁布后,对于法定代表人行为的效力归属、越权行为的效力等问题作出了明确的规定。

(一)法律依据

《民法典》第 61 条规定:“依照法律或者法人章程的规定,代表法人从事民事活动的负责人,为法人的法定代表人。法定代表人以法人名义从事的民事活动,其法律后果由法人承受。法人章程或者法人权力机构对法定代表人代表权的限制,不得对抗善意相对人。”

《民法典》第 504 条进一步规定:“法人的法定代表人或者非法人组织的负责人超越权限订立的合同,除相对人知道或者应当知道其超越权限外,该代表行为有效,订立的合同对法人或者非法人组织发生效力。”

对于涉及法定代表人越权担保的情形,需以担保行为是否符合《中华人民共和国公司法》(以下简称《公司法》)第 16 条①之规定作为判断标准,在《九民纪要》第 17 条②的基础上,《担保制度解释》第 7 条规定:“公司的法定代表人违反公司法关于公司对外担保决议程序的规定,超越权限代表公司与相对人订立担保合同,人民法院应当依照民法典第六十一条和第五百零四条等规定处理:(一)相对人善意的,担保合同对公司发生效力;相对人请求公司承担担保责任的,人民法院应予支持。(二)相对人非善意的,担保合同对公司不发生效力;相对人请求公司承担赔偿责任的,参照适用本解释第十七条的有关规定。法定代表人超越权限提供担保造成公司损失,公司请求法定代表人承担赔偿责任的,人民法院应予支持。第一款所称善意,是指相对人在订立担保合同时不知道且不应当知道法定代表人超越权限。相对人有证据证明已对公司决议进行了合理审查,人民法院应当认定其构成善意,但是公司有证据证明相对人知道或者应当知道决议系伪造、变造的除外。”

(二)裁判观点

最高人民法院审理的(2021)最高法民申 2980 号保证合同纠纷案中,法

---

① 《公司法》第 16 条规定:“公司向其他企业投资或者为他人提供担保,依照公司章程的规定,由董事会或者股东会、股东大会决议;公司章程对投资或者担保的总额及单项投资或者担保的数额有限额规定的,不得超过规定的限额。公司为公司股东或者实际控制人提供担保的,必须经股东会或者股东大会决议。前款规定的股东或者受前款规定的实际控制人支配的股东,不得参加前款规定事项的表决。该项表决由出席会议的其他股东所持表决权的过半数通过。”

② 《九民纪要》第 17 条规定:“为防止法定代表人随意代表公司为他人提供担保给公司造成损失,损害中小股东利益,《公司法》第 16 条对法定代表人的代表权进行了限制。根据该条规定,担保行为不是法定代表人所能单独决定的事项,而必须以公司股东(大)会、董事会等公司机关的决议作为授权的基础和来源。法定代表人未经授权擅自为他人提供担保的,构成越权代表,人民法院应当根据《合同法》第 50 条关于法定代表人越权代表的规定,区分订立合同时债权人是否善意分别认定合同效力:债权人善意的,合同有效;反之,合同无效。”

院认为，根据涉案公司章程规定，案涉股权转让协议书担保的事项应由担保人股东会作出决定，但相对人未对担保条款是否经过公司股东会、董事会的授权进行审查，故不能认定为善意第三人，案涉股权转让协议书担保条款无效。

北京市高级人民法院在审理的（2020）京民终 681 号民间借贷纠纷案中认为，尽管保证人向债权人作出陈述与保证，已取得签署《担保保证合同》及履行其在合同项下的义务所需要的一切授权及批准，合同上有保证人公司盖章且有该公司法定代表人签字，但是，保证人为借款提供担保，未经董事会/股东会决议，不符合《公司法》第 16 条的规定，法定代表人未经授权擅自为他人提供担保，构成越权代表，《担保保证合同》对保证人不发生担保效力，保证人不承担担保责任。

北京市第二中级人民法院在审理的（2021）京 02 民终 11964 号保证合同纠纷案中认为，总公司既在《执行和解协议》上加盖公章，已明确了其公司的意思表示，至于该意思表示能否产生法律效力，应当根据《公司法》第 16 条和《担保制度解释》第 7 条关于公司担保的相关规定内容加以认定。相对人有证据证明已对公司决议进行了合理审查的，构成善意，担保合同对公司发生效力，反之担保合同对公司不发生效力。由于债权人并未对总公司就提供担保一事审查股东会决议，《执行和解协议》对总公司不发生效力。

广东省广州市中级人民法院在审理的（2021）粤 01 民终 23141 号民间借贷纠纷案中认为，公司的法定代表人和股东，使用公司印章出具《担保书》为债务人的借款提供担保，未经股东会授权，构成越权代表。债权人没有坚持要求公司出具股东会决议，故债权人并非不知道或者不应当知道法定代表人超越权限订立担保合同的善意债权人。而公司未经股东会决议即在案涉《担保书》上加盖印章，案涉《担保书》对公司不发生效力。

从上述案例可以看出，在讨论法定代表人是否越权担保时，《公司法》第 16 条的要求属于债权人明知范畴，如果债权人忽视该要求而不对相关决议进行必要的审查，则将被认定为非善意，担保合同也将面临无效的后果。为避免担保合同对担保人不发生效力、担保人不承担担保责任的风险，若债权人拟接受某公司为第三方债务提供担保，有必要按照《公司法》和公司章程的规定要求该公司提供股东（大）会或董事会就同意担保事项出具的权力机构决议，其中，对于关联担保事项应当审核股东（大）会决议，对于非关联担保事项则根据具体情况审核股东会决议或董事会决议。

五、对外担保无须机关决议的例外

在讨论法定代表人是否越权担保时，也存在无须审查相关决议的例外情形。

（一）法律依据

《九民纪要》第 19 条规定："存在下列情形的，即便债权人知道或者应当知道没有公司机关决议，也应当认定担保合同符合公司的真实意思表示，合同有效：(1)公司是以为他人提供担保为主营业务的担保公司，或者是开展保函业务的银行或者非银行金融机构；(2)公司为其直接或者间接控制的公司开展经营活动向债权人提供担保；(3)公司与主债务人之间存在相互担保等商业合作关系；(4)担保合同系由单独或者共同持有公司三分之二以上有表决权的股东签字同意。"

《担保制度解释》第 8 条第 1 款对上述规定的外延进行了限缩，规定："有下列情形之一，公司以其未依照公司法关于公司对外担保的规定作出决议为由主张不承担担保责任的，人民法院不予支持：(一)金融机构开立保函或者担保公司提供担保；(二)公司为其全资子公司开展经营活动提供担保；(三)担保合同系由单独或者共同持有公司三分之二以上对担保事项有表决权的股东签字同意。"

（二）裁判观点

《民法典》及《担保制度解释》颁布后，司法实践对该等例外规则也多有应用：

1. 例外情形：对担保事项有表决权的股东签字同意

新疆维吾尔自治区高级人民法院审理的（2021）新民终 203 号买卖合同纠纷案中，涉案《担保承诺书》系担保方的公司股东个人所为并未经过其股东会决议，但由于作为担保方的公司由三名股东共同出资成立，其中出具承诺书的股东出资比例占 80%，持有公司 2/3 以上表决权，法院认为，该股东作为控制股东，为促成涉案买卖合同的履行，在《担保承诺书》上盖章确认，虽未经股东会决议，但公司以不动产提供对外抵押担保的《担保承诺书》应认定为合法有效。

北京市第四中级人民法院审理的（2021）京 04 民初 287 号娱乐服务合同纠纷案中，作为公司的法定代表人及持股 80% 的股东在《连带还款合同》上签字，法院认为，该行为符合《担保制度解释》第 8 条第 1 款第 3 项“担保合同系由单独或者共同持有公司三分之二以上对担保事项有表决权的股东签字同意”的规定，故应当认定债务加入系公司的真实意思表示，公司应承担连带还款义务。

四川省乐山市中级人民法院审理的（2021）川 11 民终 959 号保证合同纠纷案中，投资人以承债式收购的方式投资房地产项目，加入案涉债务并为该债务提供连带保证责任，经各方协商一致形成案涉《债务和解协议》，该协议经投资人加盖了公司印章，并经持股 2/3 以上表决权的股东及法定代表人加盖了姓名印章。法院认为，债权人有理由相信该协议内容为投资人的公司真实意思表示，投资人对协议内容和印章的真实性均不持异议，认可协议是在公司股东同意后才加盖的印章，故《债务和解合同》是投资人真实意思表示，对各方当事人均具有约束力。

吉林省长春市中级人民法院在审理的（2021）吉 01 民终 4034 号融资租赁合同纠纷案中认为，承租人的挂靠公司在案涉全套合同“一般共同承租人”处加盖公司公章及法定代表人名章，按照合同约定，该盖章行为即表示其认可保证人身份，并承担连带保证责任。该挂靠公司法定代表人占股比例为 90%，符合《担保制度解释》第 8 条第 1 款第 3 项虽未经决议但“担保合同系由单独或者共同持有公司三分之二以上对担保事项有表决权的股东签字同意”仍需承担保证责任之情形。

贵州省贵阳市中级人民法院在审理的(2021)黔01民终9762号金融借款合同纠纷案中认为,案涉最高额保证合同签订前,担保方向银行出具了公司盖章、公司全体股东签名的《按揭贷款申请书》,明确公司为按揭贷款提供阶段性担保。法院认为,该行为表示公司对外提供担保时公司股东已形成一致意见,且该意见亦通过申请的方式提交给银行,故案涉保证合同自签字时成立并生效。

上海市浦东新区人民法院在审理的(2020)沪0115民初89359号股权转让纠纷案中认为,当事人与标的公司签署股权投资协议出资认购增发股份,并与标的公司及其控股股东(作为担保方)就股份回购事宜签署涉案《协议书》,《协议书》经作为担保方的标的公司之控股股东的法定代表人签字同意并加盖了公司公章,从公司工商信息及企业年度报告来看,该法定代表人系单独持有该控股股东2/3以上对担保事项有表决权的股东。法院认为,根据《担保制度解释》第8条的规定,作为公司法定代表人及持有公司2/3以上对担保事项有表决权的股东,有权代表该控股股东签订担保合同承诺为他人提供担保,《协议书》之约定符合该公司的真实意思表示,当事人作为公司担保的相对人亦尽到了合理审查义务,故《协议书》对该控股股东有效。

2. 例外情形:公司为全资子公司开展经营活动提供担保

陕西省汉中市中级人民法院审理的(2021)陕07民初48号建设工程施工合同纠纷案中,法院认为,发包人系担保人的全资控股的孙公司,双方之间存在控制与被控制关系。担保人为其控制的孙公司的经营活动提供支付担保,无论债权人是否知道没有机关决议,该支付担保也符合担保人的真实意思表示,应为合法有效的担保。

山东省青岛市中级人民法院审理的(2021)鲁02民初1116号买卖合同纠纷案中,买方系连带责任保证人完全控股的全资子公司,法院认为,前述保证人为买方提供担保属于“公司为其全资子公司开展经营活动提供担保”的情形,因此卖方虽未提供保证人的股东或董事会决议文件,也应当认定《保证合同》符合保证人的真实意思表示,《保证合同》合法有效。

广东省惠州市中级人民法院审理的(2021)粤13民终3947号金融不良债权转让合同纠纷案中,法院认为,保证人某集团公司为其全资子公司提供担保,保证人以其未依照《公司法》关于公司对外担保的规定作出决议为由主张不承担责任的,人民法院不予支持。

3.《九民纪要》第19条的适用问题

如前文所述,《九民纪要》第19条规定的例外情况有别于《担保制度解释》第8条。但最高人民法院在审理(2021)最高法民申5089号保证合同纠纷案时认为,本案不属于《九民纪要》第19条第3项规定的无须公司机关决议的例外情形,该规定仅针对存在相互担保商业合作关系的非关联公司之间的担保法律关系,否则将容易导致公司中小股东和债权人权益受到损害,而且在公司为股东或者实际控制人提供担保的情况下,将与《公司法》第16条第2款的规定发生冲突。由此可见,《九民纪要》第19条仍具有指导裁判的作用,但是否就能够据此理解《九民纪要》第19条与《担保制度解释》第8条可以在法院裁判时同时或者平行适用还有待商榷。

六、上市公司对外担保

上市公司对外担保根据《中华人民共和国证券法》、《上市公司信息披露管理办法》以及《深圳证券交易所股票上市规则》、《上海证券交易所股票上市规则》等规定需要履行公告披露义务。因此,判断上市公司担保是否有效,公告比决议更直观,善意相对人的判断标准也变为相对人是否审查上市公司的公告。

(一)法律依据

《担保制度解释》沿用了《九民纪要》第22条"债权人根据上市公司公开披露的关于担保事项已经董事会或者股东大会决议通过的信息订立的担保合同,人民法院应当认定有效"之相关规定,内容上更为详细,并且将上市公司已公开披露的控股子公司、股票在国务院批准的其他全国性证券交易场所交易的公司也纳入适用范围。

《担保制度解释》第9条规定:“相对人根据上市公司公开披露的关于担保事项已经董事会或者股东大会决议通过的信息,与上市公司订立担保合同,相对人主张担保合同对上市公司发生效力,并由上市公司承担担保责任的,人民法院应予支持。相对人未根据上市公司公开披露的关于担保事项已经董事会或者股东大会决议通过的信息,与上市公司订立担保合同,上市公司主张担保合同对其不发生效力,且不承担担保责任或者赔偿责任的,人民法院应予支持。相对人与上市公司已公开披露的控股子公司订立的担保合同,或者相对人与股票在国务院批准的其他全国性证券交易场所交易的公司订立的担保合同,适用前两款规定。”

(二)“明知”的判定

《九民纪要》规定,在“越权担保”且相对方“非善意”时担保合同无效,公司虽不承担担保责任,但仍需视过错情况承担担保无效的民事赔偿责任。如果债权人系明知“越权”,则公司无须承担担保无效的民事赔偿责任。但《九民纪要》并未明确“明知”的认定标准,也未因上市公司属于公众公司,具有法定信息披露义务而对上市公司与非上市公司的“明知”认定标准进行区别对待,从而使一些上市公司违规担保案件在被认定担保无效或者未生效后,法院仍判决上市公司承担1/3至1/2不等的赔偿责任,造成部分通过查询公告即可知晓担保未经决议及信披的“明知”越权的担保权人因此受益,而上市公司及中小股东的利益受损。

《担保制度解释》针对司法实践中出现的上述理解偏差进行了纠正。该解释第9条第2款明确了针对“无决议、无信披”的上市公司违规担保,担保合同对上市公司不发生效力,且上市公司既不承担担保责任,也不承担赔偿责任。

(三)裁判观点

1. 上市公司无须承担任何责任

最高人民法院审理的(2021)最高法民申4459号保证合同纠纷案中,担保人出具《无限连带责任保证书》时为上市公司,应经股东大会决议并及时披露。法院认为,债权人系上市公司的实际控制人,应当熟知上述规定,亦应熟知查询相关信息的公开渠道,故该实际控制人对上市公司法定代表人超越权限出具《无限连带责任保证书》的事实是明知。既然明知,就失去了让上市公司承担责任的法律基础,上市公司不承担《无限连带责任保证书》无效后的民事责任。①

北京市第三中级人民法院在审理的(2021)京 03 民终 7029 号保证合同纠纷案中认为,上市公司实际控制人出具担保的行为属越权担保,该越权担保行为违反《公司法》第 16 条的规定,应属无效,上市公司承担连带保证责任的约定无效。根据法律规定,因涉案担保合同相关内容无效,上市公司不应就其实际控制人所签订的担保合同承担担保责任。关于上市公司违规提供担保的赔偿责任问题,原则上应以其是否存在过错为依据。上市公司发布关于上海证券交易所新增违规担保相关事项问询函的回复公告,在公告中认可曾签订涉案《保证合同》,确认本项担保未履行股东大会决议程序,未按规定进行信息披露,上市公司认为《保证合同》对其不发生法律效力,有合法依据,上市公司无须承担赔偿责任。

浙江省杭州市中级人民法院在审理的(2020)浙 01 民初 2204 号典当纠纷案中认为,担保人为上市公司,典当公司作为经营典当业务的专业机构,应当明知公司对外担保需提供相关机关决议的法律规定,亦理应对该上市公司是否公开披露案涉担保事项以及该事项是否已经董事会或者股东大会决议通过的信息进行审查。现典当公司未尽基本审查义务,故根据《担保制度解释》第 9 条第 2 款规定精神,案涉《最高额保证合同》对上市公司不发生效力,其无须承担担保责任或者赔偿责任。

江苏省盐城经济技术开发区人民法院在审理的(2021)苏 0991 民初 649 号金融借款合同纠纷案中认为,银行虽提交了上市公司的股东大会决议,但

---

① 该案例仅援引《公司法》第 16 条第 2 款规定以及《中国证券监督管理委员会、中国银行业监督管理委员会关于规范上市公司对外担保行为的通知》规定。

在案证据未体现上市公司为诉争主债务提供担保进行信息披露，该担保关系应属无效，故对银行要求上市公司承担保证责任的诉请不予支持。法院进一步认为，上市公司其公司章程、对外担保情况均可以通过公开渠道进行查询，银行在与上市公司签订《最高额保证合同》时，未尽应有的审慎核查义务，在此前提下，上市公司不应承担担保关系无效的民事责任。

2. 上市公司仍需承担赔偿责任

北京市高级人民法院在审理的(2020)京民终670号金融借款合同纠纷案中认为，与上市公司订立担保合同的相对人是否善意的判断标准是相对人是否根据公开披露的担保信息订立担保合同。相对人根据公开披露的担保信息订立的担保合同，对公司发生效力。相对人没有根据公开披露的担保信息订立的担保合同，对公司不发生效力。本案查明债权人与作为担保人的上市公司签订的《最高额保证合同》未经股东大会审议通过且未经公告。故在上市公司没有公开披露《最高额保证合同》的情况下，即使担保事项已经持有公司2/3以上表决权的股东书面签字盖章同意，债权人与上市公司签订《最高额保证合同》亦非善意，《最高额保证合同》对上市公司亦不发生法律效力。上市公司因内部管理不规范、存在过错，对债务人不能清偿债务的1/2向债权人承担赔偿责任。

3. 观点总结——上市公司公告大于决议

根据上述法律依据和裁判观点，关于上市公司对外担保时因程序瑕疵而引发的担保效力问题，已基本形成了较为稳定的裁判规则。即使上市公司已经就担保事项作出相关决议，但在未发布公告的情况下，担保合同仍可能被认定为无效。此种情况下，上市公司是否存在过错进而是否需要承担赔偿责任，则还需要视具体情况而定，但上市公司无须承担赔偿责任的判例占多数。考虑到上市公司公告对于担保事项效力的决定性意义，债权人签署主债权合同和担保合同时，可以约定将提供担保的上市公司就担保事项发布公告作为债权人履行付款义务的先决条件。

七、公司分支机构对外提供担保

公司法人的分支机构虽然不具有独立法人人格，但通常具有相对独立的自有财产,能以自己名义对外签署合同,包括担保合同。由于公司法人的分支机构的行为能力仍有赖于公司章程、决议等的授权,因此,也存在是否越权对外签署担保合同的情况。

(一)法律依据

对于公司法人的分支机构对外担保的效力问题,根据《担保法解释》第17条之规定,法人的分支机构未经法人书面授权提供保证的,保证合同无效。但是,《担保制度解释》第11条对该规定进行了修改,其判断逻辑与法定代表人越权代表问题的判断逻辑一致,即:

"公司的分支机构未经公司股东(大)会或者董事会决议以自己的名义对外提供担保,相对人请求公司或者其分支机构承担担保责任的,人民法院不予支持,但是相对人不知道且不应当知道分支机构对外提供担保未经公司决议程序的除外。

金融机构的分支机构在其营业执照记载的经营范围内开立保函,或者经有权从事担保业务的上级机构授权开立保函,金融机构或者其分支机构以违反公司法关于公司对外担保决议程序的规定为由主张不承担担保责任的,人民法院不予支持。金融机构的分支机构未经金融机构授权提供保函之外的担保,金融机构或者其分支机构主张不承担担保责任的,人民法院应予支持,但是相对人不知道且不应当知道分支机构对外提供担保未经金融机构授权的除外。

担保公司的分支机构未经担保公司授权对外提供担保,担保公司或者其分支机构主张不承担担保责任的,人民法院应予支持,但是相对人不知道且不应当知道分支机构对外提供担保未经担保公司授权的除外。

公司的分支机构对外提供担保,相对人非善意,请求公司承担赔偿责任的,参照本解释第十七条的有关规定处理。"

(二)裁判观点

湖南省长沙市中级人民法院在审理的(2021)湘01民终14399号房屋

租赁合同纠纷案中认为，银行的分行系涉案房屋的实际使用者，其在合同履行过程中亦是直接向权利人支付租金，在此情况下，权利人有理由相信担保函上印章的真实性，故在分行未举证证明权利人主观上知道且应当知道分支机构对外提供担保未经金融机构授权的情况下，根据《担保制度解释》第11条第2款的规定，该《担保函》有效，分行应当承担连带清偿的责任。

四川省宜宾市中级人民法院在审理的(2021)川15民终209号民间借贷纠纷案中认为，分公司以应收账款出质的方式为债务人的债务提供担保，分公司虽提供了总公司同意担保的委托书，但未提供总公司股东(大)会或者董事会决议，债权人也未审查上述要求的决议，故债权人在本案中不是“不知道且不应当知道分支机构对外提供担保未经公司决议程序”的善意相对人，债权人要求分公司承担担保责任不应予以支持。

北京市第二中级人民法院在审理的(2022)京02民终1555号买卖合同纠纷案中认为，卖方未能举证证明其签署还款协议时对分公司所提供担保履行了决议审查义务，不属于善意相对人，分公司未经决议属于越权担保而无效，卖方请求总公司承担保证责任，无法获得支持。

新疆维吾尔自治区且末县人民法院在审理的(2021)新2825民初565号合同纠纷案中认为，某保险公司支公司负责人在补偿协议担保方处加盖被告保险公司的印章，原告有理由相信其系代表被告保险公司为该债务提供担保，原告对该担保无恶意，其不知道也不应当知道被告保险公司提供担保未经公司决议程序，故被告保险公司应当承担担保责任。

基于上述法律依据和裁判观点，债权人在接受分支机构提供的担保时，为避免担保合同无效，应当要求该分支机构提供公司股东(大)会或董事会就同意对外担保事宜依法作出的决议，并对决议进行形式审查。如果是上市公司的分支机构，还应审查该分支机构的对外担保是否需要进行公开披露，如果需要，则还需要审查相关公告。

八、借新还旧的担保责任

借新还旧是指通过设立新债的方式归还旧债。在借新还旧形式的重组贷款中,旧债法律关系消灭,新债法律关系设立。担保的从属性也将引起新旧交替和衔接的问题。

(一)法律依据

对于借新还旧的担保责任问题,《九民纪要》第 57 条规定:“贷款到期后,借款人与贷款人订立新的借款合同,将新贷用于归还旧贷,旧贷因清偿而消灭,为旧贷设立的担保物权也随之消灭。贷款人以旧贷上的担保物权尚未进行涂销登记为由,主张对新贷行使担保物权的,人民法院不予支持,但当事人约定继续为新贷提供担保的除外。”

《担保制度解释》第 16 条对借新还旧问题作了更为细化的规定:“主合同当事人协议以新贷偿还旧贷,债权人请求旧贷的担保人承担担保责任的,人民法院不予支持;债权人请求新贷的担保人承担担保责任的,按照下列情形处理:(一)新贷与旧贷的担保人相同的,人民法院应予支持;(二)新贷与旧贷的担保人不同,或者旧贷无担保新贷有担保的,人民法院不予支持,但是债权人有证据证明新贷的担保人提供担保时对以新贷偿还旧贷的事实知道或者应当知道的除外。主合同当事人协议以新贷偿还旧贷,旧贷的物的担保人在登记尚未注销的情形下同意继续为新贷提供担保,在订立新的贷款合同前又以该担保财产为其他债权人设立担保物权,其他债权人主张其担保物权顺位优先于新贷债权人的,人民法院不予支持。”在此制度下,如果新贷的担保人有别于旧贷的担保人,则债权人需事先告知新贷担保人借新还旧的事实,否则,新贷的担保人可能免于承担担保责任。

鉴于上述规定已十分具体,司法实践中的裁判观点也趋于统一。

(二)裁判观点

湖南省长沙市中级人民法院在审理的(2021)湘 01 民终 12500 号保证合同纠纷案中认为,《担保制度解释》第 16 条第 1 款中已明确,债权人请求新贷的担保人承担担保责任的,新贷与旧贷的担保人不同,或者旧贷无担保新贷有担保的,人民法院不予支持,但是债权人有证据证明新贷的担保人提供担保时对以新贷偿还旧贷的事实知道或者应当知道的除外。综上，债权人对保证人提供担保时对以新贷偿还旧贷的事实知道或者应当知道应承担举证责任。

辽宁省沈阳市中级人民法院审理的(2021)辽01民终19435号借款合同纠纷案中，债权人与借款人签订的借款合同约定借款用途为流动资金，而实际用途为偿还借款人拖欠债权人的欠款，属于借新还旧，且没有告知担保人。法院认为，根据《担保制度解释》第16条第1款"主合同当事人协议以新贷偿还旧贷，债权人请求旧贷的担保人承担担保责任的，人民法院不予支持；债权人请求新贷的担保人承担担保责任的，按照下列情形处理：……(二)新贷与旧贷的担保人不同，或者旧贷无担保新贷有担保的，人民法院不予支持，但是债权人有证据证明新贷的担保人提供担保时对以新贷偿还旧贷的事实知道或者应当知道的除外"之规定，担保人不承担担保责任。

新疆维吾尔自治区高级人民法院审理的(2021)新40民初90号金融借款合同纠纷案中，《借款合同》到期后，借款人申请两次展期仍不能及时偿还，银行与借款人又签订了新的《借款合同》，用于偿还旧的《借款合同》项下借款人所欠债务。保证人在旧的《借款合同》中作为保证人经其公司股东会决议同意为借款人的债务提供担保，在新的《借款合同》中继续提供担保，即新贷与旧贷的担保人相同。法院认为，依照法律规定，保证人应当对借款人的案涉债务承担在合同约定的最高额限额范围内的担保责任。

黑龙江省大庆市中级人民法院审理的(2021)黑06民终1519号金融借款合同纠纷案中，借款人、担保人与银行的担保借款期间虽为2019年2月3日至2020年2月1日，但根据2016年的《最高额个人担保借款合同》、借款人的个人借款申请书及担保人写的申请书等证据，2019年的《个人担保借款合同》实为以新贷还旧贷。担保人将案涉两处不动产抵押给银行，并于2016年进行了抵押登记，在抵押登记未注销的情况下，抵押人又于2019年2月3日与银行签订抵押合同，继续以该抵押物为新贷担保。法院认为，依照《担保制度解释》第16条第1款第1项规定，银行要求拍卖或变卖抵押物来偿还贷款本息，符合该司法解释规定的情形。

需要注意的是，在查明“借新还旧”法律关系的前提下，相关裁判依据是明确的。但是，在实践中也存在如何查明是“借新还旧”而不是“展期”等或者纯粹的新债等情形的矛盾。从举证责任角度来看，通常情况下，如果债权人承认“借新还旧”，则证明新贷的担保人提供担保时对以新贷偿还旧贷的事实知道或者应当知道的举证责任由债权人承担；反过来，如果债权人主张担保责任时不承认“借新还旧”，那么证明“借新还旧”事实的举证责任将由担保人承担。

九、债务加入

债务加入从法律关系角度有别于担保法律关系，但其实际应用的效果和表现形式又与保证担保十分相似。

（一）法律依据

《民法典》第552条规定：“第三人与债务人约定加入债务并通知债权人，或者第三人向债权人表示愿意加入债务，债权人未在合理期限内明确拒绝的，债权人可以请求第三人在其愿意承担的债务范围内和债务人承担连带债务。”本条是关于并存的债务承担的规定，又称债务加入，是指债务人并不脱离原合同关系，第三人加入债的关系后，与债务人共同向债权人履行债务。“在债务加入情形下，原债务人并不能全部或者部分免除承担债务的责任，在此基础上增加一个第三人对债权人履行债务，不仅对债权人没有风险，反而增加了债权实现的安全性。”[①]据此，债务加入的情形无须取得债权人同意，这是债务加入与债务转移的主要区别，需注意区分（见表1－1）。

---

① 参见最高人民法院民法典贯彻实施工作领导小组主编：《中华人民共和国民法典合同编理解与适用（一）》，人民法院出版社2020年版，第581页。

表1－1 债务加入与债务转移的区别

区别	债务加入	债务转移
债务人是否免责	并存的债务承担	免责的债务承担
是否需要债权人同意	属于对债权人利益的行为，无须债权人同意	必须经过债权人同意，否则债务转移行为无效

对于债务加入的适用，还需注意其与第三人代位清偿制度之间的区别。《民法典》第524条规定："债务人不履行债务，第三人对履行该债务具有合法利益的，第三人有权向债权人代为履行；但是，根据债务性质、按照当事人约定或者依照法律规定只能由债务人履行的除外。债权人接受第三人履行后，其对债务人的债权转让给第三人，但是债务人和第三人另有约定的除外。"债务加入与第三人代位清偿在表现形式上，均是由第三人代替债务人清偿债务。但是，两种制度的法律后果存在明显差异，具体的区别主要归纳为以下三个方面（见表1－2）：

表1－2 债务加入与第三人代位清偿的区别

区别	债务加入	第三人代位清偿
第三人的法律地位	第三人加入债务即成为债务人	第三人因履行债务具有合法利益
第三人清偿后的法律后果	是否可向债务人追偿视具体约定	清偿后代位取得债权人地位
违约责任	可承担违约责任	债权人无权要求第三人承担违约责任

尽管加入债务的第三人与原债务人之间互为连带债务人，但债务加入制度与连带责任保证制度同样存在较大区别，此处同样归纳了两种制度的主要差异（见表1－3）：

表 1 – 3　债务加入与连带责任保证的区别

区别	债务加入	连带责任保证
是否具有主从关系	是与原债务并立的独立的自己债务	是附属于主债务的债务
权利主张的期限	诉讼时效	保证期间/诉讼时效
有无追偿权	一般不享有对债务人的追偿权	承担保证责任后可向债务人追偿

需要注意的是,由于债务加入在事实上具有一定的担保功能,根据《九民纪要》第 23 条的规定,“法定代表人以公司名义与债务人约定加入债务并通知债权人或者向债权人表示愿意加入债务,该约定的效力问题,参照本纪要关于公司为他人提供担保的有关规则处理”。因此,在审查债务加入的效力时,需要参照担保效力的审查标准。

(二)裁判观点

虽然暂未检索到《民法典》施行后关于债务加入的案例,但在《民法典》规定债务加入制度之前形成的一些司法裁判观点也颇具参考价值。

广东达宝物业管理有限公司与广东中岱企业集团有限公司、广东中岱电讯产业有限公司股权转让合作案①中,法院认为,合同外的第三人向合同中的债权人承诺承担债务人义务的,如果没有充分的证据证明债权人同意债务转移给该第三人或者债务人退出合同关系,不宜轻易认定构成债务转移,一般应认定为债务加入。第三人向债权人表明债务加入的意思后,即使债权人未明确表示同意,但只要其未明确表示反对或未以行为表示反对,仍应当认定为债务加入成立,债权人可以依照债务加入关系向该第三人主张权利。

最高人民法院在审理的(2019)最高法民再 316 号合同纠纷案中认为,以原债务人是否继续承担债务为标准,债务承担可以大体划分为免责式债

① (2010)民提字第 153 号,载《最高人民法院公报》2012 年第 5 期(总第 187 期)。

务承担和并存式债务承担。债务承担人与债权人约定债务承担时，未明确约定原债务人是否脱离债权债务关系的，构成并存式债务承担。债务承担人以自己的名义另行向债权人出具债务凭据并承诺由其按期履行债务等行为表明由其独立承担原债务人的债务，债权人表示同意的，构成免责式债务承担。从约定来看，案涉《还款计划保证协议书》应认定为并存式债务承担，其行为并非创设新的债权债务关系，而是加入原有的债权债务关系中。但《还款计划保证协议书》约定的内容并非担保法意义上的保证，而是并存式债务承担中共同债务人的关系。债务加入与保证的本质区别在于债务承担人并非从债务人，而是共同债务人，与原债务人无主次之分，债权人为实现其债权，可以直接选择由债务承担人偿还债务，无须待债务人迟延履行，债务承担人即具有完全清偿债务的义务，其履行的法律效果及于债务人，而保证人则是在主债务迟延履行时方承担责任。

最高人民法院在审理的(2019)最高法民申 6420 号合同纠纷案中认为，第三人明确表示对债务人所欠债务本金及利息承担还款责任，但未明确其承担的还款责任为担保责任，亦未体现债务人所欠债务与其所承担的还款责任之间存在主从关系，据此第三人所作的承诺更符合债务加入的特征。

十、增信文件的性质认定

金融市场中，常见的增信文件包括第三方差额补足承诺函、代为履行到期回购义务承诺、流动性支持承诺等。对于债权人来说，通常希望该等承诺性文件具有连带责任保证效果，对于承诺方而言，其往往希望将其在承诺函项下的法律责任模糊化，最终的妥协结果就是，实践中的很多承诺函的表述往往语焉不详，其法律性质也往往成为各方的争议焦点。

(一)法律依据

《九民纪要》第 91 条首次明确提及增信文件的性质认定规则："信托合同之外的当事人提供第三方差额补足、代为履行到期回购义务、流动性支持等类似承诺文件作为增信措施，其内容符合法律关于保证的规定的，人民法院应当认定当事人之间成立保证合同关系。其内容不符合法律关于保证的规定的,依据承诺文件的具体内容确定相应的权利义务关系,并根据案件事实情况确定相应的民事责任。”

《担保制度解释》第36条在《九民纪要》的基础上作出了更加明确的规定:“第三人向债权人提供差额补足、流动性支持等类似承诺文件作为增信措施,具有提供担保的意思表示,债权人请求第三人承担保证责任的,人民法院应当依照保证的有关规定处理。第三人向债权人提供的承诺文件,具有加入债务或者与债务人共同承担债务等意思表示的,人民法院应当认定为民法典第五百五十二条规定的债务加入。前两款中第三人提供的承诺文件难以确定是保证还是债务加入的,人民法院应当将其认定为保证。第三人向债权人提供的承诺文件不符合前三款规定的情形,债权人请求第三人承担保证责任或者连带责任的,人民法院不予支持,但是不影响其依据承诺文件请求第三人履行约定的义务或者承担相应的民事责任。”

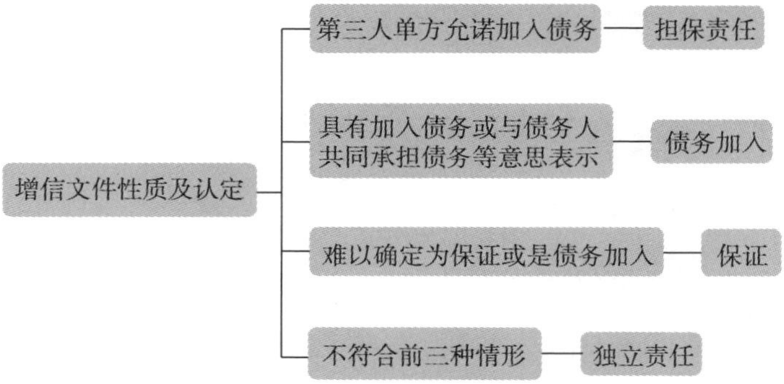

图1-2 增信文件性质及认定

(二)裁判观点

北京市高级人民法院在审理的(2021)京民终754号合同纠纷案中认为,《差额补足协议》并未明确“差额补足义务”是保证还是债务加入,故判断该协议的性质,应根据协议主要内容,尤其是对差额补足义务的界定予以综合分析认定。《差额补足协议》在条款中约定,为保障主债务人在回购协议中约定的义务的履行,第三方同意向债权人提供协议约定的差额补足义务,该差额补足义务,是指若主债务人未能按照回购协议的规定及时支付回购价款,则债权人有权要求第三人按照回购协议中约定的回购价款进行差额补足;如果第三方按照本协议约定履行了最高限额差额补足义务,有权根据约定行使追偿权。从约定内容来看,第三人是对主债务人不能履行的差额部分承担责任,而且第三人承担责任后,有权行使追偿权,上述约定符合保证合同从属性的法律特征,涉案《差额补足协议》符合保证合同的法律特征,该合同性质应为保证合同。案涉《差额补足协议》将第三人履行债务的前提界定为债务人届期“未能”履行债务,存在明显的履行顺位,符合一般保证的定义,故第三人向债权人提供的保证应当认定为一般保证。

北京市第二中级人民法院在审理的(2021)京 02 民初 167 号信托纠纷案中认为,《股权投资合作协议》对第三人虽然使用了“担保人”的概念,但《股权投资合作协议》中,第三人向信托贷款委托人作出最低股权投资回报及最低债权投资回报的“承诺”。综合案件的实际情况,第三人与委托人具有共同承担债务的意思表示,应共同向受托人信托公司清偿其所承诺支付的款项。尽管第三人就前述安排签署了最高额股权质押合同并办理登记,尽管质押担保已经解除,在《股权投资合作协议》未解除的情况下,第三人在《股权投资合作协议》中承诺的共同还款责任难以免除。

上海市金山区人民法院在审理的(2021)沪 0116 民初 6006 号金融借款合同纠纷案中认为,第三人与保证人为夫妻关系,其在保证人的《保证合同》尾部签字承诺,知悉并同意保证人为债务人提供保证,基于该保证的债务为夫妻共同债务,以夫妻共同财产予以清偿。从该声明文件内容来看,以第三人身份签署的该份承诺性质的声明实为一项增信措施,根据该声明内容难以确定第三人是同意在夫妻共同财产范围内提供保证还是同意对保证债务在夫妻共同财产范围内进行债务加入,根据《担保制度解释》第 36 条第 3 款的规定,第三人提供的承诺文件难以确定是保证还是债务加入的,人民法院应当将其认定为保证。故认定第三人的该份承诺文件为保证,对贷款人要求第三人以夫妻共同财产就借款人的债务在最高债权限范围内承担连带保证责任的诉请予以支持。

在判断一份增信文件的法律性质时，根据《〈全国法院民商事审判工作会议纪要〉理解与适用》一书中提及的判断方式："首先应坚持文义优先原则；其次判断第三人愿意承担的债务内容与原债务是否具有同一性；最后判断当事人关于义务履行顺位的真实意思。"人民法院在判断增信措施的性质时，通常会综合考虑两方面内容：一是增信措施是否包含"保证""担保"等文字表述；二是增信条款约定实质上是否具有从属性和债务履行顺位。因此，在审核增信文件时，应当明确"保证""债务加入"或其他形式的义务履行方式、履行顺序、义务的从属性、责任范围等，以免未来产生歧义与不确定的风险。同时，如果公司以增信文件的形式提供担保，则应依法出具权力机构决议。

十一、担保人行使债权人对债务人享有的担保物权

《民法典》颁布之前，《担保法》第 31 条仅规定："保证人承担保证责任后，有权向债务人追偿。"该法律规定并未明确保证人承担了担保责任后，除具有向债务人追偿的权利外，是否可享有债权人对债务人的权利，包括担保权。

本次《民法典》编纂中厘清了担保人的法定代位权。

（一）法律依据

《民法典》第 700 条规定："保证人承担保证责任后，除当事人另有约定外，有权在其承担保证责任的范围内向债务人追偿，享有债权人对债务人的权利，但是不得损害债权人的利益。"

《担保制度解释》第 18 条第 2 款进一步规定："同一债权既有债务人自己提供的物的担保，又有第三人提供的担保，承担了担保责任或者赔偿责任的第三人，主张行使债权人对债务人享有的担保物权的，人民法院应予支持。"该条规定明确了债务人以外的担保人承担了担保责任后，可以直接对债务人提供的担保物享有优先受偿权，但该等权利仅限于向债务人提供的

担保物主张。

(二)裁判观点

西藏自治区高级人民法院在审理的(2021)藏民终75号追偿权纠纷案中认为,保证人向贷款人代为清偿借款人应偿还的债务后,而请求行使代位求偿权,故其就借款人提供的抵押物享有优先受偿权。

北京市高级人民法院在审理的(2021)京执复206号案中认为,保证人已依据民事判决就借款人对贷款人的相关债务承担了连带保证责任,依法取得贷款人对案涉房屋的抵押权。《处理扣押物品清单》载明抵押房产系以按揭贷款形式购置,尚未还清贷款,变价款在付清银行贷款后余额并入追缴发还款项。由于保证人在此之前已全部清偿贷款,故所指的"银行贷款"不应理解为只能支付给贷款人,否则将与事实冲突,而应理解为贷款人原本享有的银行贷款债权,因此保证人在代为清偿债务后,案涉房屋的变价款优先清偿保证人对借款人的追偿权,与执行依据并不冲突。

(三)延伸探讨

根据上述法条和案例,《民法典》新规有关债务人以外的担保人行使追偿权时可直接对债务人提供的担保物优先受偿的内容现已落地。同时,在担保人承担担保责任代为清偿债务后,如果债权人未经该担保人同意而擅自解除担保(包括但不限于办理担保物权注销登记、返还担保物等)导致该担保人无法行使债权人对债务人享有的担保物权而遭受损失的,可能存在债权人向该担保人承担赔偿责任的风险。

针对此类情形,债权人需考虑在债务人提供的担保合同中增加有关暂缓办理抵押、质押等担保物权注销登记的条款。例如,如抵押人系债务人,在其他担保人承担了担保责任后,未经该担保人书面同意,债权人有权不解除抵押,包括但不限于返还抵押财产、办理抵押注销登记等。债权人还可充分利用"担保人承担了担保责任的,可主张行使债权人对债务人享有的担保物权"的规定,与具有代偿能力的担保人磋商,促进不良贷款及时清偿,保障自身合法权益。

十二、债权人仅对部分保证人行使权利

《担保制度解释》第29条规定："同一债务有两个以上保证人，债权人以其已经在保证期间内依法向部分保证人行使权利为由，主张已经在保证期间内向其他保证人行使权利的，人民法院不予支持。同一债务有两个以上保证人，保证人之间相互有追偿权，债权人未在保证期间内依法向部分保证人行使权利，导致其他保证人在承担保证责任后丧失追偿权，其他保证人主张在其不能追偿的范围内免除保证责任的，人民法院应予支持。"

根据上述规定，在同一债务存在两个以上保证人时，即在所谓的共同保证情形中，无论是一般保证还是连带责任保证，债权人在保证期间向多个保证人行使权利的范围应当"全覆盖"，否则，将面临部分债权无法获得保证人清偿的风险。从保证人的视角来看，在保证期间内，部分未被要求承担保证责任的保证人可能由此免除保证责任。上述规定并未区分按份共同保证与连带共同保证的差异，将基本裁判尺度统一设定为：债权人向部分保证人行使权利的效力，并不及于其他保证人。

若同一债务有两个以上保证人，建议债权人在保证期间和诉讼时效内分别向全部保证人主张权利，尤其需注意，提起诉讼或申请仲裁后，若由于审限等原因撤回起诉或仲裁，对于连带责任保证人，应当确保起诉状副本或者仲裁申请书副本已经送达保证人，否则仍需要在保证期间内行使权利。

十三、连带共同保证人内部追偿

关于连带共同保证人是否享有内部之间相互追偿权的问题，在理论和实践中始终存在较大的争议，且担保制度各阶段立法中就此问题体现出立法者不同的态度。

（一）观点一：连带共同保证人享有追偿权

《民法典》第519条规定："连带债务人之间的份额难以确定的，视为份

额相同。实际承担债务超过自己份额的连带债务人,有权就超出部分在其他连带债务人未履行的份额范围内向其追偿,并相应地享有债权人的权利,但是不得损害债权人的利益。其他连带债务人对债权人的抗辩,可以向该债务人主张。被追偿的连带债务人不能履行其应分担份额的,其他连带债务人应当在相应范围内按比例分担。”

持支持观点的一方认为,保证合同是《民法典》合同编规定的有名合同,应当受合同编通则分编的调整,《民法典》第 519 条的规定当然应当适用于连带共同保证关系。因此,连带共同保证人当然享有对其他保证人的追偿权。

(二)观点二:连带共同保证人不享有追偿权

反对的观点认为,基于多项理由,连带共同保证人之间除非有约定,否则不享有追偿权。首先,连带共同保证人之间是否有追偿权,应当和混合共同担保作体系化解释,而《民法典》第 392 条①原则上确立了混合共同担保人之间没有相互追偿权的规则,由于共同保证的原理与混合担保的原理相同,对共同保证应作相同解释。其次,《民法典》第 699 条规定:“同一债务有两个以上保证人的,保证人应当按照保证合同约定的保证份额,承担保证责任;没有约定保证份额的,债权人可以请求任何一个保证人在其保证范围内承担保证责任。”该条规定在原《担保法》第 12 条基础上删除了“已经承担保证责任的保证人,有权向债务人追偿,或者要求承担连带责任的其他保证人清偿其应当承担的份额”的规则。尽管《民法典》第 699 条没有禁止保证人的追偿权,但是,该条规定中并没有区分保证的类型是按份共同保证还是连带共同保证,故不能作为连带共同保证人有追偿权的直接依据。最后,在各保证人之间没有共同保证的意思表示时,保证人相互追偿没有法理依据。

---

① 《民法典》第 392 条规定:被担保的债权既有物的担保又有人的担保的,债务人不履行到期债务或者发生当事人约定的实现担保物权的情形,债权人应当按照约定实现债权;没有约定或者约定不明确,债务人自己提供物的担保的,债权人应当先就该物的担保实现债权;第三人提供物的担保的,债权人可以就物的担保实现债权,也可以请求保证人承担保证责任。提供担保的第三人承担担保责任后,有权向债务人追偿。

赋予保证人相互追偿权既违背保证人提供担保的初衷,同时保证人相互追偿时份额将难以确定并且计算复杂,在最终向主债务人追偿时,可能形成循环追偿,程序上费时费力,效益上不经济。值得注意的是,《九民纪要》第56条[①]对混合担保人之间的追偿权明确予以了否定。

(三)追偿权问题的原则及例外

最高人民法院民法典贯彻实施工作领导小组在《中华人民共和国民法典合同编理解与适用(二)》一书中的观点认为,共同保证人之间关于追偿权如无特别约定,应无追偿权。

《担保制度解释》第13条就是否享有追偿权的问题作出了更具体的区分:

"同一债务有两个以上第三人提供担保,担保人之间约定相互追偿及分担份额,承担了担保责任的担保人请求其他担保人按照约定分担份额的,人民法院应予支持;担保人之间约定承担连带共同担保,或者约定相互追偿但是未约定分担份额的,各担保人按照比例分担向债务人不能追偿的部分。

同一债务有两个以上第三人提供担保,担保人之间未对相互追偿作出约定且未约定承担连带共同担保,但是各担保人在同一份合同书上签字、盖章或者按指印,承担了担保责任的担保人请求其他担保人按照比例分担向债务人不能追偿部分的,人民法院应予支持。

除前两款规定的情形外,承担了担保责任的担保人请求其他担保人分担向债务人不能追偿部分的,人民法院不予支持。"

通过前述规定可以看出,《担保制度解释》第13条对担保关系如何适用《民法典》第519条的规则进行了补充。是否构成连带共同担保责任,直接

① 《九民纪要》第56条规定:"被担保的债权既有保证又有第三人提供的物的担保的,担保法司法解释第38条明确规定,承担了担保责任的担保人可以要求其他担保人清偿其应当分担的份额。但《物权法》第176条并未作出类似规定,根据《物权法》第178条关于'担保法与本法的规定不一致的,适用本法'的规定,承担了担保责任的担保人向其他担保人追偿的,人民法院不予支持,但担保人在担保合同中约定可以相互追偿的除外。"

影响到承担责任的担保人未来是否享有追偿权。如果是多个担保人与债权人共同订立一份担保合同,即数个担保人具有承担连带责任的意思联络并形成合意,构成了连带共同担保,可以适用《民法典》第519条的追偿规则。在多个担保人分别与债权人订立担保合同时,为使承担责任的担保人未来享有向其他担保人追偿的权利,则有必要在其担保合同中专门约定"如果存在其他担保人,则该担保人将与其他担保人向债权人承担连带共同担保责任",使《民法典》第519条的追偿规则得以适用。

基于上述规则,新疆维吾尔自治区高级人民法院在审理的(2021)新民终278号追偿权纠纷案中认为,《担保制度解释》第13条第2款"同一债务有两个以上第三人提供担保,担保人之间未对相互追偿作出约定且未约定承担连带共同担保,但是各担保人在同一份合同书上签字、盖章或者按指印,承担了担保责任的担保人请求其他担保人按照比例分担向债务人不能追偿部分的,人民法院应予支持"的规定可以适用于本案。泰信公司在贷款人、借款人、保证人签订借款合同、保证合同后,以保证人身份加盖其公章并签名,表明其自愿承担合同约定的保证责任,依据《担保制度解释》第13条第2款的规定,承担了保证责任的其他保证人可以请求泰信公司按照比例分担向债务人不能追偿的部分。即保证人向主债务人无法追偿的部分,有权要求在同一份保证合同上加盖公章的泰信公司进行分担。

结　语

随着《民法典》及配套法律制度的出台及落地,我国的担保制度进一步完善。由于规则发生变化,涉及担保制度的一些典型纠纷对应的裁判结果也可能截然不同。在此大环境之下,通过不断加强对新法新规的条文理解,并根据最新的司法实践方向不断去修正、调整业务中可能出现的新问题,将有利于促进担保制度和相关业务的规范化,为构建公平、高效且具有可预见性的商事争议解决环境创造良好基础。

专题二

通道类资管业务争议中的受托人法律责任

国浩律师（上海）事务所　申　黎　赵德林　王泽锋

通道类资管业务并非严格的法律概念，而是法律实务中对某一类资管业务的模糊描述，近年来，该类案件纠纷的数量呈逐年增多的趋势，并且成为金融类案件的热点之一。通过对相关案件的检索及分析，通道类资管业务相关案件标的额较大，审级较高，且主要集中在东部经济发达地区；在该类案件中，大多数当事人基于合同请求权提起诉讼，也有部分当事人基于侵权请求权提出诉讼；通道业务受托人主要为信托公司，目前已完结的案件中，受托人承担责任的比例相对较低。在司法实践中，通常将通道业务的性质认定为事务管理信托。基于合同请求权起诉时，受托人可能因违反适当性义务承担缔约过失责任或违约责任；基于侵权请求权起诉时，受托人承担责任的依据主要源自其法定义务，主要包括适当性义务与合理注意义务，当受托人违反适当性义务或合理注意义务并造成投资者损失时，其应承担其侵权责任。对于受托人所承担责任的序位、形态及比例，司法实践中主要基于受托人承担的责任性质、委托人的身份背景及其是否具有过错、受托人的违约行为或侵权行为是不是导致委托人损失的主要原因等因素进行具体判断。同时，值得关注的是，行政监管机关对受托人作出监管措施，并不必然导致法院认定受托人应承担相应民事责任。

第一章　概　　述

一、通道类资管业务的概念

通道类资管业务并非严格的法律概念，而是法律实务中对某一类资管业务的模糊描述。该类业务最早出现于2008年前后，早期主要以“银信合作”的形式出现，即银行作为委托方，与信托公司签订信托合同设立信托，通过信托贷款的方式将其资金放贷给企业。在这个过程中，信托公司仅为银行的资金通道，其只根据委托人的指示行动，不承担主动管理的职责。

随着通道业务数量的不断增多，监管机关对其也重视起来。2010年8月5日，银监会发布《关于规范银信理财合作业务有关事项的通知》（银监发〔2010〕72号），其中第2条就使用了“通道类业务”一词，但并未对其进行明确定义。

2014年12月，银监会印发的《商业银行并表管理与监管指引》（银监发〔2014〕54号）最早对通道类业务作出了较为明确的定义。该文件第87条第2款规定：“本指引所称跨业通道业务，是指商业银行或银行集团内各附属机构作为委托人，以理财、委托贷款等代理资金或者利用自有资金，借助证券公司、信托公司、保险公司等银行集团内部或者外部第三方受托人作为通道，设立一层或多层资产管理计划、信托产品等投资产品，从而为委托人的目标客户进行融资或对其他资产进行投资的交易安排。在上述交易中，委托人实质性承担上述活动中所产生的信用风险、流动性风险和市场风险等。”

2017年11月，银监会发布《关于规范银信类业务的通知》（银监发〔2017〕55号）也继续沿用了对通道类业务的定义，该文件第1条第2款规定:“本通知所指银信通道业务,是指在银信类业务中,商业银行作为委托人设立资金信托或财产权信托,信托公司仅作为通道,信托资金或信托资产的管理、运用和处分均由委托人决定,风险管理责任和因管理不当导致的风险损失全部由委托人承担的行为。”

由于银监会监管范围的限定,上述两份文件对通道业务限定的范围较窄——两文件将通道业务委托人限定为商业银行及银行集团内各附属机构。但其指出了通道类业务的核心要素,即相应风险由委托人实际承担,对于其他类型的通道业务的定义亦有较大参考价值。

2019 年 11 月,最高人民法院发布《全国法院民商事审判工作会议纪要》(以下简称《九民纪要》),其中第 93 条进一步明确了通道业务的定义:“当事人在信托文件中约定,委托人自主决定信托设立、信托财产运用对象、信托财产管理运用处分方式等事宜,自行承担信托资产的风险管理责任和相应风险损失,受托人仅提供必要的事务协助或者服务,不承担主动管理职责的,应当认定为通道业务。”

由此可见,通道业务的核心特征有以下两点:第一,委托人决定资金的运用及资管业务的运作方式,且相应风险由委托人承担;第二,受托人作为资金流转的通道,其仅根据委托人指示行动,不承担相应风险。

二、通道类资管业务相关规定

通道类资管业务诞生并发展至今,一个重要的原因是我国监管部门对银行的信贷投资规模限制与监管较为严格,与此同时,我国中小企业融资难的问题一直无法得到解决。市场的投融资需求旺盛,但由于相关监管规定的要求,银行无法直接放贷给企业,而为了绕开监管规定,银行便与信托公司等主体合作开展通道业务。随着通道类资管业务数量的不断上涨,通道类资管业务所引发的纠纷也不断增多,相关部门对通道业务的监管力度亦不断增强。

(一)《信托法》的相关规定

实践中,许多通道业务是以“银信合作”的形式开展的,即委托人为银行,受托人为信托公司,一部分学者便主张通道类资管业务的本质应属于信托,应当依据《信托法》的相关规定对通道业务受托人进行规制。[①]

《信托法》第 2 条规定:"本法所称信托,是指委托人基于对受托人的信任,将其财产权委托给受托人,由受托人按委托人的意愿以自己的名义,为受益人的利益或者特定目的,进行管理或者处分的行为。"第 25 条规定:"受托人应当遵守信托文件的规定,为受益人的最大利益处理信托事务。受托人管理信托财产,必须恪尽职守,履行诚实、信用、谨慎、有效管理的义务。"第 30 条规定:"受托人应当自己处理信托事务,但信托文件另有规定或者有不得已事由的,可以委托他人代为处理。受托人依法将信托事务委托他人代理的,应当对他人处理信托事务的行为承担责任。"

根据《信托法》的相关规定,受托人负有忠实义务及勤勉义务,且应当自行管理信托财产;通道类资管业务的受托人并不负有主动管理责任,不承担相应风险。由此可见,通道业务似乎不属于《信托法》所规定的主动管理信托。

(二)部委规章、规范性文件及行业自律规范的相关规定

2013 年 7 月,中国证券业协会发布《关于规范证券公司与银行合作开展定向资产管理业务有关事项的通知》(中证协发〔2013〕124 号),该文件第 1 条规定:"本通知所称银证合作定向业务,是指合作银行作为委托人,将委托资产委托证券公司进行定向资产管理,向证券公司发出明确交易指令,由证券公司执行,并将受托资产投资于合作银行指定标的资产的业务。"该处虽未使用通道业务的表述,但根据该条规定,其所指的银证合作定向业务即通道业务。该文件对于证券公司与银行合作开展的通道业务进行了细致的规定,包括禁止开展相关业务的情形,对合作银行的规定等。

同年 12 月,国务院办公厅发布了《关于加强影子银行监管有关问题的通知》(国办发〔2013〕107 号),该文件第 3 条第 4 项规定:"规范金融交叉产

① 参见王涌:《让资产管理行业回归大信托的格局》,载《清华金融评论》2018 年第 1 期。

品和业务合作行为。金融机构之间的交叉产品和合作业务,都必须以合同形式明确风险承担主体和通道功能主体,并由风险承担主体的行业归口部门负责监督管理,切实落实风险防控责任。”该条规定首次对通道业务提出了总体监管要求,在明确风险承担主体的前提下,由风险承担主体的行业监管部门进行监管。

2014 年 4 月,银监会发布《关于信托公司风险监管的指导意见》(银监办发〔2014〕99 号),该文件规定:“2014 年上半年完成信托公司净资本计算标准修订工作,调整信托业务分类标准,区分事务管理类业务和自主管理类业务……明确事务管理类信托业务的参与主体责任。金融机构之间的交叉产品和合作业务,必须以合同形式明确项目的风险责任承担主体,提供通道的一方为项目事务风险的管理主体,厘清权利义务,并由风险承担主体的行业归口监管部门负责监督管理,切实落实风险防控责任。”该文件首次将通道业务定性为事务管理信托,并要求明确事务管理信托业务参与主体的责任。

2017 年 11 月,银监会发布《关于规范银信类业务的通知》(银监发〔2017〕55 号),该文件规定,商业银行对于银信通道业务,应还原其业务实质进行风险管控,不得利用信托通道掩盖风险实质;信托公司应履行勤勉尽责的受托责任,加强尽职调查,确保信托目的合法合规,不得为委托方银行规避监管规定或第三方机构违法违规提供通道服务。

2018 年,中国人民银行、银保监会、证监会、外汇管理局等四部委联合发布了《关于规范金融机构资产管理业务的指导意见》(银发〔2018〕106 号,以下简称《资管新规》)。在该文件中,监管部门对于通道类资管业务的态度彻底转变,《资管新规》第 22 条明确规定,金融机构不得为其他金融机构的资产管理产品提供规避投资范围、杠杆约束等监管要求的通道服务。但同时,第 29 条亦按照“新老划断”原则,将该文件发布之日至 2020 年年底设置为过渡期,过渡期内,金融机构可以发行老产品对接,在过渡期结束后,金融机构则不得再发行或存续通道类资管业务。

(三)《九民纪要》的相关规定

《九民纪要》对通道类业务进行了明确的规定,并将通道业务的性质确定为事务管理信托。在事务管理信托纠纷案件中，对信托公司开展和参与的多层嵌套、通道业务、回购承诺等融资活动，要以其实际构成的法律关系确定其效力，并在此基础上依法确定各方的权利义务。

此外，《九民纪要》第93条对于通道业务的定义及效力进行了明确规定，在《资管新规》规定的过渡期内，对于通道业务中存在的利用信托通道掩盖风险，规避资金投向、资产分类、拨备计提和资本占用等监管规定，或者通过信托通道将表内资产虚假出表等信托业务，如果不存在其他无效事由，一方以信托目的违法违规为由请求确认无效的，人民法院不予支持。至于委托人和受托人之间的权利义务关系，则应依据信托文件的约定加以确定。

《九民纪要》将通道业务认定为事务管理信托，并将关于通道业务的规定放在了营业信托纠纷的部分，从体系解释的角度来看，通道业务属于信托的一种，应受到《信托法》的规制。但《九民纪要》亦明确规定了在审理通道业务相关案件时，应以"实际构成的法律关系确定其效力"，"委托人和受托人之间的权利义务关系，应当依据信托文件的约定加以确定"。从该规定来看，在审理通道业务相关案件时，应依据受托人与委托人之间签订的信托合同等文件确定各方权利义务，通道业务实际上并不以《信托法》为唯一法律依据，而以约定为优先。

第二章　通道类资管业务受托人的涉诉情况

一、通道类资管业务涉诉案件的基本情况

以“受托人　通道”为关键词，使用威科先行数据库，检索近3年的裁判文书，共检索到1865份民事判决书。经过筛选，通道类资管业务受托人为案件当事人的案件共114件，其中系列案共55件（系列案件占比情况见图2－1），系列案最多的案例是华澳国际信托有限公司、顾立群财产损害赔偿纠纷案，[①]共存在25件相关联系列案。

许多通道类资管业务存在大量的投资人，一旦出现纠纷，极可能引发诸多相关联的诉讼案件，这就导致涉及通道业务的案件存在大量的系列案。由此可见，明确通道业务受托人的职责与义务，积极防范法律风险，主动化解争议纠纷，是一个重要且急切的命题。

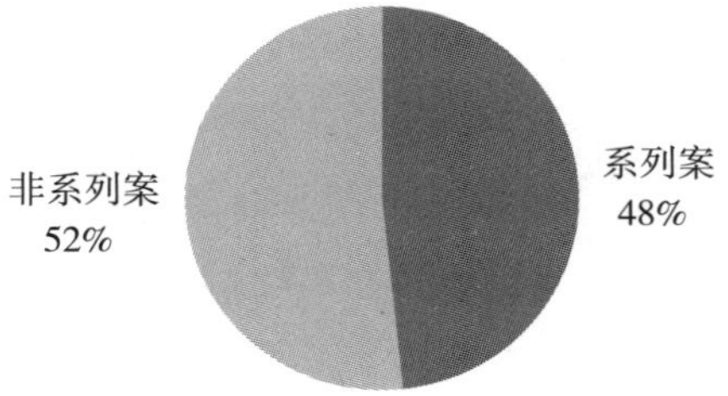

图2－1　系列案所占比例

过滤掉系列案之后，剩余59件案例标的额整体较高（见图2－2）。标的额在100万元以下的案例共计5件，占比8.47%；标的额在100万元至1000

① 详见（2020）沪74民终31号，上海金融法院民事判决书。

万元之间的案例共12件，占比20%；标的额在1000万元至1亿元之间的案例共23件，占比39%；标的额在1亿元以上的案件共19件，占比32%。通道类资管业务相关案件标的金额主要集中在1000万元至1亿元之间，而1000万元以上的案件共有42件，共占比71%（见图2-3），标的额最高的案件是富地长泰酒店投资管理有限公司、董栋华等金融借款合同纠纷案，[①]该案件标的金额共计25.17亿元人民币。整体来看，通道类资管业务的标的金额远高于一般金融诉讼案件，案涉标的额巨大的案件屡见不鲜。

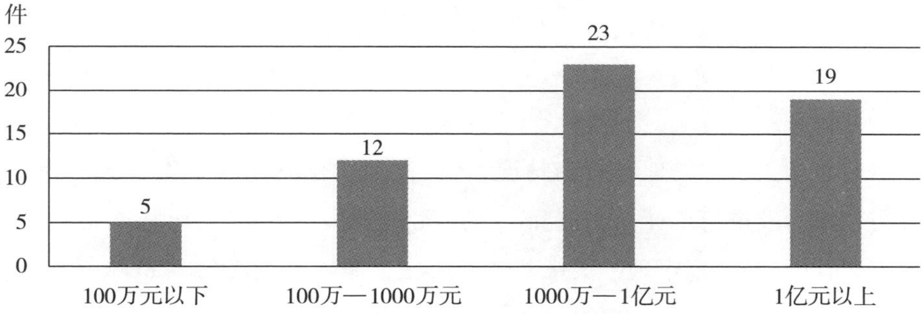

图2-2　通道类资管业务案件标的金额情况

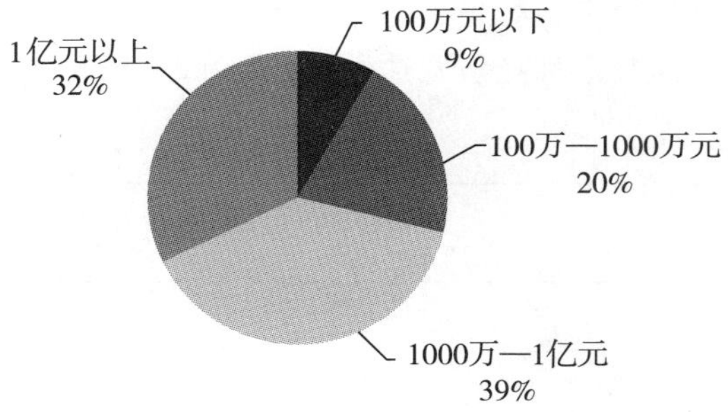

图2-3　通道类资管业务案件标的金额比例

对于相关案件审理法院的级别，59件案例中有8件案例的审理法院是最高人民法院，高级人民法院审理的案件共15件，中级人民法院（包括上海

① 详见（2020）最高法民终1102号，最高人民法院民事判决书。

金融法院)审理的案件共16件,基层法院审理的案件共20件(见图2-4)。通道类资管业务案件的标的额较大,相关案件的审级也较高。

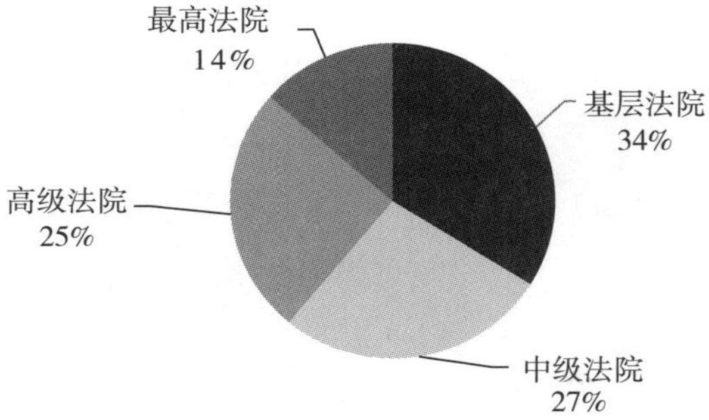

图2-4 相关案件审级情况

对于相关案件的地域分布情况,将最高人民法院审理的案件以一审法院所在地为准进行统计,收集到的59件案件分布于全国17个省、自治区、直辖市。其中,在北京审理的案件共21件,在上海审理的案件共8件,在广东审理的案件共5件(5件案例均在广州、深圳两地),在山东审理的案件共4件,在陕西审理的案件共3件,在天津、江苏、湖南、四川、湖北、辽宁审理的案件各2件,在山西、新疆、吉林、重庆、甘肃、浙江审理的案件各1件,相关案件主要集中在北上广深及东部经济发达地区(见图2-5)。

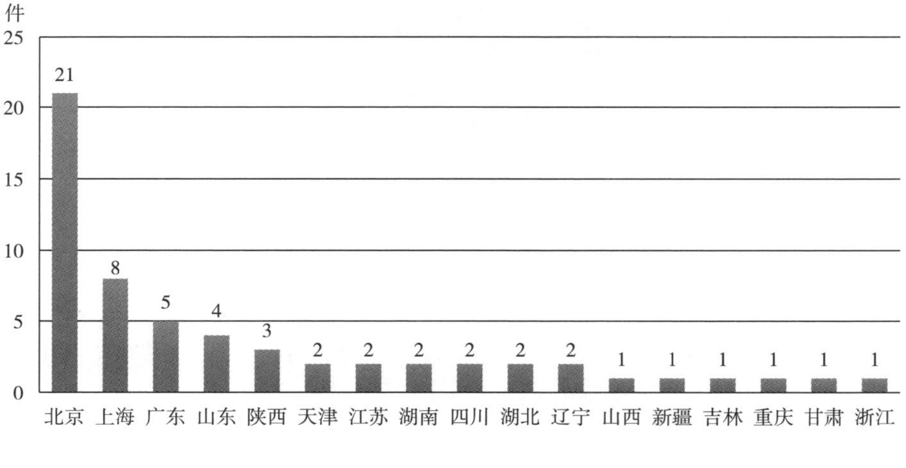

图2-5 案件地域分布情况

二、通道类资管业务受托人参与案件的基本情况

在相关案件中,受托人作为被告的案例共31件,占比52.5%;作为原告的案例共8件,占比13.6%;作为第三人的案例共20件,占比33.9%(见图2-6)。通道类资管业务受托人根据委托人的指示行动,因此许多案件中委托人仅将受托人列为第三人,这种情况下大多是受托人根据委托人指示向第三方主体发放贷款,如广州农村商业银行股份有限公司与河南科迪乳业股份有限公司、科迪食品集团股份有限公司金融借款合同纠纷案[①],东方邦信置业有限公司与五大连池宝泉啤酒饮品有限责任公司等金融借款合同纠纷案[②];在受托人作为原告的案件中,大部分也是由信托贷款纠纷引起,但委托人并未起诉借贷方,而是由受托人起诉借贷方,如王辉与国民信托有限公司金融借款合同纠纷案[③]。

但需明确的是,借助通道类资管业务向第三人发放贷款的纠纷案件中,也存在投资人同时起诉贷款人及受托人的情况,如北京中金信融资产管理中心、光大兴陇信托有限责任公司合同纠纷案。[④] 在信托贷款相关纠纷中,受托人并不是必然不被起诉。

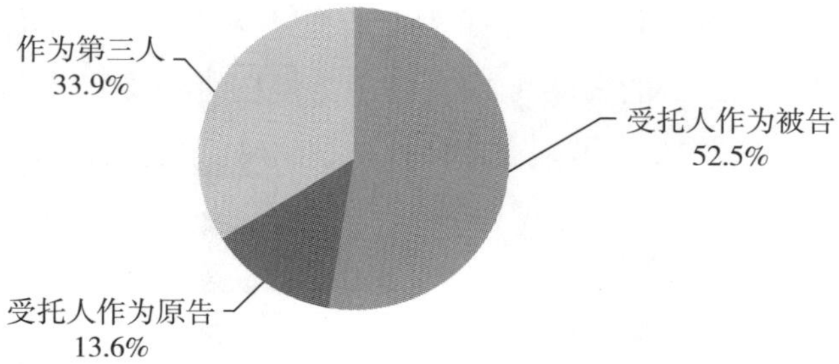

图2-6 通道类资管业务受托人在案件中的角色

---

① 详见(2020)粤01民初150号,广东省广州市中级人民法院民事判决书。
② 详见(2020)京04民初964号,北京市第四中级人民法院民事判决书。
③ 详见(2020)京民终676号,北京市高级人民法院民事判决书。
④ 详见(2020)最高法民终488号,最高人民法院民事判决书。

对于通道类资管业务受托人的身份，在相关案件中，共有53件案例的通道类资管业务受托人是信托公司，1件案例中受托人是商业银行，另有2件案例中受托人是证券公司；在其余3件案例中则存在两个嵌套的通道业务，而嵌套的两个通道业务的受托人则分别是商业银行及证券公司（见图2-7）。综合来看，通道类资管业务的受托人以信托公司为主。

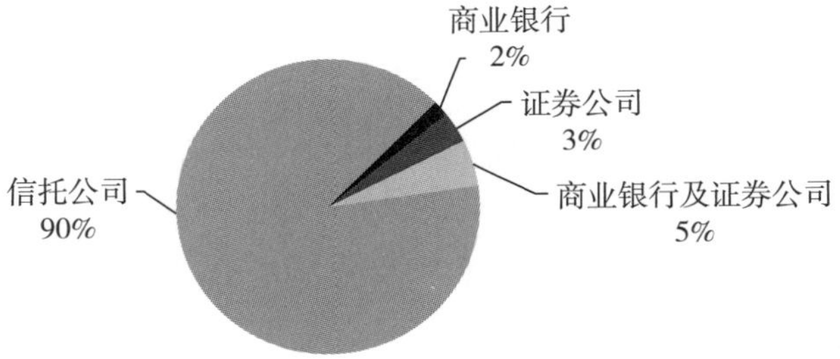

图2-7　通道类资管业务受托人的身份背景

三、通道类资管业务涉诉案件中的请求权基础及受托人承担的责任

在检索到的案例中，案由为金融借款合同纠纷的案件最多，共11件，占比19%；案由为信托纠纷、合同纠纷、借款合同纠纷的相关案件各9件，案由为营业信托纠纷的案件共7件，案由为财产损害赔偿纠纷的案件共4件，案由为债权转让合同纠纷的案件共3件，案由为侵权纠纷及委托理财合同纠纷的相关案件各2件，案由为普通破产债权确认纠纷、票据纠纷、民间借贷纠纷的相关案件各1件（见图2-8）。

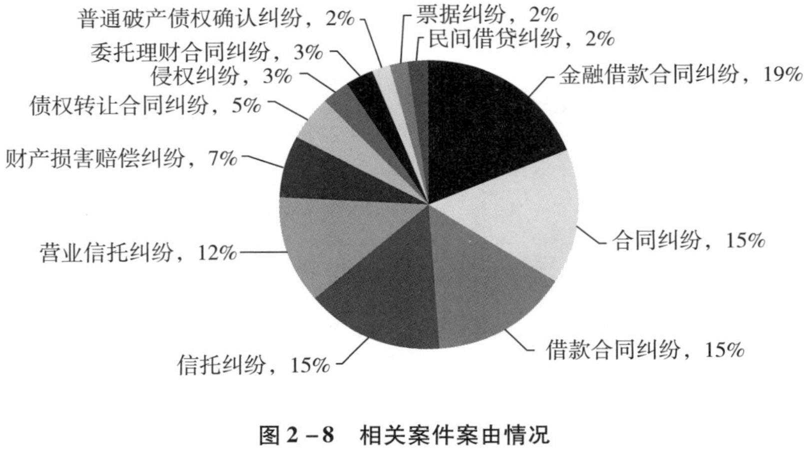

图2-8　相关案件案由情况

59件案例中，当事人基于合同作为请求权基础提起诉讼的案例共有53件，而当事人基于侵权作为请求权基础提起诉讼的案例仅有6件（见图2－9）。在检视请求权基础时，因为违约责任的构成要件相对较少，传统观点一般认为违约责任与侵权责任竞合时优先选择合同请求权基础提起诉讼，这一点也在通道类业务的相关案例中有所体现。

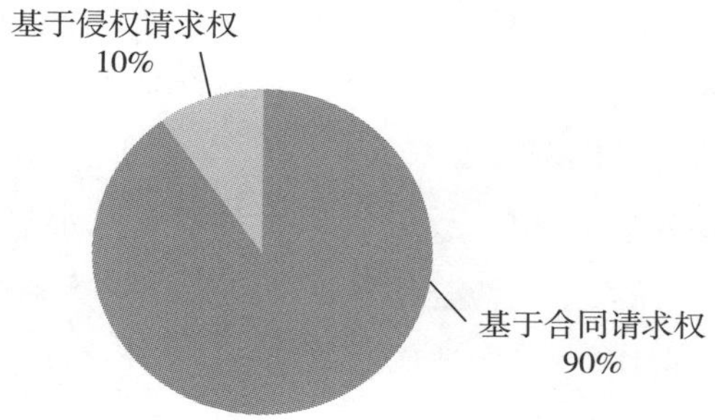

图2－9　通道类资管业务案件请求权基础的类型

在搜集到的全部59件案例中，共有10件案例法院判决受托人承担相应责任，其中的5件案例，受托人以案涉资管产品属于通道业务进行了抗辩，但法院并未将案涉产品认定为“通道业务”。在剩余的49件案例中，通道类资管业务的受托人未承担任何责任（见图2－10）。

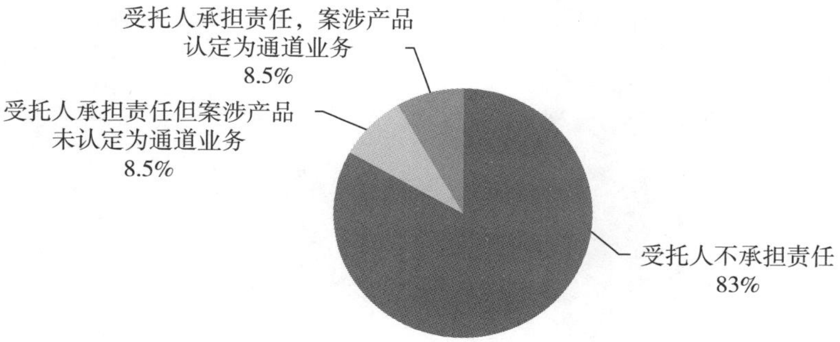

图2－10　所有案例中受托人承担责任的比例

在受托人不承担责任的案例中，部分是因受托人并不是案件的被告，在这些案例中其当然不可能承担责任。之所以将此类案件也列入统计的总数中,是因为应当对于通道业务的相关纠纷做全盘考虑。通道业务的实际投资人未起诉受托人,本身就体现了受托人在通道业务纠纷中的角色——即其只是按照委托人指示行动、提供资本流动的"通道"。委托人极有可能因起诉受托人也难以得到法院支持,所以才将受托人列为案件的第三人,或要求受托人一方直接提起诉讼。

即使仅考察受托人作为被告的案例,其承担责任的比例也并不高。受托人作为被告的案件共31件,在案涉产品被法院认定为通道业务的案件中,受托人承担责任的案件比例仅为16%(见图2-11)。在5件法院未将案涉产品认定为通道业务的案例中,受托人以案涉资管产品属于通道业务进行抗辩,这些案件的受托人也认为若其资管产品被认定为通道类业务,则其有可能无须承担相应责任,故以案涉产品属于通道业务的理由进行抗辩。

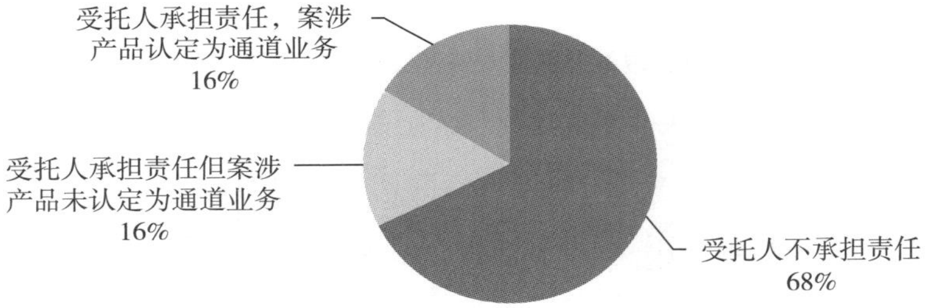

图2-11 受托人作为被告的案例中其承担责任的比例

第三章　通道类资管业务受托人的法律责任认定

一、对通道类资管业务效力的司法认定

关于通道业务的效力，在检索到的所有案例中均未发现有法院将案涉通道业务的相关合同认定为无效。在一些案例中，原告起诉受托人的理由或被告抗辩的理由之一就是通道业务无效，而法院对此类主张均予以驳斥。如原告上海浦东发展银行股份有限公司南京分行与被告颜静刚、吕彬等信托纠纷案①，北京星河世界集团有限公司、渤海国际信托股份有限公司金融借款合同纠纷案②等案例。只要案涉合同不存在其他原《合同法》或《民法典》规定的合同无效的情形，即认定为有效，仅以案涉业务属于通道业务而主张合同无效的，法院均未予以支持。

《资管新规》第29条明确按照“新老划断”原则将该文件发布之日至2020年年底设置为过渡期，过渡期内通道产品可以继续存续，而在过渡期后，金融机构不得再发行或存续违反该意见规定的资管产品。

《九民纪要》第93条基于《资管新规》的规定，肯定了通道类资管产品的效力。根据该条规定，在过渡期内，通道业务“如果不存在其他无效事由，一方以信托目的违法违规为由请求确认无效的，人民法院不予支持。”

《资管新规》及《九民纪要》的规定是法院认定通道业务有效的主要依据，但是两份文件均强调了通道类资管业务仅在过渡期内有效。中国人民银行此前发布了《优化资管新规过渡期安排 引导资管业务平稳转型》一文，

---

① 详见(2018)苏0104民初1299号，江苏省南京市秦淮区人民法院民事判决书。

② 详见(2020)最高法民终142号，最高人民法院民事判决书。

宣布延长过渡期,[①]目前,过渡期已经结束。由于现在暂未出现因在过渡期后发行的通道类资管业务而引发的诉讼纠纷,法院对于过渡期后发行的通道类资管业务效力的态度目前仍不明确,有待进一步观察。

二、对通道类资管业务性质的认定

(一)关于通道类资管业务性质的争议

通道类资管业务的诞生是我国金融行业自主创新的结果,其并不属于法律明确规定的传统金融产品;通道业务早期以“银信合作”为主流,在发展过程中证券公司等主体亦加入进来,由此导致学界及实务界对于通道业务的法律性质难以得出统一意见。目前,对于通道业务的法律性质主要有以下三种观点:

第一种是“委托说”,认为通道类资管业务属于委托关系。通道业务受托人主动管理的职责被弱化甚至消失,受托人完全按照委托人的指令运用资金,这种形式符合《民法典》第922条规定的“受托人应当按照委托人的指示处理委托事务”,[②]故通道业务具有委托代理的特征与性质,应属于委托代理关系。

第二种是“信托说”,认为通道类资管业务属于信托关系,应严格按照《信托法》的规定确定受托人的义务。虽然信托关系设立后,信托财产具有独立性,但是委托人控制信托的本质一直蕴藏在传统信托法理论之中,[③]这体现在受托人管理信托财产的权利来源于信托合同的约定,因此委托人可以通过事前在信托合同中约定管理信托事务的方式来实现对信托的影响与控制。从《信托法》的规定来看,《信托法》第2条对信托的定义是概括性定义,且该条未明确禁止被动信托;该法第11条对于信托无效情形的规定,也

---

① 详见《优化资管新规过渡期安排 引导资管业务平稳转型》,载中国人民银行网2020年7月31日,http://www.pbc.gov.cn/goutongjiaoliu/113456/113469/4066284/index.html。

② 参见高民尚:《审理证券、期货、国债市场中委托理财案件的若干法律问题》,载《人民司法》2006年第6期。

③ 参见杨秋宇:《通道型信托的私法解释及其规制逻辑》,载《第三届“法律与金融”论坛论文集》,2019年。

未将受托人不承担主动管理职责列入。因此,通道业务应属于《信托法》所规定的信托的一种。

第三种是"事务管理信托说",认为通道类资管业务属于事务管理信托,受托人的义务由信托文件及委托人指令决定。以受托人是否应负有积极管理信托事务的义务为标准,可将信托分为积极信托与消极信托,[①]消极信托即事务管理信托,而通道业务的受托人仅按照委托人的指令管理信托财产,应属于事务管理信托。《九民纪要》亦采纳了事务管理信托说的观点,将通道业务认定为事务管理信托,而《九民纪要》中所规定的"实际构成的法律关系确定其效力","委托人和受托人之间的权利义务关系,应当依据信托文件的约定加以确定",似乎证实了通道类资管业务虽名为事务管理"信托",但其并不受《信托法》的约束,亦不属于《信托法》所规定的信托的一种。

(二)对通道类资管业务性质的司法认定

对于通道类资管业务的性质,许多案例中法院并未说明。明确指出案涉通道类资管业务属于事务管理信托的案件共7件,如仇晓与国民信托有限公司信托纠纷案[②]。在法院明确认定属于事务管理信托的案件中,法院无一例外地仅根据当事人所签订的信托合同对受托人所应承担的义务进行了认定。

除了明确指出案涉通道业务属于事务管理信托的7件案件之外,在河北临西农村商业银行股份有限公司、恒丰银行股份有限公司营业信托纠纷案[③]中,山东省高级人民法院虽未明确指明案涉信托产品属于事务管理信托,但是其在说理时认为案涉产品属于"通道"产品,故"应依据信托文件的约定确定各方的权利义务,而不是依据《信托法》确定各方的权利义务"。由此可见,该案中法院并未将通道业务认定为受《信托法》约束的信托关系。

---

① 参见谢哲胜:《信托法》,台北,元照出版公司2014年版,第50页。

② 详见(2020)京0101民初12756号,北京市东城区人民法院民事判决书。

③ 详见(2020)鲁民终3001号,山东省高级人民法院民事判决书。

在江苏鹏程化工有限公司、天津滨海农村商业银行股份有限公司金融借款合同纠纷案[①]中,一审法院明确指出案涉通道产品委托人滨海农商行与受托人国民信托公司之间成立信托合同关系。但是,在该案中,通道业务受托人国民信托系案件的第三人,案涉信托合同的相关问题也不是该案的争议焦点,而二审法院的说理部分根本没有提到信托合同,故一审法院在裁判文书中所述"滨海农商行与国民信托公司之间成立信托合同关系"是否意味着该案通道业务属于受《信托法》约束的信托法律关系,仍然存在疑问。

在检索到的案例中,将通道业务的法律性质认定为委托代理关系的案件仅1件。在阜新中科环保电力有限公司、安徽盛运环保(集团)股份有限公司金融借款合同纠纷案[②]中,第一创业公司与四川信托公司签订了《信托合同》,其中明确约定"受托人仅承担一般信托事务的执行职责,不承担主动管理职责",受托人以其自身名义"向阜新中科公司发放2.1亿元贷款"。但一审法院并未将该通道产品的性质认定为被动管理类信托,而是明确指出"本案系名为信托贷款,实为委托贷款性质"。

除了上述案件外,在其余案件中法院虽然没有明确区分通道业务具体属于何类信托产品,但均未将通道业务认定为委托代理关系。在审判过程中,法院一般会根据《九民纪要》的规定,将通道业务认定为事务管理信托。

三、通道类资管业务受托人不承担责任的依据及判定标准

如上文所述,在受托人为被告的31件案例中,被认定为通道业务且受托人承担责任的案件占比仅为16%(见图2-11)。此外,在实践中仍然存在大量的案件,是通道业务委托人直接起诉融资方,其未将受托人列为被告,也未将其列为第三人,而由于受托人未参与案件审理过程,故本次检索并未

---

① 详见(2020)津民终143号,天津市高级人民法院民事判决书。

② 详见(2020)粤民终876号,广东省高级人民法院民事判决书。

将此类案件纳入统计。基于上述信息进行综合判断，可以明确，法院判决通道业务受托人承担责任的案件比例较低。

《九民纪要》第93条规定，通道业务受托人的义务主要根据信托合同等文件确定，而大多数通道类业务的合同会明确约定受托人仅依据委托人的指示行动，不承担主动管理职责，法院便会以此判决受托人未违反合同约定，不承担相应责任，这就导致受托人承担责任的案例较少。这在下列案件的判决中亦得以明确体现。

在河北临西农村商业银行股份有限公司、恒丰银行股份有限公司营业信托纠纷案[①]中，河北临西农村商业银行股份有限公司（以下简称临西农商行）基于合同请求权，起诉恒丰银行股份有限公司（以下简称恒丰银行）、中信证券股份有限公司（以下简称中信证券）。2016年10月，临西农商行与恒丰银行签订《委托定向投资业务合作总协议》，约定临西农商行委托恒丰银行按照临西农商行的指令以恒丰银行名义将委托资金投资于临西农商行指定的投资范围，该委托定向投资的所有风险完全由临西农商行承担。

在签订上述协议后，临西农商行向恒丰银行发出投资指令，要求恒丰银行将信托资金作定向投资，与中信证券签订《资管合同》，以该笔资金作为委托财产由中信证券通过与奥创公司、河沈电缆签订《融资租赁合同》，向河沈电缆提供融资和租赁服务。《资管合同》约定，恒丰银行作为委托人，将自行承担风险和损失，其对管理人根据投资指令从事的投资行为承担完全后果，自行承担投资风险，并处理相关纠纷（见图2－12）。

在签订《融资租赁合同》后，河沈电缆未在《融资租赁合同》到期时，支付最后一笔租金。临西农商行、恒丰银行、中信证券就案涉合同项下租金及罚息的支付、租赁物所有权及相关权益的移交、委托资产的现状返还等事项进行沟通协商，但未能达成一致。而后，临西农商行向法院起诉要求恒丰银行、中信证券向其承担连带责任。

---

① 详见（2020）鲁民终3001号，山东省高级人民法院民事判决书。

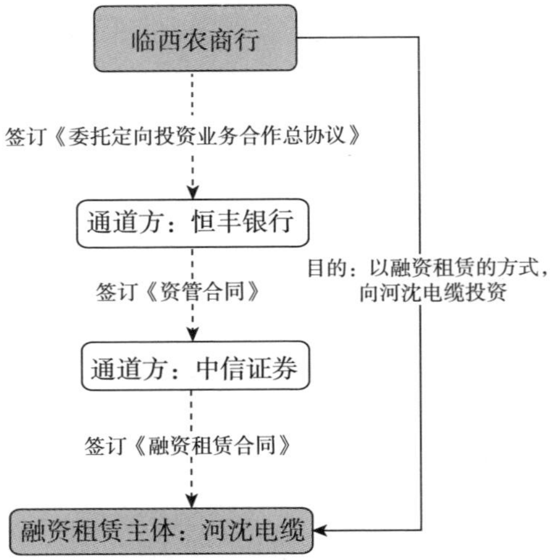

图 2－12　河北临西农村商业银行股份有限公司、恒丰银行股份有限公司营业信托纠纷案结构

该案中，法院在裁判文书中明确指出，恒丰银行和中信证券仅根据约定提供必要的事务协助或者服务，不承担主动管理职责，案涉信托资产管理应认定为通道业务。在通道业务中，应依据信托文件的约定确定各方的权利义务，而不是依据《信托法》确定各方的权利义务。根据相关合同的约定，临西农商行作为涉案资金的委托人，自主决定信托投立、信托财产运用对象、信托财产管理运用处分方式等事宜，自行承担信托资产的风险管理责任和相应风险损失，受托人恒丰银行、中信证券仅提供必要的事务协助或者服务，不承担主动管理职责，据此，法院驳回了临西农商行的诉讼请求。

在袁名扬与联储证券有限责任公司、昆仑信托有限责任公司财产损害赔偿纠纷案①中，原告与联储证券有限责任公司（以下简称联储证券）签订资管合同，联储证券承诺以诚实守信、审慎尽责的原则管理和运用涉案资管计划资产；而后联储证券作为委托人与昆仑信托有限责任公司（以下简称昆仑信托）签订信托合同，信托合同中明确约定，“本信托为事务管理类信托……

① 详见（2019）沪 0115 民初 10860 号，上海市浦东新区人民法院民事判决书。

（委托人）自行负责（或自行委托第三方负责）前期尽职调查及存续期信托财产管理，自愿承担信托投资风险，受托人仅负责账户管理、清算分配及提供或出具必要文件以配合委托人管理信托财产等事务，受托人主要承担一般信托事务的执行职责，不承担主动管理的职责”（见图2－13）。

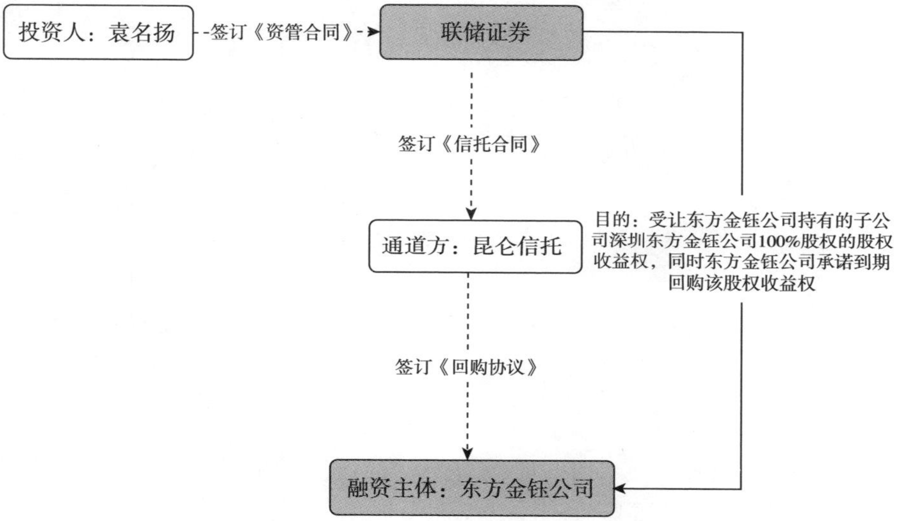

图2－13　袁名扬与联储证券有限责任公司、昆仑信托有限责任公司财产损害赔偿纠纷案结构

上海市浦东新区人民法院在该案判决书中指出，涉案信托计划为事务管理信托，被告昆仑信托已履行了《信托合同》的约定和委托人被告联储证券指令中的各项内容，未违反受托人的管理职责，在履行涉案信托计划和资管计划中未存在过错，故受托人昆仑信托不承担责任。

在陈晓明与国民信托有限公司等信托纠纷案①中，原告与国民信托有限公司（以下简称国民信托）签订《信托合同》，该合同中约定：“本信托为委托人指定用途和管理方式的事务管理类单一资金信托……原告为本信托风险责任承担主体，本信托的设立、运用对象、管理、运用和处分方式均由原告指

① 详见（2019）京0101民初17079号，北京市东城区人民法院民事判决书。

定，受托人依据原告指令进行事务管理的通道主体，主要承担一般信托事务的执行职责，不承担主动管理职责。”（见图2－14）在签订合同后，国民信托按照原告指示与常州橘子水晶服饰有限公司（以下简称水晶公司）签订信托贷款合同，水晶公司未能按期偿还借款，原告便将借款人、保证人及通道方国民信托诉至北京市东城区人民法院。法院则以该案不涉及原告与国民信托的纠纷为由，驳回了原告对通道方国民信托的诉讼请求。

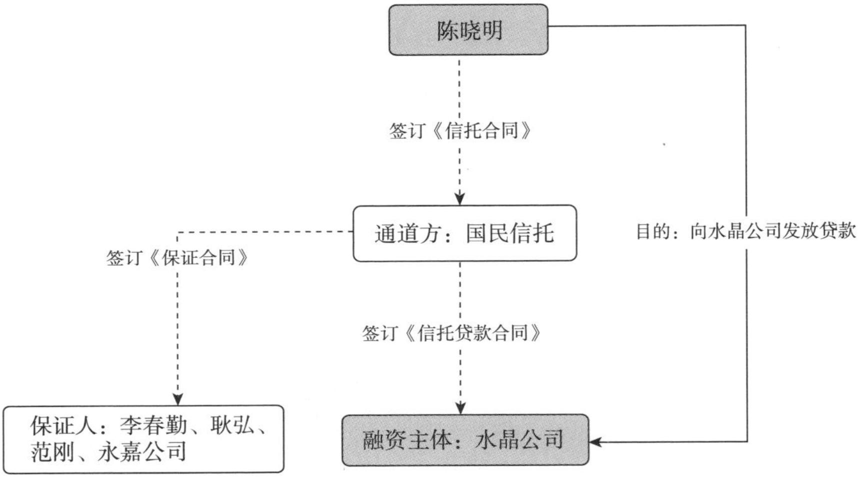

图2－14　陈晓明与国民信托有限公司等信托纠纷案结构

四、通道类资管业务受托人承担违约责任及缔约过失责任的司法判定标准

正如上文所述，根据《九民纪要》的规定，通道业务受托人的义务主要由信托合同等文件确定，而正是因为通道业务的当事人一般会在合同中约定受托人不承担主动管理职责及任何其他义务，法院一般会判决受托人不承担责任。但这并不意味着通道业务受托人仅承担合同约定义务，除了合同义务外，受托人还应当承担适当性义务。

根据《九民纪要》第72条的规定，金融机构承担的适当性义务是指卖方机构在向金融消费者推介、销售银行理财产品、保险投资产品、信托理财产品、券商集合理财计划、杠杆基金份额、期权及其他场外衍生品等高风险等级金融产品，以及为金融消费者参与融资融券、新三板、创业板、科创板、期货等高风险等级投资活动提供服务的过程中，必须履行的了解客户、了解产品、将适当的产品（或者服务）销售（或者提供）给适合的金融消费者等义务。适当性义务的履行是“卖者尽责”的主要内容，也是“买者自负”的前提和基础。

对于适当性义务的内容，《九民纪要》第 73 条规定，合同法、证券法、证券投资基金法、信托法等法律规定的基本原则和国务院发布的规范性文件是确定适当性义务内容的主要依据。相关部门在部门规章、规范性文件中的监管规定，在与法律和国务院发布的规范性文件的规定不相抵触的前提下，可以参照适用。具体到通道业务受托人的适当性义务上，一般包括对金融消费者风险承受能力等进行评估，告知金融消费者通道产品的相应情况及风险，确保金融消费者的风险认知、风险偏好和风险承受能力与所销售通道类资管产品相匹配。

关于适当性义务的性质，《九民纪要（征求意见稿）》第 72 条曾明确将适当性义务定性为原《合同法》第 60 条第 2 款规定的先合同义务，即当事人应当遵循诚实信用原则，根据合同的性质、目的和交易习惯履行通知、协助、保密等义务；若卖方机构违反适当性义务造成金融消费者损失的，则应当根据原《合同法》第 42 条第 3 项之规定，承担缔约过失责任。

正式出台的《九民纪要》中，关于适当性义务性质的相关条款被删除，这就导致了违反适当性义务应当承担何种责任并无统一的观点。聚焦到通道业务相关案件，若受托人违反适当性义务，法院判决受托人承担违约责任、缔约过失责任及侵权责任的情况均有发生。

（一）通道类资管业务受托人承担缔约过失责任的相关案例

在毛桂芝与四川信托有限公司合同纠纷案[1]（以下简称四川信托案）中，

---

① 详见（2019）京 0108 民初 6409 号，北京市海淀区人民法院民事判决书。

原告毛桂芝与被告四川信托有限公司(以下简称四川信托)签订了《四川信托—川诺3号集合资金信托计划之信托合同》,该合同中明确约定:信托计划目的为认购上海觅舒投资管理中心(有限合伙)的有限合伙份额;受托人仅按照委托人的指定将信托资金投资于认购上海觅舒投资管理中心的有限合伙份额,不参与有限合伙的管理和投资决策;委托人或受益人应自行或指定其他方对有限合伙的投资运作、资金使用情况进行监督、管理;委托人聘请圆融通公司作为投资顾问,代表全体委托人就信托财产的投资运作向受托人提出投资建议,受托人根据投资顾问提出的投资建议而进行的投资产生的全部投资结果由信托财产承担;受托人根据投资顾问提出的投资建议开展投资操作,仅按照投资顾问向受托人发送的投资建议进行相应的投资,不做任何实质判断和商业风险识别(见图2-15)。

在合同签订后,圆融通公司向四川信托发出了投资指令,四川信托亦根据投资指令开展投资活动,在案涉信托计划到期后,四川信托未能向原告支付全部投资本金,原告因此将四川信托诉至北京市海淀区人民法院。

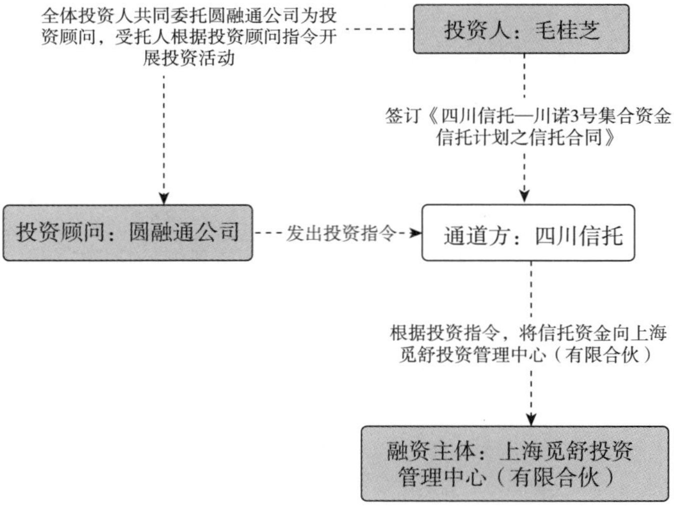

图2-15 毛桂芝与四川信托有限公司合同纠纷案结构

从该案信托合同的约定来看,该业务属于典型的通道业务,信托合同中约定了由委托人共同指定的投资顾问发出指令，受托人根据其指令行动，而该合同也明确约定了受托人不做实质性判断，对损失不承担责任。该通道业务存在多个委托人，而多个委托人共同委托圆融通公司作为投资顾问，由投资顾问发出指令，受托人根据投资顾问的指示开展活动。另外，经鉴定，原告在该合同上的签名并非其本人所写。

法院在该案的判决书中指出，四川信托作为金融产品的卖方负有法定适当性义务，该适当性义务的本质为诚信义务在金融产品销售领域的具体化，主要体现为先合同阶段的诚信义务。该案中受托人所承担适当性义务的具体内容，包括四川信托应对原告风险承受能力等进行评估，对案涉产品的投资去向进行告知。四川信托在未能提交其已履行适当性义务的证据的情况下，应承担举证不能的法律后果，承担缔约过失责任。最终，法院判决四川信托公司应当赔偿毛桂芝的损失，向毛桂芝退还本金并赔偿利息损失。

（二）通道类资管业务受托人承担违约责任的相关案例

在江西新建农村商业银行股份有限公司、广发银行股份有限公司等金融委托理财合同纠纷案[①]（以下简称广发银行案）中，原告江西新建农村商业银行股份有限公司（以下简称江西农商行）欲购买被告华融证券的“稳赢32号定向资产管理产品”，而因其监管评级为三级，只能购买银行理财产品，不能投资券商发行的资产管理类产品，故江西农商行通过广发银行股份有限公司（以下简称广发银行）的通道业务，间接投资华融证券的理财产品。

江西农商行与广发银行签订的2322期理财产品的合同文本中约定，该产品系被动委托型理财，由江西农商行指定理财资金具体投资对象和投资方式；原告江西农商自行了解华融证券的主体情况、交易文件涉及的管理人/托管人的情况并对理财资金管理、运用和处分的各项内容进行了充分的调查和了解，广发银行无须审核交易文件，也无须对华融证券或稳赢32号资管计划进行尽职调查或者投后管理；江西农商行承诺：广发银行不承担本息

① 详见（2020）粤0303民初2330号，广东省深圳市罗湖区人民法院民事判决书。

兑付责任,如理财产品发生亏损或无法达到预期收益,所产生风险与损失均由原告承担。如理财产品投资无法按时收回或发生纠纷时,由原告直接与理财资金使用方华融证券协商处理,广发银行无义务对相关方进行追索,只要配合原告出具必要文件即可。

广发银行为江西农商行发行的2322期案涉理财产品的风险评级为PR3,但《产品风险揭示书》中载明的风险评级为PR2。广发银行称因疏忽,导致内部批复正文和所附合同文本所载明的风险等级不同。原告提交的《江西省农村信用社联合社资金业务工作提示》提示成员行社只能购买发行行内部风险评级为一级(低风险)、二级(中低风险)的银行理财产品,在报备低风险业务咨询表中,必须明确购买的银行理财产品的风险评级和基础资产的配置比例等(见图2-16)。

在签订相关合同后,由于稳赢32号资管计划所投资的目标公司破产,致使江西农商行无法收回投资本金,故江西农商行将广发银行及华融证券诉至广东省深圳市罗湖区人民法院。

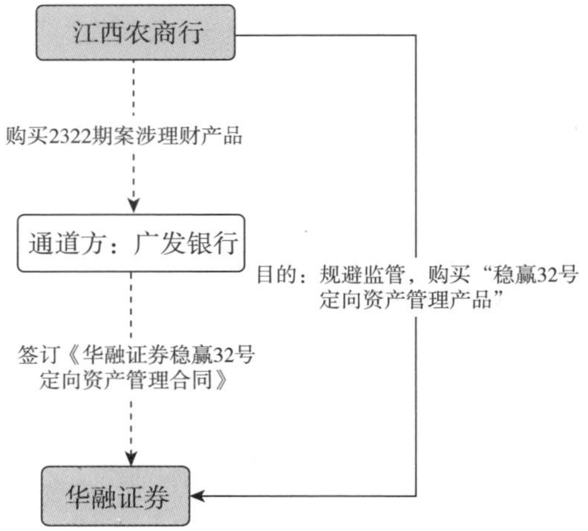

图2-16 江西新建农村商业银行股份有限公司、广发银行股份有限公司等金融委托理财合同纠纷案结构

法院在裁判文书中指出,本案是为规避原告的等级问题而进行的通道业务,广发银行作为业务通道,也需履行“通道”的义务,该义务包括进行产品设计使案涉理财产品表面上合法合规,以及按照法律规定履行对投资者的适当性义务,如风险承受能力评估、风险告知等。广发银行对原告的风险承受能力评估显示,原告适合投资低风险产品、偏低风险产品和中等风险产品。由于广发银行的原因,案涉《产品风险揭示书》中载明案涉理财产品的风险等级(PR2)与实际风险等级(PR3)不符。

广发银行抗辩称PR3亦属于中等风险,即使因疏忽未在《产品风险揭示书》中予以更改,但也在原告的风险偏好中。对此,法院认为,产品风险等级关系到投资者的投资意愿,在风险承受范围内并不代表着一定会投资,因此广发银行在风险揭示方面存在过错。但原告亦为金融机构,拥有专业的金融知识,且广发银行本是通道,即原告并非完全依赖于广发银行的风险评级进行的投资,故广发银行的过错不至于对原告未能兑付部分承担全部责任。

在该案中,法院未明确指出广发银行违反的适当性义务的性质,但根据裁判文书的内容,可以合理推断法院倾向于将广发银行所负适当性义务认定为合同义务:首先,法院将原告提起诉讼理由总结为“三被告存在违约行为导致产品到期后不能兑付从而给原告造成损失”,即将广发银行未能正确揭示案涉产品风险的行为归于违约行为;其次,法院在说理时,认为受托人应承担的适当性义务属于广发银行签订相关合同后所应负有的“通道”义务的内容;最后,法院未曾对受托人承担侵权责任的相关要件进行分析,亦未对受托人承担缔约过失责任进行分析,在该案中广发银行所承担的责任性质不属于侵权责任或缔约过失责任。

从上述案例我们可以看出,除合同义务外,通道业务受托人还承担适当性义务,而由于《九民纪要》未明确适当性义务的性质,在实践中若基于合同请求权提起诉讼,法院可能判决违反适当性义务的受托人承担缔约过失责任或违约责任。

五、通道类资管业务受托人承担侵权责任的司法判定标准

基于侵权请求权的相关案件基本情况,传统观点一般认为,在违约责任

与侵权责任竞合时,应当优先以合同请求权为由要求被告承担违约责任。但是由于通道业务的特殊性,基于侵权请求权对受托人提起诉讼更有可能得到法院支持。

在基于合同请求权提起诉讼的案例中,受托人作为被告的案例有 25 件,其中法院判决受托人需承担责任的案例共 7 件,除去 5 件法院并未将案涉产品认定为通道业务的案例,其余案件中有 1 件案例受托人承担缔约过失责任,有 1 件案例受托人承担违约责任;在 6 件基于侵权请求权提起诉讼的案例中,受托人均是被告,其中有 3 件案例受托人承担侵权责任(见图2-17、图2-18、图2-19)。无论以受托人承担责任的总数计算其承担侵权责任的比例,还是以合同请求权及侵权请求权案件总数为基数,分别计算基于两种请求权基础提起诉讼案件中受托人承担责任的比例,基于侵权请求权对受托人提起诉讼获得法院支持的比例均高于基于合同请求权提起诉讼的案件。从检索到的案例所体现出的信息来看,基于侵权请求权对通道业务受托人提起诉讼获得支持的可能性更高。

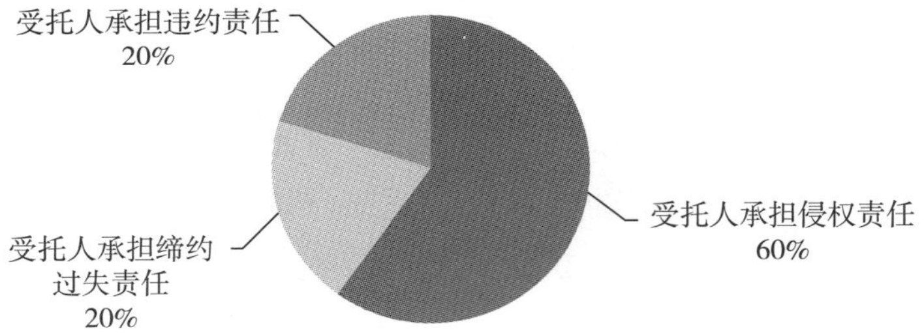

图2-17　通道业务相关案件受托人承担责任的类型

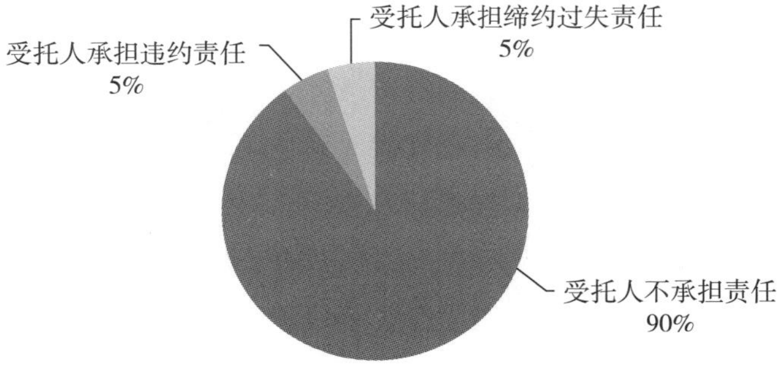

图2-18　基于合同请求权且受托人作为被告的案例中其承担责任的比例

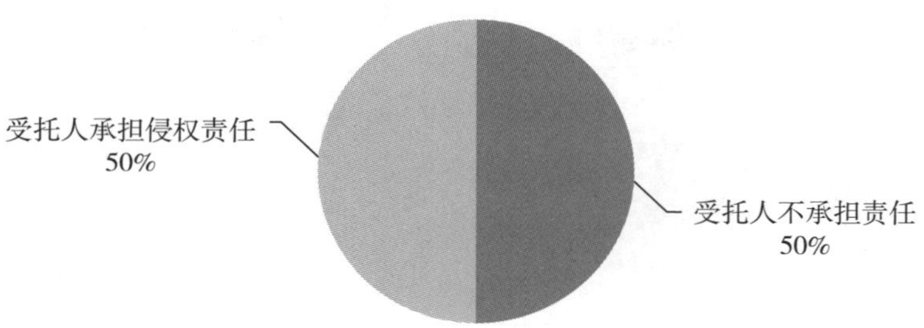

图2－19　基于侵权请求权且受托人作为被告的案例中其承担责任的比例

需要进行说明的是，在通道业务的相关案例中，基于侵权的请求权基础提起诉讼的案例本身较少。但是正如上文所述，受托人一般不承担违约责任的主要原因，在于通道业务的相关合同中会明确约定受托人不承担主动管理的职责，若基于合同请求权提起诉讼，则难以认定受托人存在违约行为。因此，通道业务委托人欲提起诉讼时，检视请求权基础的顺序应相对调整，在合同明确约定案涉产品是通道业务或者事务管理信托，或约定受托人不承担主动管理职责时，基于侵权请求权基础提起诉讼更有可能获得法院支持；对于通道业务的受托人，当委托人以侵权请求权起诉时，应加倍警觉，积极采取措施参与诉讼程序。

（一）通道类资管业务受托人的法定义务

通说认为，侵权责任的构成要件共有四个，即违法行为、主观过错、损害事实和因果关系。由于通道业务受托人主要依据合同约定确定义务，故相关案件中最主要的争议之处在于对“违法行为”的认定。对于行为违法性的认定，主要有三个标准：违反法定义务，违反保护他人的法律，故意违背善良风俗加害于他人。在司法判例中，法院认定通道业务受托人所承担的法定义务主要有以下两种：

第一，适当性义务。如上文所述，由于《九民纪要》未明确适当性义务的性质，故有部分法院未将适当性义务认定为先合同义务或合同义务，而是将其认定为金融机构应当承担的特殊法定义务，违反适当性义务的通道业务受托人应当承担侵权责任。

第二,合理注意义务。《九民纪要》将通道业务的性质确定为事务管理信托,通道业务受托人的义务根据信托合同约定确定,虽然通道业务并不受《信托法》约束,但是受托人仍负有信义义务;由于其不承担主动管理职责,故通道业务受托人所承担的信义义务主要表现为“合理”注意义务,即相对较低限度的、基础的注意义务。

(二)通道类资管业务受托人承担侵权责任的相关案例

1. 陈明与光大兴陇信托有限责任公司等侵权责任纠纷案

在陈明与光大兴陇信托有限责任公司等侵权责任纠纷案[①](以下简称光大兴陇案)中,天津大业亨通资产管理有限公司(以下简称大业亨通)作为委托人,光大兴陇信托有限责任公司(以下简称光大兴陇)作为受托人签订《光大·大通阳明 18 号集合资金信托计划之信托合同》,合同约定:信托资金用于受让股权收益权转让人/回购人持有的哈尔滨工大高新技术产业开发股份有限公司(以下简称工大高新)6600 万股受限流通股票的股权收益权(以下简称标的股权收益权),信托计划到期收益权转让人/回购人溢价回购标的股权收益权;本信托计划为事务管理类信托,委托人自行或指定第三方对本信托项下的信托资金运用对象、担保人及担保措施进行尽职调查,受托人无须承担尽调责任。本信托计划的设立、信托财产的运用对象、信托财产的管理、运用和处分方式等事项,均由委托人指定,受托人仅依法履行必须由受托人或必须以受托人名义履行的管理职责,包括账户管理、清算分配及提供或出具必要文件以配合委托人管理信托财产等事务,不承担主动管理职责。

同日,哈尔滨工业大学高新技术开发总公司(以下简称工大高总)与光大兴陇签订《股权收益权转让及回购合同》,约定工大高总向光大兴陇分期转让其合法持有的股权收益权,工大高总于特定日期及到期日向乙方支付回购价款(含固定价款及溢价款)分笔回购上述股权收益权。

---

① (2019)京 0105 民初 87359 号,北京市朝阳区人民法院民事判决书。

在签订上述两合同后，陈明作为委托人，大业亨通作为资产管理人，招商银行上海分行作为资产托管人，三方签订了《大通阳明 180 号一期集合资产管理计划资产管理合同》，该合同约定本计划投资于“光大·大通阳明 18 号集合资金信托计划”，信托计划用于受让工大高总持有的工大高新受限流通股股权收益（见图2－20）。

而后由于工大高总经营不善，公司财务状况迅速恶化，其未能按照《股权收益权转让及回购合同》约定回购股权收益权，导致本案原告陈明未取回投资本金，原告以光大兴陇、大业亨通未履行适当性义务、存在侵权行为为理由，将其诉至北京市朝阳区人民法院。

法院在本案裁判文书中指出，原告陈明投资的集合资管计划与光大兴陇形成了信托合同关系，光大兴陇未履行合同义务或法定义务，损害陈明的权益，故陈明有权对光大兴陇主张损害赔偿。

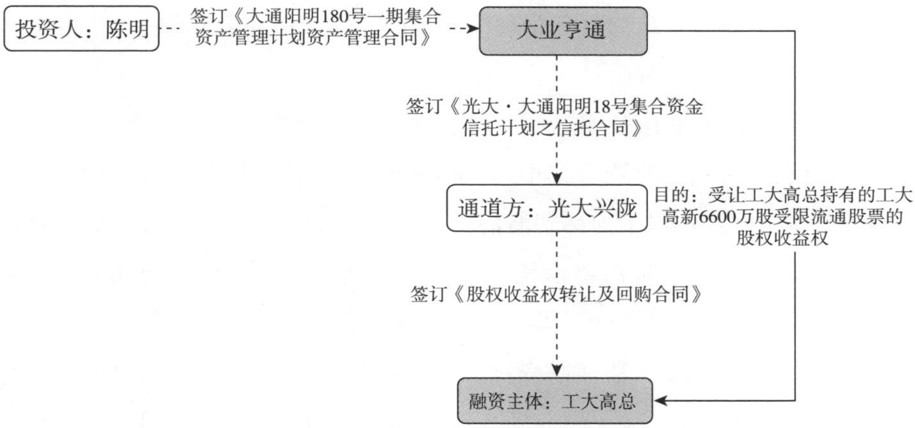

图 2－20 陈明与光大兴陇信托有限责任公司等侵权责任纠纷案结构

该案中，大业亨通、光大兴陇未向陈明送达过《信托合同》及《股权收益权转让及回购合同》，陈明并不知晓信托文件及交易文件的具体约定；光大兴陇又未按有关规定办理信托登记，使陈明无法通过公开途径查询信托计划详细信息。光大兴陇对于信托资金来自陈明等投资人而并非大业亨通自有资金，且该信托产品风险较高。如此情况，其负有诚实信用、谨慎勤勉的义务。但在发生工大高新股价触及警戒线等重大风险情况时,光大兴陇不及时商请、催促大业亨通指令其进行股票质押、申请强制执行,不采取措施防止损失发生、扩大,对投资人的资金损失持放任态度,未尽谨慎有效管理并维护受益人最大利益的义务,故光大兴陇对陈明的损失也应承担赔偿责任。最终,法院判决光大兴陇与大业亨通对原告承担连带责任。

在该案中,通道业务受托人光大兴陇同时违反了适当性义务与合理注意义务:其未向陈明送达《信托合同》及《股权收益权转让及回购合同》,亦未按有关规定办理信托登记,使陈明无法得知信托计划详细信息,未尽到适当性义务;在发生重大风险事件时,其未及时采取相应措施防止损失扩大,放任投资人的资金损失,未尽到勤勉义务。

法院在裁判文书的说理部分指出,大业亨通与光大兴陇成立的是信托合同关系,但是并未依据《信托法》确定光大兴陇的法定义务,此处所述的信托合同关系可能法院认为事务管理信托合同亦属于信托合同的一种。

2. 华澳国际信托有限公司、顾立群财产损害赔偿纠纷案

华澳国际信托有限公司、顾立群财产损害赔偿纠纷案①(以下简称华澳信托案)中,上海寅浔投资管理中心(有限合伙,以下简称上海寅浔)与华澳国际信托有限公司(以下简称华澳信托公司)于2013年6月签订《单一资金信托合同》,约定上海寅浔将信托资金指定由受托人华澳信托公司管理,用于向浙江联众建设有限公司(以下简称浙江联众公司)发放贷款。2013年6月至8月,上海寅浔以"浙江联众杭州保障房投资基金项目"为名向社会公众募集资金,原告顾立群认购140万元,约定项目期限为24个月,项目结束返还本金。

后华澳信托公司与浙江联众公司签订《流动资金贷款合同》向其发放了贷款。基金到期后,上海寅浔未向顾立群返还本金。经查明,顾立群的投资款被上海寅浔执行事务合伙人委派代表陈成志等人用于归还案外人辽阳红美置业有限公司(以下简称辽阳红美公司)股东的对外债务。

---

① 详见(2020)沪74民终31号,上海金融法院民事判决书。

2018 年 6 月 29 日，被告人陈成志、王霞等被判决犯集资诈骗罪。刑事判决认定：陈成志系浙江联众公司实际控制人，通过王霞成立并控制上海寅浔等 7 家有限合伙企业。2013 年年初，陈成志、王霞等人伪造虚假财务报告与保障房项目资料，合谋确定信托融资方案。陈成志等人与华澳信托公司在 2013 年 6 月签订了《单一资金信托合同》以及相关《贷款合同》《保证合同》，约定上海寅浔作为委托人，将资金交付受托人华澳信托公司，华澳信托公司再作为贷款人将资金贷款给借款人浙江联众公司，辽阳红美公司作为保证人为浙江联众公司提供连带责任保证担保。2013 年 6 月至 8 月，王霞使用上海寅浔等有限合伙企业的名义，向社会不特定公众销售“浙江联众杭州保障房投资基金项目”，非法集资 2.8 亿余元。该款项通过华澳信托公司再贷款给浙江联众公司。浙江联众公司收到后，主要用于归还辽阳红美公司股东的对外债务（见图 2－21）。

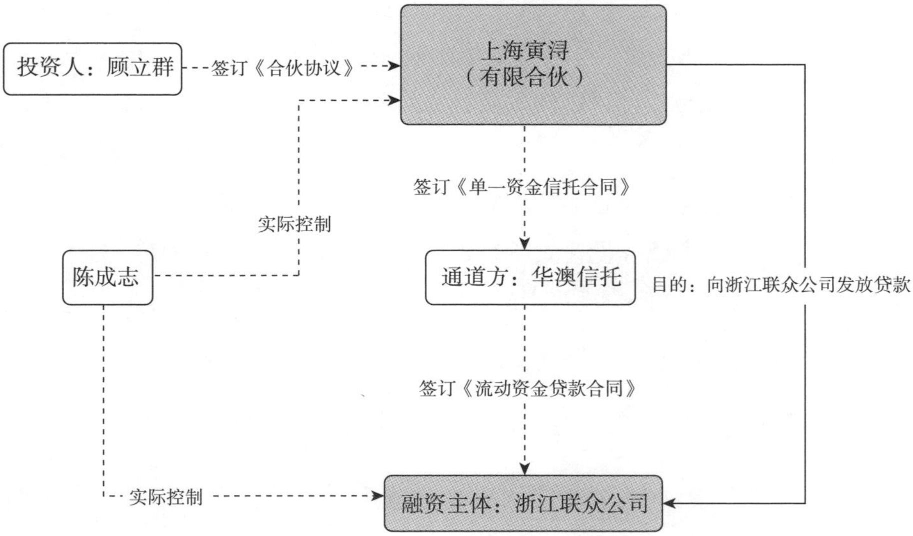

图 2－21　华澳国际信托有限公司、顾立群财产损害赔偿纠纷案结构

法院在判决文书的说理部分指出，犯罪分子陈成志等人的集资诈骗行为是顾立群等投资者损失的根本和主要原因，华澳信托并不负有主动管理的职责，无义务对项目开展尽职调查，无义务对信托财产进行监管，亦不承担贷款风险。但上海金融法院认为,被动管理型信托业务中,信托公司虽主要依据信托合同约定履行相应义务,但其在以自身名义独立从事信托管理事务时,仍应尽到合理注意义务,而客观上犯罪分子利用华澳信托的金融机构背景进行宣传招揽,华澳信托在明知资金来源于向社会不特定人员募集的事实,且其掌握较多资金与项目信息、知晓自身与项目投资风险关联度的情况下,未采取必要防控措施,也未对社会投资者作相应警示。此外,华澳信托公司曾应委托人要求,向犯罪分子王霞等人出具内容明显虚假、足以误导案外人的《项目风险排查报告》,客观上促成了犯罪分子的集资诈骗行为,对顾立群等投资被骗受损负有一定责任。最终,法院判决华澳信托公司应就投资者刑事追赃程序追索不成的损失在其投资本金损失20%的范围内承担补充赔偿责任。

通过对上述两案的分析,我们可以清楚地发现两个案件存在相似之处:两案件的通道业务资金并非委托人的自有资金,而是向社会不特定主体募集所得;在行为要件方面,当融资主体出现重大风险事件时,受托人未向社会投资者作出警示;在过错要件方面,两案件中受托人对于投资者的损失均持放任态度。在华澳信托案中,除未及时作出警示外,受托人华澳信托还出具内容明显虚假、足以误导案外人的《项目风险排查报告》。

由此可见,通道业务受托人所承担的合理注意义务主要内容为:在信托资金来源于不特定的社会投资者时,应告知其信托的相关情况;在发生重大风险事件时及时作出警示;确保出具的相关文件与事实相符。

六、通道类资管业务受托人承担责任的比例和考量因素

在检索到的案例中,被法院认定为通道业务且受托人承担相应责任的案例共有5件,案件情况如表2-1所示。

表 2－1　通道业务受托人承担责任情况

序号	案件名称	案件情况	案件原告身份	原告是否存在过错	受托人承担责任性质	承担责任形态及比例
1	四川信托案	四川信托未对原告风险承受能力等进行评估，未对案涉产品的投资去向进行告知，其未尽到适当性义务	社会投资者	否	缔约过失责任	单独责任： 返还全部本金，支付利息
2	广发银行案	广发银行在案涉《产品风险揭示书》中载明案涉理财产品的风险等级（PR2）与实际风险等级（PR3）不符	金融机构	是	违约责任	多数人责任： 10% 的按份责任
3	华澳信托案	犯罪分子利用华澳信托的金融机构背景进行宣传招揽，华澳信托未采取必要防控措施，也未对社会投资者作相应警示；其应委托人要求，出具内容明显虚假、足以误导案外人的《项目风险排查报告》	社会投资者	是	侵权责任	多数人责任： 20% 的补充责任
4	光大兴陇案	其未向原告送达《信托合同》及《股权收益权转让及回购合同》，亦未按有关规定办理信托登记，使原告无法得知信托计划详细信息：在发生重大风险事件时，其未及时采取相应措施防止损失扩大，放任投资人的资金发生损失	社会投资者	否	侵权责任	多数人责任： 连带责任

对于沈明磊、祝咏繁等与华澳国际信托有限公司财产损害赔偿纠纷案[①],因其所涉通道产品与华澳国际信托有限公司、顾立群财产损害赔偿纠纷案相同,且裁判文书虽由不同的法院作出,但均判决华澳信托承担20%的补充责任,故该表未将其列入。

(一)四川信托案与广发银行案的责任承担情况

在基于合同请求权提起诉讼的两个案件中,四川信托案原告仅起诉了四川信托,四川信托未对原告风险承受能力等进行评估,未对案涉产品的投资去向进行告知,法院最终认定其未尽到适当性义务,对原告的诉讼请求基本予以支持[②],判决四川信托退还全部剩余本金并支付相应利息。在广发银行案中,通道业务受托人广发银行同样未尽到适当性义务,但法院最终判决受托人广发银行仅承担10%的按份责任。导致两案件判决结果不同的原因主要有以下几点:

第一,承担的责任性质不同。在四川信托案中,受托人四川信托承担缔约过失责任,缔约过失的赔偿范围包括签订合同所导致的直接损失,在该案中即投资本金及利息,而违约责任的赔偿范围则限于具体违约行为所造成的损失。

第二,行为的严重程度不同。在两个案例中,受托人均因未尽到适当性义务而承担责任,但四川信托未对原告的风险承受能力作出评估,而广发银行已经对投资者的风险承受能力等作出了评估,但是将风险等级标错,四川信托的违反适当性义务的行为性质,特别是主观过错的程度明显更加严重。

第三,原告的身份不同。在广发银行案件中,法院明确指出该案原告亦为金融机构,拥有专业的金融知识,其并非完全依赖于广发银行的风险评级进行投资,而在四川信托案中,原告毛桂芝则系一般的社会投资者,不具有

---

① 详见(2021)沪0115民初10450号,上海市浦东新区人民法院民事判决书。

② 该案件中,法院最终的判决结果仅调整了原告主张的四川信托所应支付的利息利率。

相应的金融知识，因此，四川信托理应承担更多的赔偿责任。

第四，原告是否具有过错。在广发银行案中，法院认为原被告均明知案涉理财产品违反了金融监管的规定，故原告亦存在过错，而在四川信托案中，原告毛桂芝则并不存在过错。

（二）华澳信托案与光大兴陇案的责任承担情况

光大兴陇案中，法院判决大业亨通、光大兴陇赔偿原告陈明投资本金损失 100 万元及其资金占用损失，虽法院未明确指出大业亨通、光大兴陇承担连带责任，但从原告诉讼请求的内容及法院的说理推断，大业亨通、光大兴陇承担的责任类型应为连带责任。

华澳信托案与光大兴陇案的原告均是基于侵权请求权提起诉讼，法院也均指出受托人除合同义务外，亦应承担注意义务，但是两案件中受托人最终承担的责任形态及比例完全不同——光大兴陇承担连带责任，而华澳信托却仅承担 20% 的补充责任。

将华澳信托案与光大兴陇案中受托人侵权行为进行对比，华澳信托的侵权行为显然要比光大兴陇的侵权行为更加严重：华澳信托案中，犯罪分子利用华澳信托的金融机构背景进行宣传招揽，华澳信托未采取措施，也未对重大风险事件作警示，此外其还出具内容明显虚假、足以误导案外人的文件；而光大兴陇未向原告送达《信托合同》及《股权收益权转让及回购合同》，亦未按有关规定办理信托登记，使原告无法得知信托计划详细信息，在发生重大风险事件时，其未及时采取相应措施防止损失扩大。仅从受托人的侵权行为上看，在光大兴陇案中，法院对受托人的责任认定似乎更加严格。导致两案件裁判结果差别的原因主要有以下三点：

首先，受托人的侵权行为是否系导致原告损失的根本原因。在华澳信托案中，法院认为原告损失的根本原因在于犯罪分子陈成志等人的集资诈骗行为，双方不存在共同侵权的故意，且华澳信托的侵权行为不能单独造成损害结果，故在责任序位上，应先由主要责任人赔偿损失，在刑事追赃程序追索不成时，其才承担补充责任；在光大兴陇案中，大业亨通及光大兴陇的共同侵权行为是导致原告损失的根本原因,对于共同侵权行为所导致的损失,两者应当承担连带责任。

其次,原告是否亦具有一定过错。在华澳信托案中,法院认为原告顾立群在投资过程中没有甄别清楚其投资标的,过于轻信他人的推荐,其作为投资者应当充分了解自身所投资产品的交易对手和交易风险,故其自身亦存在一定过错。在光大兴陇案中,法院并未认定原告存在过错。

最后,法院对于通道业务受托人所承担的注意义务存在不同理解。两案件中受托人均违反了注意义务,而作为起源于判例法的信义义务内容之一的注意义务本就高度抽象,面对高度抽象且不确定的注意义务,在不同的案件中,不同的法院所作出的判决存在部分差异亦属正常,法院对于通道业务受托人所承担的注意义务的不同理解也是两案件受托人承担责任比例不同的原因之一。

通过对上述 4 个案件的详细梳理,我们可以看出法院,在认定受托人承担的责任比例时主要考虑以下几个因素:受托人承担的责任性质,原告的身份背景及其是否具有过错,受托人的违约行为或侵权行为是不是导致原告损失的主要原因等。

受托人违反先合同义务承担缔约过失责任时,其一般应退还受托人的全部本金并赔偿利息损失;当原告属于金融机构时,因其拥有专业金融知识,受托人的义务相对应降低;若原告本身存在过错,则受托人一般仅承担部分责任。若导致原告损失的根本原因并非受托人的侵权行为,则其承担补充责任,反之则受托人承担连带责任或按份责任。

七、行政监管机关的监管措施对司法机构认定受托人承担责任的影响

在检索到的案例中,有 10 件案例存在行政监管机关出具相关函件或作出行政处罚的情况,其中 1 件案例行政处罚的相对人为通道业务的委托人。在剩余 9 件案例中,有 6 件案例中受托人承担了责任,而在这 6 件案例中,有 4 件是上文所述法院未将案涉产品认定为通道业务的案例,另外 2 件是基于侵权请求权提起诉讼的案例。案涉产品属于通道业务且行政机关出具函件

或作出行政处罚的案件共 5 件，其中 2 件法院判决受托人承担责任（见图 2－22）。

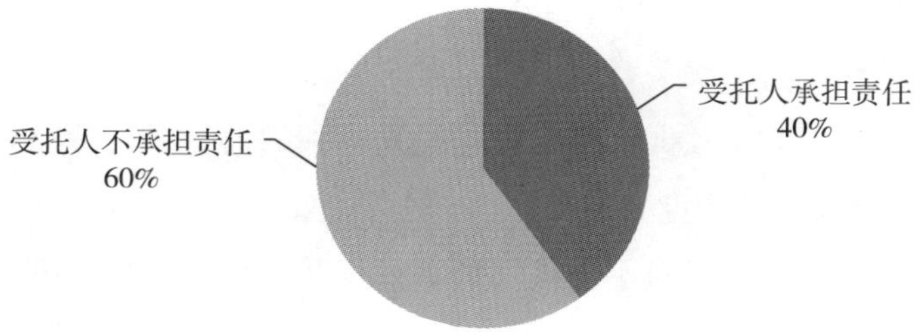

图 2－22　行政监管机关对通道业务受托人作出监管措施的案件情况

在仇晓与国民信托有限公司信托纠纷案[①]中，中国银行保险监督管理委员会北京监管局办公室在针对原告仇晓投诉的（2020）86 号回函中，确认了案涉通道业务信托产品存在违规的行为，但法院并未因此判决受托人承担责任，而是明确指出，信托公司违反监管规定与投资者损失之间并不必然存在因果关系。最终，法院依旧以当事人之间的信托合同确定受托人是否应当承担责任，而由于该案信托合同中明确约定"受托人仅承担一般信托事务的执行职责，不承担主动管理职责"，最终法院判决受托人不承担责任。

在丁剑萍、山东省国际信托股份有限公司营业信托纠纷案[②]中，一审法院将案涉信托产品认定为通道业务，从而判决受托人不承担责任；二审法院却认为由于信托合同没有明确是通道业务型信托还是主动管理型信托，所以应当适用《信托法》第 25 条的规定，受托人负有披露义务。在该案中，法院以山东银保监局作出的鲁银保监罚决字（2019）26 号行政处罚决定书的内容，认定受托人未尽到披露义务，其存在违约行为。但是由于案涉产品具有较高价值的抵押物，所以法院认定即使受托人违约，亦不必然导致信托合同目的无法实现，涉案信托可继续履行；若最终导致原告丁剑萍遭受损失，受托人才应予赔偿。

---

① 详见（2020）京 0101 民初 12756 号，北京市东城区人民法院民事判决书。

② 详见（2020）鲁民终 2633 号，山东省高级人民法院民事判决书。

在受托人承担责任的两件案例，即沈明磊、祝咏繁等与华澳国际信托有限公司财产损害赔偿纠纷案及前文论及的华澳信托案中，虽然相关行政监管机关出具了意见书等文件，但是法院在最终判决受托人承担侵权责任的说理中，并未引用行政机关意见书的内容。

总体来看，行政机关即使作出对受托人不利的监管函件或行政处罚，但只要法院将案涉产品认定为通道产品，则仍主要以当事人签署的相关合同确定是否应当承担责任；对于以侵权请求权提起诉讼的案件，法院会分别考察侵权责任的构成要件，行政机关的函件或行政处罚并不必然具有特殊的地位，其是作为判断当事人是否违反法定义务的证据之一，同时，仍需要考察该违反法定义务的行为与损失之间是否具有因果关系。

因此，行政监管机关的监管措施对认定受托人的责任仅起到辅助作用，存在行政机关出具函件或对受托人作出行政处罚的情况时，并不必然导致通道业务受托人承担相应民事责任。

结　语

通道类资管业务的诞生是我国特定时代背景下金融业蓬勃发展的结果，但是由于其存在“规避监管”的先天不足，通道业务纷纷“爆雷”，相关纠纷不断增多，监管机关对于通道业务的态度也悄然转变，该不可调和之矛盾发展的顶点，便是《资管新规》彻底否认通道业务。现《资管新规》所规定的过渡期已然结束，通道业务也将成为历史过往，但在当前这个时间节点，仍有因通道业务引发的相关纠纷诉至法院，而由于通道业务本身的特殊性，司法实践中对通道业务的相关问题仍有争议。明确通道业务受托人的法律责任，将有利于合理妥善解决当事人的争端，促进行业良性发展。

专题三

上市公司并购及投融资争议

国浩律师（上海）事务所　周喆人　蔡　晖　高溱徽

近年来,“并购”和“投融资”一直是我国商事交易领域中的热点。在司法审判实践中与并购及投融资相关的争议点通常涉及并购及投融资活动的谈判、磋商、协议签署、协议履行等各环节,实际交易情况的多样性导致相关诉讼涉及的主体身份多样、法律关系复杂、涉及利益多重、法律责任多元。近几年的上市公司与并购及投融资相关的案例检索结果反映出,如下争议类型出现频次较高:与被投资方披露不充分相关的争议、名股实债争议、业绩承诺和对赌协议争议、股权回购争议和保底承诺争议等。

在与被投资方披露不充分相关的争议中,值得关注的是被投资方未充分披露的行为是否构成欺诈等问题,法院通常会结合交易文件的签订背景、具体条款以及履行情况等,从是否存在欺诈的故意、行为、后果以及因果关系等方面综合判断。在名股实债争议中,法院通常会根据合同条款所反映的当事人真实意思、合同真实目的、实际权利义务关系以及合同履行情况等因素,综合认定构成“股权法律关系”还是“债权法律关系”,进而法院会基于最终认定的法律关系以及是否存在相应法定无效事由而对基础合同的效力作出判断。在业绩承诺和对赌协议争议中,法院通常会根据对赌主体的差异而根据不同的审查要素就对赌协议的效力进行审查。此外,是否可以同时主张业绩补偿与股权回购在司法审判实践中仍存在较大争议,亦值得持续关注。在股权回购争议中,值得关注的是如何认定股权回购条款的效力、股权回购权的性质系债权请求权还是形成权、股权回购条件是否成就以及股权回购的行权期限如何计算等问题。其中,关于股权回购条款的效力,法院通常会从当事人意思表示是否真实,是否符合意思自治原则,内容是否违反法律、行政法规的强制性、禁止性规定等方面进行综合审查。在保底承诺争议中,值得关注的是上市公司定向增发中投资方利用优势地位签订的保底承诺和上市公司及其控股股东、实际控制人或者主要股东为吸引投资方而主动提供的保底承诺的效力在司法审判实践中应如何认定等问题。

第一章　概　　述

一、上市公司并购及投融资的定义

我国现行法律法规本身并未对“并购”“投融资”等商业术语作出明确的定义。从实践中的一般理解来看，“并购”是指企业通过合法方式取得另一企业的资产、股权、经营管理权或控制权，进而直接或间接对另一企业产生影响的商业活动。通常意义上的并购（M&A）包括兼并（Merger）、收购（Acquisition）和合并（Consolidation）。“投融资”则是企业的投资和融资等商业活动的统称，投资主要是指企业以其自身资产和权益等对外进行资产、股权投资等商业活动，融资主要是指企业以其自身资产和权益等为企业经营筹措资金的商业活动。[①]

关于上市公司，根据《中华人民共和国公司法》（根据2018年10月26日第十三届全国人民代表大会常务委员会第六次会议《关于修改〈中华人民共和国公司法〉的决定》第四次修正，以下简称《公司法》）第120条，上市公司是指其股票在证券交易所上市交易的股份有限公司。本专题的上市公司主要指的是股票在沪、深、港等股市发行、上市并交易的公司。此外，全国中小企业股份转让系统挂牌公司、上市公司控股子公司及主要关联公司亦在本专题中有所涉及。

① 参见覃家琦：《交叉上市、政府干预与公司投融资行为》，北京大学出版社2017年版。

二、上市公司并购及投融资的主要类别

(一)并购的主要类别

通常来看,并购可以根据不同标准进行不同类别的划分,如并购后主体的状态、并购主体所属行业、并购方式以及是否涉及上市公司等。

其中最为常见的是以并购后主体的状态为标准的划分,可据此分为:收购(或称控股合并)、合并(或称新设合并)和兼并(或称吸收合并)。其中,控股合并,系指并购后各方都保留独立法人资格,由并购方控股目标公司;新设合并,系指并购后各方合并设立一个新的公司,原来合并各方被解散;吸收合并,系指并购方保留独立法人资格,被并购方解散并丧失法人资格。《公司法》第172条规定了新设合并和吸收合并两种方式:公司合并可以采取吸收合并或者新设合并。一个公司吸收其他公司为吸收合并,被吸收的公司解散。两个以上公司合并设立一个新的公司为新设合并,合并各方解散。

以并购主体所属行业为标准的划分亦较为常见,可据此划分为横向并购、纵向并购和混合并购。横向并购,指的是处于同一或相似行业领域的企业之间的并购行为,目的往往是扩大市场份额、发挥规模效应、降低综合成本。纵向并购,指的是生产或经营环节密切联系或处于同一产业链上下游的企业之间的并购行为,目的往往是保障原材料供应、节约交易成本、减少市场风险。混合并购,指的是处于不同行业的企业之间的并购行为,目的往往是扩展经营领域、优化资源配置、实现多元化经营战略。

此外,若以是否涉及上市公司为标准,还可划分为上市公司并购和非上市公司并购。上市公司并购主要指上市公司的收购及相关股份权益变动活动,必须严格遵守法律、行政法规及中国证券监督管理委员会(以下简称中国证监会)的规定,如中国证监会发布的《上市公司收购管理办法》[根据2020年3月20日中国证监会《关于修改部分证券期货规章的决定》修正,以下简称《上市公司收购管理办法(2020年修正)》]。特别值得注意的是,上市公司收购会涉及严格的信息披露义务,信息披露义务人披露的信息必须

真实、准确、完整，且针对不同情况有着特定程序要求，包括但不限于董事会决议、股东会决议、发布公告等。若收购上市公司的股份超过30%的，还会触发要约收购义务。与上市公司并购相比，非上市公司并购在交易方式、交易程序等方面都比较灵活。

（二）投资的主要类别

一般而言，投资可以根据资产形态划分为不同类型。若以资产形态为标准，可划分为实物投资、资本投资和证券投资。实物投资，是指投资方将土地、厂房、设备等实物投入企业，并通过生产经营参与企业利润分配的投资方式。资本投资，是指投资方向企业投入货币、资金等，进而参与企业的生产经营活动、利润分配的投资方式。证券投资，是指投资方购买企业发行的股票和公司债券等，进而参与企业的利润分配的投资方式。

（三）融资的主要类别

融资活动的主要类别包括债权类融资和股权类融资。债权类融资，是指有偿借用公司外部资金的一种融资方式，其形式一般包括银行贷款、金融租赁、民间借贷、政府贷款等。股权类融资，是指让渡部分股权以融入资金的一种融资方式，包括首次公开募股（IPO）、配股、增资、私募股权融资、风险投资等。

三、上市公司并购及投融资争议的主要特点

与并购及投融资争议相关的诉讼案件主要是指各商事主体在并购以及投融资活动等过程中产生争议所引发的诉讼案件。相关争议往往出现于并购及投融资活动的谈判、磋商、协议签署、协议履行、协议报批、交割、整合等环节。相关诉讼的主要特点如下：

（一）涉及主体众多

并购及投融资纠纷可能涉及的主体众多。一方面，从内部关系来看，相

关诉讼可能涉及并购方、投资方或资金提供方等(以下统称投资方),被并购方、被投资方或资金获取方(以下统称被投资方)及其原股东(包括直接持股的股东及间接持股的股东)、实际控制人、董事、监事、高级管理人员和关键人员(如公司核心技术人员等);另一方面,从外部关系来看,相关诉讼亦可能涉及交易各方的债权人、债务人,甚至可能涉及交易各方关联自然人的配偶、近亲属等。

(二)法律关系复杂

并购及投融资纠纷法律关系的复杂性,一方面是由于涉及主体众多,另一方面更是由于所适用的法律法规众多,既包括《中华人民共和国民法典》(由中华人民共和国第十三届全国人民代表大会第三次会议于 2020 年 5 月 28 日通过,自 2021 年 1 月 1 日起施行,以下简称《民法典》)、《公司法》以及证券监管、国资监管、外资监管等法律法规、部门规章和规范性文件,也包括特殊行业的相关监管性,甚至限制性规定。

(三)裁判观点变化

由于并购及投融资所采用的方式及工具在不断发展和变化,故并购及投融资也不断出现新的前沿性问题。我国司法审判实践中关于并购及投融资纠纷的裁判观点也可能随着对其的不断认识而发生较大变化,较为典型的即为法院对于"对赌协议"的效力及履行问题的观点。

(四)涉及利益多重

并购及投融资纠纷所涉及的利益多重,既可能涉及交易参与方不同的利益诉求,也可能涉及相关利害关系人的利益,如中小股东利益、相关债权人的利益等。同时,在实践中,法院在处理并购及投融资纠纷时可能还会考虑其他因素,如金融安全、市场秩序、国家宏观政策等公序良俗以及社会影响问题等。

(五)法律责任多元

并购及投融资纠纷所涉及的法律责任多元,因其涉及的法律关系复杂,故相关交易主体既可能涉及民事责任的承担,也可能涉及行政责任,甚至是刑事责任的承担。

四、与上市公司并购及投融资争议相关的主要规定

与上市公司并购及投融资争议相关的诉讼是典型的商事纠纷诉讼,首先需要适用《民法典》、《公司法》、《中华人民共和国证券法》(由中华人民共和国第十三届全国人民代表大会常务委员会第十五次会议于 2019 年 12 月 28 日修订通过,同日公布,自 2020 年 3 月 1 日起施行,以下简称《证券法》)等相关法律法规及司法解释。

此外,《全国法院民商事审判工作会议纪要》(法〔2019〕254 号,以下简称《九民纪要》)虽然不是司法解释,不能作为裁判依据进行援引,但是最高人民法院在《九民纪要》的应用范围中明确指出,法院在"本院认为"部分具体分析法律适用的理由时,可以根据《九民纪要》的相关规定进行说理。据此,《九民纪要》目前亦是与上市公司并购及投融资争议相关诉讼需适用的重要规定。

上市公司还会受到相应机构的监管并应遵循相关市场规则和监管规则,如《上市公司收购管理办法(2020 年修正)》、《证券发行与承销管理办法》[2023 年 2 月 17 日中国证券监督管理委员会第 2 次委务会议修订,下称《证券发行与承销管理办法(2023 年修订)》]、《上市公司证券发行注册管理办法》(由中国证券监督管理委员会 2023 年第 2 次委务会议审议于 2023 年 2 月 17 日通过,同日公布,自公布之日起施行,下称《上市公司证券发行注册管理办法》)等。

由于本专题讨论的与上市公司并购及投融资争议相关诉讼所涉及的主要争议类型及热点问题较多,笔者将在后文中分别就每一问题所涉及的具体规定详细展开说明。

第二章　上市公司并购及投融资争议的若干焦点和司法裁判观点

在并购以及投融资的过程中,交易各方会出现的争议类型较多。笔者研究了近几年中国裁判文书网公示的、涉上市公司的、且与并购及投融资争议相关的裁判文书以及上海证券交易所、深圳证券交易所等法定信息披露平台上所披露的上市公司涉诉情况后,将从与被投资方披露不充分相关的争议、名股实债争议、业绩承诺和对赌协议争议、股权回购争议、保底承诺争议等方面,研析涉上市公司的典型案例,归纳司法裁判观点,并提出针对性、具有实操性的建议。

一、与被投资方披露不充分相关的争议

在并购及投融资的过程中,被投资方披露的信息(包括但不限于其日常经营情况、负债或担保情况、股权或资产情况等)往往对于交易各方的决策、交易价格的确定、风险的承担等方面具有关键性的意义,这也是保障交易安全的基本要求之一。通常来讲,被投资方一般负有如实、充分披露相关信息的义务。

然而,实践中却经常出现因对被投资方信息披露不充分、不全面或不准确而产生的争议,如被投资方为了增加估值、提高交易对价,可能会通过各种积极或消极方式向投资方隐瞒真实情况;投资方可能因为被投资方的隐瞒行为,或自身疏于对被投资方真实情况的审慎调查而遭受损失。引发该类争议的主要情形包括被投资方隐瞒实际经营情况、隐瞒重大负债或担保、隐瞒股权或资产瑕疵等。

在与被投资方披露不充分有关的纠纷案件中，被投资方未充分、全面、准确披露信息的行为是否构成违约及应如何承担相应责任的问题，被投资方是否构成欺诈的问题，以及投资方又是否亦应承担与其审慎注意义务相关责任的问题，成为值得关注的热点问题。

(一)被投资方信息披露不充分是否构成违约以及所应承担的相应责任

在并购及投融资交易中，若股权转让协议等交易文件明确约定了被投资方应负的信息披露义务，违反披露义务的被投资方应按照合同约定承担相应违约责任。其中较为常见的一种违约情形是，被投资方遗漏了应披露的债务，司法审判实践中通常会以债务相关金额作为认定被投资方应赔偿损失的依据。

例如，在(2021)最高法民申5281号案中，最高人民法院认为，根据案涉股权转让协议等相关交易文件的约定，被投资方应当披露的应有债务、或有债务及其他事项而未披露的，所造成的损失由被投资方承担，该损失在应付股权转让款中抵扣。

又如，在(2021)陕0114民初362号案中，西安市阎良区人民法院认定，案涉协议在履行过程中，被投资方遗漏目标公司案涉债务，造成投资方损失，已构成违约，应承担违约责任。

此外，值得注意的是，若被投资方在合同缔约过程中就故意隐瞒重要信息或提供虚假信息并导致投资方损失的，投资方还有权根据《民法典》第500条“当事人在订立合同过程中有下列情形之一，造成对方损失的，应当承担赔偿责任：(一)假借订立合同，恶意进行磋商；(二)故意隐瞒与订立合同有关的重要事实或者提供虚假情况；……”之规定，要求被投资方承担相应赔偿责任。

(二)被投资方信息披露不充分是否构成欺诈

在并购及投融资交易中，被投资方对不充分披露信息除可能构成违约以外，还可能构成民事行为中的欺诈。根据《民法典》第148条的规定，一方以欺诈手段，使对方在违背真实意思的情况下实施的民事法律行为，受欺诈方有权请求人民法院或者仲裁机构予以撤销。又根据《最高人民法院关于适用〈中华人民共和国民法典〉总则编若干问题的解释》（2021年12月30日最高人民法院审判委员会第1861次会议通过，自2022年3月1日起施行，以下简称《民法典总则编解释》）第21条的规定，故意告知虚假情况，或者负有告知义务的人故意隐瞒真实情况，致使当事人基于错误认识作出意思表示的，人民法院可以认定为《民法典》第148条、第149条规定的欺诈。

在司法审判实践中，关于被投资方是否构成欺诈，法院通常会结合交易文件的签订背景、具体条款以及履行情况等，从被投资方是否存在欺诈的故意、是否存在欺诈的行为（即故意告知虚假情况或者负有告知义务的人故意隐瞒真实情况）、是否存在欺诈的后果（即对方当事人基于错误认识作出错误的意思表示）、是否存在因果关系（即欺诈行为与受让方作出错误的意思表示之间必须存在因果关系）等方面作出综合判断。

例如，在（2021）最高法民终755号案中，最高人民法院认为，投资方提供的证据无法证明被投资方存在欺诈的行为，亦无法证明被投资方故意隐瞒关键问题，而讼争股权的《评估说明》中已经特别说明了相关问题及风险，投资方对此应有预期。此外，投资方作出的承诺表明其对目标公司已进行相应尽职调查。综上，不能认定被投资方因未披露而对投资方构成欺诈。

又如，在（2021）京民终386号案中，北京市高级人民法院对受欺诈和错误意思表示的因果关系作出如下阐释：受欺诈方是因对方的欺诈行为而陷入内心错误，进而因内心错误而作出了错误的意思表示，因此可撤销合同一定是意思表示不真实的合同。该案投资方认为案涉目标公司及其关联公司存在高达648,186,697.23元的未披露负债，被投资方作出的“不存在任何未披露负债及欠缴土地出让金”的陈述与保证，已构成重大欺诈。《股权收购合同》明确约定“甲方确认目标公司不存在协议签署时披露以外的对外担保、其他或有负债、行政处罚事项，其他重大财务风险事项后，将剩余股权转让款60,000万元一次性支付给乙方……”即北京Y置业支付第3笔股权转让款是有前提条件的，是在北京Y置业“确认目标公司不存在协议签署时披露以外的对外担保、其他或有负债、行政处罚事项，其他重大财务风险事项后”才进行支付，如果发生相关问题，北京Y置业有权扣除应偿还款项，对不足部分还有权向被投资方追偿。法院根据前述约定，作出如下评述：从上述条款的文意不难看出，北京Y置业正是因为考虑到项目公司可能存在其他债务及欠缴土地出让金等重大财务风险，为规避风险，才对支付第3笔款项的支付条件及支付形式进行了约定。因此，相关约定并非投资方北京Y置业因受到被投资方关于“不存在任何未披露负债及欠缴土地出让金”承诺的欺诈，陷入内心错误，进而因内心错误而作出了错误意思表示，上述条款恰恰是投资方北京Y置业真实意思的体现。基于北京Y置业并非受到欺诈而作出错误的意思表示，法院并未支持北京Y置业关于因受欺诈要求撤销相关合同条款的主张。

再如，在(2020)川民终254号案中，四川省高级人民法院认为，依照《最高人民法院关于适用〈中华人民共和国民事诉讼法〉的解释》第109条的规定，认定欺诈事实存在，应当达到能够排除合理怀疑的证明标准。C能源公司主张Q科技公司、S环保公司明知邓某某、邓某挪用X环保公司1.5亿元资金却故意隐瞒的行为构成合同欺诈。但从该案的情况来看，C能源公司作为投资方提交的证据，不能达到这一证明标准，不足以认定欺诈事实存在。首先，该案中的证据不足以证明S环保公司、Q科技公司存在欺诈C能源公司的故意。依照相关法律规定，欺诈行为既可是积极作为，也可是消极不作为，但均须为故意行为。其次，该案无明确依据表明S环保公司未披露案涉挪用资金的行为，足以导致C能源公司陷入错误认识，进而违背其真实意思签订案涉协议。换言之，从证据角度来看，在案证据不能充分表明C能源公司系基于对S环保公司资金使用情况产生合理信赖，且该信赖对其订立合同起到了决定性作用。据此，本案并不具备欺诈的构成要件。

另如,在(2020)京03民终3507号案中,北京市第三中级人民法院认为,基于商业判断的自行选择,且在对关键事实明知的情形下,并不存在陷入错误认识。该案中,汤某、穆某某在签订《股权转让协议》和收购协议时,对于G科技公司和G文化公司存在持股的关系应当是明知的。《股权转让协议》中又约定了以L公司是否收购作为G文化公司是否回购条件,如依据汤某、穆某某在该案中坚持的观点及逻辑,则此时与G科技公司签订收购协议存在相关风险,但其仍然签订了协议,属于汤某、穆某某一方对于商业行为的自行选择,难以认定属于因认识错误而导致的判断错误。

(三)投资方对核实被投资方信息披露情况应负的义务和责任

在司法审判实践中,法院通常认为,并购及投融资交易中的投资方一般长期从事商事交易活动,应属于独立的理性商事主体,与被投资方相比并不处于劣势地位,理应对商事交易的内容、标的等具有较为清晰的认识,亦应通过尽职调查等方式充分了解目标公司的相关情况,投资方对于交易标的负有审慎审查义务、对于交易风险负有必要注意义务,并在此基础上独立、审慎作出理性的商业判断。如果投资方未行使或怠于行使审查注意义务,但投资方此后又以被投资方实施欺诈或者隐瞒行为而要求被投资方承担责任的,司法审判实践中法院可能不支持投资方的前述主张,并认定投资方需要自行承担相应责任和后果。

例如,在(2021)京0114民初921号案中,北京市昌平区人民法院认为,投资方作为一家投资机构,在股权转让过程中并不处于劣势,其对本次股权转让、投资风险以及行业政策应当具备与其投资能力相匹配的判断,因此法院并未采信投资方提出其“缺乏对医药行业经营的经验”的主张。法院进而认定,该案项下出现的相关情形应属正常的投资风险,被投资方提供的相关资料并不能构成被投资方虚构事实使投资方陷入错误,亦不能构成被投资方对目标公司未来经营情况的承诺及恶意误导。基此,法院并未支持投资方关于因受欺诈要求撤销合同条款的主张。

又如,在(2020)苏民终893号案中,江苏省高级人民法院认为,从商事交易模式来看，投资方（股权收购方）理应通过尽调等方式充分了解目标公司财产状况和经营前景，并独立、审慎形成判断，现其主张实际经营情况与尽调结论相距甚远却不能证明受到欺诈、胁迫，相关后果均应由其自行承担。

再如，在（2021）最高法民申4953号案中，最高人民法院认为，案涉股权交易标的额高达2.34亿元，且涉及7000万元工程垫付款的支付和高达3亿元的资金投入义务，H汽贸公司作为案涉股权的投资方（收购方）和独立商事主体，在作出涉及数亿元资金支付的商业决定前，理应认真研读《股权转让公告》，并在对交易标的进行充分了解后，作出理性的商业判断。基于H汽贸公司的专业能力及其开展了尽职调查工作的实际情况，H汽贸公司在案涉股权转让前应当能够知道S投资公司所披露的信息是否存在欺诈、隐瞒之处。但事实上，H汽贸公司在开展尽职调查后，并未对L公司2014年度的资产负债情况提出任何异议。另外，根据《股权转让公告》关于"意向投资方通过资格确认后，即视为其已详细阅读并完全认可本次股权转让所涉评估报告及该等报告所披露内容，已充分了解并自愿完全接受本次股权转让项目挂牌资料内容及挂牌转让标的的现状及瑕疵，以及已完成对本次股权转让项目的全部尽职调查"的约定，即使H汽贸公司未开展严格的尽职调查，在其通过报名资格的确认后，也应视为其已放弃追究S投资公司瑕疵担保责任的权利。自2015年5月《股权转让协议》签订至今，H汽贸公司一直系L公司的控股股东，其掌握L公司财务状况并无任何法律及事实上的障碍，H汽贸公司在控制L公司期间也有能力查询L公司的财务状况并核实案涉股权转让是否存在财务信息披露不实的情况。且L公司2015年度的审计报告在2016年3月即已完成，如L公司2014年度审计报告确实存在近2.7亿元的错漏，H汽贸公司此时也应已知晓。欺诈和隐瞒属于合同可撤销事由，但投资方H汽贸公司自始至终并未向被投资方S投资公司提出过撤销合同的主张。综上，法院最终未支持投资方要求被投资方承担相应责任的主张。

思考和建议 ▶▶

基于对上述案例及司法裁判观点的分析,为尽可能避免与被投资方披露不充分相关争议的不利影响、维护交易主体的合法利益,本专题对于并购及投融资中的交易各方提出以下建议:

首先,对于投资方而言,笔者建议:

1. 在投资前及投资过程中,对目标公司的关键信息进行详尽充分的尽职调查,不仅要依据交易对方所提供的信息,还建议根据需要聘请专业的第三方机构展开核查,尽职调查的范围包括但不限于对目标公司的运营状况、工商登记材料、股权结构、核心资产、重大负债、税收情况、涉诉情况等。

2. 在投资文件中,重视陈述与保证条款的设计,尽可能将相关重要事项纳入交易对方应尽责披露的范围内,并由交易对方作出兜底的承诺和担保,同时应明确约定违约责任,以保护交易安全。如有需要,投资方还可以通过延长投资价款支付期限、结合对目标公司的控制进度设置投资价款支付条件、用交易对方的留存股权设置履约担保或者要求交易对方提供其他增信措施等具体措施降低交易风险。

3. 若发现交易对方隐瞒目标公司重要信息的,可以根据实际情况选择采取追究交易对方的违约责任、损失赔偿责任,或选择行使法定的/约定的合同撤销权、合同解除权以维护自身合法权益。

其次,对于被投资方而言,笔者建议:

1. 应保证所提供交易相关材料的完整性、真实、可靠性,特别注意不要出现虚假性、误导性陈述及重大遗漏。

2. 应严格依据法律规定及交易文件的约定,如实披露目标公司的关键信息,包括但不限于目标公司的财务状况(如审计报告、评估报告及相关附件)、经营情况、涉诉情况等,以避免因信息披露不完整而造成的法律风险。

3. 在投资文件中，尽可能地对可能影响交易的各类事项予以充分、详细地罗列和说明，尤其要注意关于被投资方的义务以及陈述与保证等方面的概括性、兜底性的模糊笼统表述，以避免被认定构成违约、欺诈的法律风险。

相关规定 ▶▶

《民法典》

第一百四十八条　一方以欺诈手段，使对方在违背真实意思的情况下实施的民事法律行为，受欺诈方有权请求人民法院或者仲裁机构予以撤销。

第一百四十九条　第三人实施欺诈行为，使一方在违背真实意思的情况下实施的民事法律行为，对方知道或者应当知道该欺诈行为的，受欺诈方有权请求人民法院或者仲裁机构予以撤销。

第五百条　当事人在订立合同过程中有下列情形之一，造成对方损失的，应当承担赔偿责任：

（一）假借订立合同，恶意进行磋商；

（二）故意隐瞒与订立合同有关的重要事实或者提供虚假情况；

（三）有其他违背诚信原则的行为。

第五百八十二条　履行不符合约定的，应当按照当事人的约定承担违约责任。对违约责任没有约定或者约定不明确，依据本法第五百一十条的规定仍不能确定的，受损害方根据标的的性质以及损失的大小，可以合理选择请求对方承担修理、重作、更换、退货、减少价款或者报酬等违约责任。

《民法典总则编解释》

第二十一条　故意告知虚假情况，或者负有告知义务的人故意隐瞒真实情况，致使当事人基于错误认识作出意思表示的，人民法院可以认定为民法典第一百四十八条、第一百四十九条规定的欺诈。

二、与“名股实债”相关的争议

在商事实践中，随着市场经济的不断发展，并购及投融资活动越来越频繁，各商事主体的需求越来越多元。在严格的金融监管体系下，投资方往往既想要追求投资的高收益，又想尽可能控制交易风险、保障稳定收益。被投资方则可能想通过变通方式来解决通过银行等金融机构获取贷款难的问题。传统的投融资模式逐渐难以满足商事主体的多元需求，各类创新的投融资模式便应运而生。

“名股实债”即是一种新型投融资模式的统称，又称“明股实债”“明股暗债”“假股真债”，意即“名为股权投资、实为借贷债权”。虽然暂无明确的法律概念，但根据中国证券投资基金业协会发布的《证券期货经营机构私募资产管理计划备案管理规范第 4 号——私募资产管理计划投资房地产开发企业、项目》（2017 年 2 月 13 日发布实施）中的相关规定，名股实债是指投资回报不与被投资企业的经营业绩挂钩，不是根据企业的投资收益或亏损进行分配，而是向投资者提供保本保收益承诺，根据约定定期向投资者支付固定收益，并在满足特定条件后由被投资企业赎回股权或者偿还本息的投资方式，常见形式包括回购、第三方收购、对赌、定期分红等。

从形式上看，“名股实债”与单纯的股权投资或借贷债权均不相同。在该种投融资模式中，投资方在名义上以股权方式投资于被投资企业（表面上是股权投资），但却以到期无条件回购、溢价回购、对赌、定期分红等形式获得资金保障和固定收益，且其收益并不与目标公司业绩挂钩，投资方亦不追求对目标公司的股权进行管领和支配（实质上是借贷债权），换言之，投资方并不承担基于股东身份的投资风险。

从监管层面上看，国务院、国务院国有资产监督管理委员会（以下简称国资委），财政部、中国银行保险监督管理委员会（以下简称银保监会），中国证监会等部门曾制定一系列监管制度来限制“名股实债”相关业务，如国务院发布的《关于加强固定资产投资项目资本金管理的通知》（国发〔2019〕26

号,2019年11月20日生效)[①]、国资委发布的《关于中央企业加强参股管理有关事项的通知》(国资发改革规〔2019〕126号,2019年12月12日生效)[②]、财政部发布的《关于规范金融企业对地方政府和国有企业投融资行为有关问题的通知》(财金〔2018〕23号,2018年3月28日生效)[③]、中国人民银行与银保监会和中国证监会联合发布的《关于加强非金融企业投资金融机构监管的指导意见》(银发〔2018〕107号,2018年4月19日生效)[④]等。但相关监管规定均未绝对禁止"名股实债",其主要目的还是加强对特定领域的投资资金的真实性和合规性监管,并控制相应风险。该等监管规定是否属于《民法典》第153条规定的"法律、行政法规的"强制性规定、是否属于《九民纪要》第30条规定的"涉及金融安全、市场秩序、国家宏观政策等公序良俗"强制性规定、"名股实债"是否应一律认定为无效,则尚无定论。事实上,司法审判实践对此仍存在较大争议。法院通常会结合个案的具体情况进行充分阐述和论证,并作出相应认定。

由于"名股实债"存在一定的监管风险和操作风险,而相关交易结构复杂、"股""债"性质不明、并存多种特征,当投资方不能实现预期目标的时候,交易各方往往会围绕"名股实债"行为产生较多争议和纠纷。

---

① 《国务院关于加强固定资产投资项目资本金管理的通知》第10条规定:项目借贷资金和不符合国家规定的股东借款、"名股实债"等资金,不得作为投资项目资本金。

② 《关于中央企业加强参股管理有关事项的通知》第3条规定:合理确定参股方式。结合企业经营发展需要,合理确定持股比例,以资本为纽带、以产权为基础,依法约定各方股东权益。不得以约定固定分红等"名为参股合作、实为借贷融资"的名股实债方式开展参股合作。

③ 《关于规范金融企业对地方政府和国有企业投融资行为有关问题的通知》第2条规定:国有金融企业向参与地方建设的国有企业(含地方政府融资平台公司)或PPP项目提供融资,应按照"穿透原则"加强资本金审查,确保融资主体的资本金来源合法合规,融资项目满足规定的资本金比例要求。若发现存在以"名股实债"、股东借款、借贷资金等债务性资金和以公益性资产、储备土地等方式违规出资或出资不实的问题,国有金融企业不得向其提供融资。

④ 《关于加强非金融企业投资金融机构监管的指导意见》第8条规定:强化投资资金来源的真实性合规性监管。企业投资金融机构应当以自有资金出资,资金来源真实合法,不得以委托资金、负债资金、"名股实债"等非自有资金投资金融机构,不得虚假注资、循环注资和抽逃资本,不得以理财资金、投资基金或其他金融产品等形式成为金融机构主要股东或控股股东。穿透识别金融机构实际控制人和最终受益人,严格规范一致行动人和受益所有人行为,禁止以代持、违规关联等形式持有金融机构股权。企业以隐瞒、欺骗等不正当手段获得行政许可的,由金融监督管理部门依法对相关行政许可予以撤销。

在与“名股实债”有关的纠纷案件中,法院如何认定“名股实债”行为的法律性质问题,如何区分“股权”与“债权”问题,以及如何认定“名股实债”行为的效力即基础合同的效力问题,成为值得关注的热点问题。

(一)“名股实债”的认定

股权关系与债权关系属于完全不同的法律关系,在权利性质、权利来源、行为目的等方面均有根本区别。一般来讲,在股权关系中,投资方目的在于取得目标公司股权,且享有参与公司的经营管理权利,股权投资的收益与被投资企业的经营业绩挂钩,投资方与被投资企业共担经营风险。具体而言,股权投资法律关系中的被投资方或股权出让方,其合同目的一般为让渡其所持有的股权来获得相应股权对价或相应投资款项;相关投资方的合同目的一般则是以支付投资款或股权对价,来获取相应的股权,同时获取目标公司资产收益、参与重大决策和选择管理者等股东权利。在债权关系中,投资方目的并非取得目标公司股权,一般仅是为了保障资金安全和获取固定收益,故通常不会参与公司经营管理,投资方实质上就是债权人。在“名股实债”的债权关系中,最为常见的就是借贷关系。投资方实质上是借贷法律关系中的出借一方,其合同目的一般是出借款项(即本金)并在到期后获得本金及相应利息;被投资方实质上作为借款一方,其合同目的一般是向投资方借得款项(即本金),并在到期后返还本金及利息。

鉴于“名股实债”并无统一的交易模式,在司法审判实践中,各地法院通常会根据合同条款所反映的当事人真实意思、签订合同的真实目的、实际权利义务关系以及合同履行情况等因素综合判断法律关系。具体审查因素主要包括以下几点:

第一,当事人真实意思表示。投资方签订合同真实目的是获取固定收益回报还是获得股权分红。若投资回报不与经营风险、经营业绩挂钩,法院通常会认定为“债”的性质。

第二,实际权利义务关系。如投资方是否实际承担经营风险、是否实际参与公司日常经营管理、是否有权处分持有的股权、是否约定回购机制、是否具有保障/担保"债权"实现的行为等。若投资方实际承担了目标公司经营风险等股东义务的，法院通常会认定为"股"的性质。

第三，变更登记公示情况。如投资方是否进行股权变更登记等。若在实际履行中不办理股权变更登记的，结合相关交易文件的相关约定，被法院认定为"债"的可能性较高。

第四，合同或相关文件的其他表述。如合同或相关文件，包括但不限于补充协议、会议纪要、备忘录等文件中是否有"借款""债权""发放贷款"等明确表述，亦将对法院在"股"或"债"的认定上产生影响。

结合上述对"名股实债"司法裁判观点的归纳，现选取部分涉上市公司案例中有代表性的司法观点呈现如下：

1. 被法院认定为民间借贷关系的案件

例如，在(2021)京民终896号案中，北京市高级人民法院认为，股权投资法律关系中，投资方意欲取得公司股权，往往会在相关合同中约定其对公司的经营管理权，在登记为股东后也往往会实际参与公司的经营管理，如保留在股东会、董事会层面对重大事项的表决权，向公司派驻董事和财务人员，控制项目公司公章或财务章等，同时承担公司经营风险。在此情况下，应当认定投资方取得的是股权。民间借贷法律关系中，债权人的目的仅是取得固定回报，协议中并未详细约定投资方参与公司管理的权利，投资方实际上也未行使股东管理权的，即便登记为股东，也应认定其仅享有债权。投资方Z公司受让D公司股权满24个月后，由H公司或L公司、汪某按照年利率20%的标准收购Z公司持有的股权，即Z公司在股权回购后，可以获得固定的回报，而且该回报金额并不取决于D公司的经营业绩。在法院审理过程中，Z公司亦未提交证据证明该公司实际行使股东权利或参与D公司的经营管理。由此可见，投资方Z公司无须承担经营风险，不符合利益共享、风险共担的股权投资法律关系的特征，本案所涉法律关系的性质应为民间借贷法律关系。

又如，在(2021)沪74民终133号案中，上海金融法院认为，当事人之间是成立股权转让及回购法律关系还是民间借贷法律关系，须结合当事人的合同约定及实际履行情况对当事人的缔约真意加以综合判断。首先，就双方内心意思而言，投资方姚某系新三板合格投资方，双方亦约定将1.6万股Y公司股票按照“全国股转系统”股票交易规则进行交割，在表象上具有股权转让的意思表示，但并未约定上述股权交割与变更登记的具体时间，而且在可以办理变更登记的前提下，双方仍然合意选择了违规股权代持方式，加之在合同履行期间，双方也未办理相应的股权变更登记，可以认定双方实际并不期望股权变动的法律效果发生，股权投资并非双方的真实意思。其次，就姚某是否行使股东权利、参与公司决策而言，根据《股份转让协议》的约定，姚某在有关公司并购重组、经营发展等重大事项上行使股东表决权应与T公司一致，且在向股东会、董事会提出议案之前均应征得T公司的同意。由此可见，姚某虽然作为Y公司股东，但并不实际参与公司经营决策，亦可印证其与T公司订立《股份转让协议》，其真实意图并不在于实际受让目标公司股权，而是在于履行《补充协议》要求T公司、余某回购股权以获得固定收益。最后，就合同履行期间与回购价格而言，《股份转让协议》第1条、第2条明确约定了标的股权的转让股数与价格，第9条约定了回购条件及回购价格，符合股权投资交易的外在特征。但根据《补充协议》的约定，姚某可以要求T公司、余某在2019年3月30日无条件回购股份。结合两份协议系同日签订的情形，可以认定《股份转让协议》中的附条件回购约定已被《补充协议》的无条件回购所替代。《股份转让协议》约定的转让价格为25元/股，而《补充协议》约定的回购价为35元/股，如《补充协议》得以履行，姚某可在1年的固定期间内在确保本金40万元不受损失的前提下获得16万元的固定收益，该种情形符合借贷法律关系的基本特征。综上，姚某、T公司、余某虽然约定了股权转让及回购条款的表面意思，但其目的在于隐藏各方之间借贷法律关系的真实效果意思，该表面意思系虚假意思表示，依照2017年《中华人民共和国民法总则》（已于2021年1月1日失效，以下简称《民法总则》）第146条的规定（对应《民法典》第146条）当属无效，因姚某系自然人，T公司系依法设立的法人，故双方之间构成民间借贷法律关系。

再如，在（2021）京0111民初9100号案中，北京市房山区人民法院认为，双方签订《入股协议书》后，被投资方G公司并未有实际履行《入股协议书》的意思表示，投资方杨某也并未有欲成为G公司股东的真实意思表示，即催告G公司积极履行《入股协议书》，并积极行使股东权利和履行股东义务，且其股东身份也未以一定形式被相关公众所认知，如参与公司的经营、参与股东会表决等，换言之，杨某并未成为G公司的股东。基于此，该《入股协议书》属于名为“入股”实为“借贷”之情形，我国法律规定行为人与相对人以虚假的意思表示实施的民事法律行为无效，以虚假的意思表示隐藏的民事法律行为的效力，依照有关法律规定处理，故应认定双方成立民间借贷关系。

2. 被法院认定为股权关系的案件

例如，在（2021）京民终102号案中，关于案涉融资协议是否属于“明股实债”，一审法院认为，案涉协议的性质应当以合同约定内容为基础，结合交易背景、目的、模式以及合同履行情况等因素综合判断。案涉协议虽然存在保底条款，但回购条件并非确定事项，投资收益亦非固定金额，并不符合以在固定期限内获取固定收益为特征的债权融资模式。北京市高级人民法院二审认为，案涉对赌协议约定的业绩补偿和股权回购能否成就取决于目标公司的经营，在签订对赌协议时是不确定的，与民间借贷合同中的固定收益存在显著的区别。因此，不属于“明股实债”。在（2021）京01民终10673号案中，一审法院、二审法院对于案涉协议性质的认定问题，亦采取与上述案件同样的判断标准，认定案涉协议中关于回购条件的约定、关于业绩补偿的约定，其是否履行属于不确定的事项，再结合案涉协议的约定以及履行情况，一审法院、二审法院均未支持被投资方关于案涉协议系“明股实债”的主张。

又如，在（2020）沪民再29号案中，上海市高级人民法院从案涉协议的合同目的以及案涉协议的具体约定角度分析案涉协议的性质认为，一方面，案涉协议的相关约定反映出J公司投资Z环保的主合同目的在于在Z环保于全国中小企业股份转让系统挂牌成功后通过股权交易或者分红获得收益；另一方面，《Z环保投资协议》仅约定了Z环保挂牌情况下的退出方式和投资收益及风险控制，《补充协议》系为控制J公司的投资风险，基于各方对于Z环保未来挂牌与否的不确定性而对J公司退出途径所作的协议安排。因此,J公司对Z环保的投资性质系股权投资,而非保本保收益的明股实债。

再如,在(2021)浙06民初69号案中,浙江省绍兴市中级人民法院认为,民事合同的性质,应根据合同条款所反映的当事人的真实意思,并结合其签订合同的真实目的以及合同实际履行情况等因素,进行综合判断。案涉股权转让协议的多项条款均涉及孙某受让股权后应享有的权利,据此可认定孙某与W公司的真实意思表示为股权转让关系,而非民间借贷关系。

(二)"名股实债"的效力

在司法审判实践中,关于"名股实债"约定的效力认定,即如何认定基础合同的效力这一问题,法院通常会基于最终认定的法律关系而对效力作出不同认定。

1. 在被法院认定为债权关系的案件中

若案件最终被法院认定构成债权关系,则法院一般会依据《民法典》第146条之规定,认定名义上的股权转让关系因虚假意思表示而无效,而隐藏的债权关系(常见的为民间借贷关系)应按民事法律行为的一般有效要件以及是否存在民间借贷关系的无效情形来进一步判断。若不存在法定无效情形,理应被认定为有效。

但需注意的是,法院对隐藏的债权关系相关无效情形的审查,不仅依据《民法典》第153条、第154条进行,还会根据《最高人民法院关于审理民间借贷案件适用法律若干问题的规定》(根据2020年12月23日最高人民法院审判委员会第1823次会议通过的《最高人民法院关于修改〈最高人民法院关于在民事审判工作中适用《中华人民共和国工会法》若干问题的解释〉等二十七件民事类司法解释的决定》修正,以下简称《民间借贷案件司法解释》)第13条所列举的无效事由进行审查。如法院发现投资方涉及套取金融机构贷款转贷的;以向其他营利法人借贷、向本单位职工集资,或者以向公众非法吸收存款等方式取得的资金转贷的;未依法取得放贷资格的出借人,以营利为目的向社会不特定对象提供借款的;出借人事先知道或者应当知道借款人借款用于违法犯罪活动仍然提供借款的；违反法律、行政法规强制性规定的；违背公序良俗等情形，也会将隐藏的债权关系认定为无效。

2. 在被法院认定为股权关系的案件中

若案件最终被法院认定构成股权关系，法院亦需结合行为是不是当事人的真实意思表示、是否存在其他无效情形等来认定股权转让行为的效力。对于股权转让协议中关于股权回购、对赌、定期分红等条款的法律效力，则须结合《公司法》《九民纪要》的相关规定进行进一步判断。

例如，在前述W公司所涉的（2021）浙06民初69号案中，法院认定孙某与W公司构成股权转让关系，而案涉协议系各方当事人真实意思表示，各方当事人关于股权转让方面的内容未违反法律、行政法规禁止性规定，应认定合法有效。

又如，在前述Z环保所涉的（2020）沪民再29号案中，在将案涉行为认定为股权投资关系后，上海市高级人民法院又进一步认定涉案回购条款本身并不存在违反法律、行政法规强制性规定等法定无效情形或违反挂牌公司监管禁止性规定等情形，故涉案回购条款并不构成对证券市场公序良俗的违反，不影响条款本身效力。

思考和建议 ▶▶

基于对上述案例及司法裁判观点的分析和思考，为尽可能避免“名股实债”相关纠纷的不利影响、维护交易主体的合法利益，本专题对于并购及投融资中的交易各方提出以下建议：

首先，对于投资方而言，笔者建议：

1. 在投资前及整个投资过程中，对被投资企业的关键信息进行详尽充分的尽职调查，无论是拟实施股权投资或者仅提供融资借贷，都应尽可能选择信用良好、具备充分履约能力的目标公司。

2. 在投资文件中，根据“名股实债”的司法认定标准，结合真实交易目的，尽可能显名化相关交易安排，突出“股”或者“债”的性质。如有可能，可以单独签订如股权回购合同等体现真实交易目的的文件,以保障投资方的利益。

3. 在投资过程中,注意与真实交易目的有关证据的留存。如真实交易目的为债权关系,则注意留存相关出借凭证及还款证据以及投资方不参与经营管理的证据等;如真实交易目的为股权投资,则注意留存投资方参与目标公司经营管理、共担经营风险的证据等。

其次,对被投资方而言,笔者建议:

1. 在投资文件中,若真实交易目的为债权关系的,应突出被投资方作为股权的真实权利人的地位,并注意限制、限制投资方对目标公司的经营管理权,以免投资方干预目标公司的经营管理;若真实交易目的为股权投资的,应突出投资方作为股权的真实权利人的地位,强调投资方对目标公司的经营管理权。

2. 在投资文件中,若真实交易目的为债权关系的,可以约定投资方不按出资比例分红,还可以通过设置"一致行动人"等条款,或将投资方的表决权委托授权给被投资方行使,或在目标公司《公司章程》中规定不按照出资比例行使表决权等方式排除、限制投资方的表决权;若真实交易目的为股权投资的,则明确约定投资方按出资比例分红等。

3. 在投资过程中,同样要注意与真实交易目的有关证据的留存。如真实交易目的为债权关系,则注意留存相关出借凭证及还款证据以及投资方不参与经营管理的证据等。但若真实交易目的为股权投资,则注意留存投资方参与目标公司经营管理、共担经营风险的证据等。

相关规定 ▶▶

《证券期货经营机构私募资产管理计划备案管理规范第4号——私募资产管理计划投资房地产开发企业、项目》

一、证券期货经营机构设立私募资产管理计划,投资于房地产价格上涨过快热点城市普通住宅地产项目的,暂不予备案,包括但不限于以下方式:

(一)委托贷款;

(二)嵌套投资信托计划及其他金融产品;

(三)受让信托受益权及其他资产收(受)益权;

(四)以名股实债的方式受让房地产开发企业股权;

(五)中国证券投资基金业协会根据审慎监管原则认定的其他债权投资方式。

五、

……

[3]本规范所称名股实债,是指投资回报不与被投资企业的经营业绩挂钩,不是根据企业的投资收益或亏损进行分配,而是向投资者提供保本保收益承诺,根据约定定期向投资者支付固定收益,并在满足特定条件后由被投资企业赎回股权或者偿还本息的投资方式,常见形式包括回购、第三方收购、对赌、定期分红等。

《民法典》

第一百四十六条　行为人与相对人以虚假的意思表示实施的民事法律行为无效。

以虚假的意思表示隐藏的民事法律行为的效力,依照有关法律规定处理。

第一百五十三条　违反法律、行政法规的强制性规定的民事法律行为无效。但是,该强制性规定不导致该民事法律行为无效的除外。

违背公序良俗的民事法律行为无效。

第一百五十四条　行为人与相对人恶意串通,损害他人合法权益的民事法律行为无效。

第一百五十五条　无效的或者被撤销的民事法律行为自始没有法律约束力。

第一百五十七条　民事法律行为无效、被撤销或者确定不发生效力后,行为人因该行为取得的财产,应当予以返还;不能返还或者没有必要返还的,应当折价补偿。有过错的一方应当赔偿对方由此所受到的损失;各方都有过错的，应当各自承担相应的责任。法律另有规定的，依照其规定。

第五百零二条　依法成立的合同，自成立时生效，但是法律另有规定或者当事人另有约定的除外。

依照法律、行政法规的规定，合同应当办理批准等手续的，依照其规定。未办理批准等手续影响合同生效的，不影响合同中履行报批等义务条款以及相关条款的效力。应当办理申请批准等手续的当事人未履行义务的，对方可以请求其承担违反该义务的责任。

依照法律、行政法规的规定，合同的变更、转让、解除等情形应当办理批准等手续的，适用前款规定。

《民间借贷案件司法解释》

第一条　本规定所称的民间借贷，是指自然人、法人和非法人组织之间进行资金融通的行为。

经金融监管部门批准设立的从事贷款业务的金融机构及其分支机构，因发放贷款等相关金融业务引发的纠纷，不适用本规定。

第十三条　具有下列情形之一的，人民法院应当认定民间借贷合同无效：

（一）套取金融机构贷款转贷的；

（二）以向其他营利法人借贷、向本单位职工集资，或者以向公众非法吸收存款等方式取得的资金转贷的；

（三）未依法取得放贷资格的出借人，以营利为目的向社会不特定对象提供借款的；

（四）出借人事先知道或者应当知道借款人借款用于违法犯罪活动仍然提供借款的；

（五）违反法律、行政法规强制性规定的；

（六）违背公序良俗的。

第二十五条　出借人请求借款人按照合同约定利率支付利息的，人民法院应予支持，但是双方约定的利率超过合同成立时一年期贷款市场报价利率四倍的除外。

前款所称“一年期贷款市场报价利率”，是指中国人民银行授权全国银行间同业拆借中心自2019年8月20日起每月发布的一年期贷款市场报价利率。

《九民纪要》

30.【强制性规定的识别】人民法院在审理合同纠纷案件时，要依据《民法总则》第153条第1款和合同法司法解释（二）第14条的规定慎重判断“强制性规定”的性质，特别是要在考量强制性规定所保护的法益类型、违法行为的法律后果以及交易安全保护等因素的基础上认定其性质，并在裁判文书中充分说明理由。下列强制性规定，应当认定为“效力性强制性规定”：强制性规定涉及金融安全、市场秩序、国家宏观政策等公序良俗的；交易标的禁止买卖的，如禁止人体器官、毒品、枪支等买卖；违反特许经营规定的，如场外配资合同；交易方式严重违法的，如违反招投标等竞争性缔约方式订立的合同；交易场所违法的，如在批准的交易场所之外进行期货交易。关于经营范围、交易时间、交易数量等行政管理性质的强制性规定，一般应当认定为“管理性强制性规定”。

31.【违反规章的合同效力】违反规章一般情况下不影响合同效力，但该规章的内容涉及金融安全、市场秩序、国家宏观政策等公序良俗的，应当认定合同无效。人民法院在认定规章是否涉及公序良俗时，要在考察规范对象基础上，兼顾监管强度、交易安全保护以及社会影响等方面进行慎重考量，并在裁判文书中进行充分说理。

52.【高利转贷】民间借贷中，出借人的资金必须是自有资金。出借人套取金融机构信贷资金又高利转贷给借款人的民间借贷行为，既增加了融资成本，又扰乱了信贷秩序，根据民间借贷司法解释第14条第1项的规定，应当认定此类民间借贷行为无效。人民法院在适用该条规定时，应当注意把握以下几点：一是要审查出借人的资金来源。借款人能够举证证明在签订借款合同时出借人尚欠银行贷款未还的，一般可以推定为出借人套取信贷资金，但出借人能够举反证予以推翻的除外；二是从宽认定“高利”转贷行为的标准，只要出借人通过转贷行为牟利的，就可以认定为是“高利”转贷行为;三是对该条规定的“借款人事先知道或者应当知道的”要件,不宜把握过苛。实践中,只要出借人在签订借款合同时存在尚欠银行贷款未还事实的,一般可以认为满足了该条规定的“借款人事先知道或者应当知道”这一要件。

53.【职业放贷人】未依法取得放贷资格的以民间借贷为业的法人,以及以民间借贷为业的非法人组织或者自然人从事的民间借贷行为,应当依法认定无效。同一出借人在一定期间内多次反复从事有偿民间借贷行为的,一般可以认定为是职业放贷人。民间借贷比较活跃的地方的高级人民法院或者经其授权的中级人民法院,可以根据本地区的实际情况制定具体的认定标准。

三、与业绩承诺和对赌协议相关的争议

所谓“业绩承诺”,又称“盈利预测补偿”或“业绩补偿”,一般是指企业在股权并购及投融资过程中,投资方与被投资方及和/或其股东、实际控制人(以下简称业绩承诺方)对目标公司估值定价协商达成的一种交易调整机制。① 如若目标公司未能在特定期间实现投资文件中约定的业绩目标,则投资方有权要求业绩承诺方按约予以补偿。该业绩承诺条款能够有效降低投资方的交易风险。从补偿方式来看,业绩承诺的形式主要包括现金补偿、股权回购、股权调整等。现金补偿,是指在业绩承诺期内,当约定的业绩目标未能实现时,业绩承诺方将向投资方支付一定数额的现金作为补偿,这是业绩承诺最常用的一种补偿方式。股权回购,是指在业绩承诺期内,当约定的业绩目标未能实现时,业绩承诺方应依约回购投资方持有的全部或部分股权,常见的回购价款确定方式是按照投资款加上按照约定利率以及实际投资时间计算的收益并扣除投资方在该等期间获取的目标公司分红(如有)。股权调整,则是指在业绩承诺期内,若约定的业绩目标未能实现,投资方可

---

① 参见宁清宇:《上市公司重大资产重组中的业绩补偿制度研究》,载《金融法苑》2015 年第 2 期。

以低价增资或无偿/低价购买业绩承诺方持有的目标公司的相应股权。

所谓“对赌协议”，又称“估值调整协议”，常出现于我国资本市场，一般是指投资方与被投资方在达成股权性融资协议时，为解决交易双方对目标公司未来发展的不确定性、信息不对称以及代理成本而设计的包含了股权回购、金钱补偿等对未来目标公司的估值进行调整的协议。换言之，基于投融资双方的信息不对称及激励机制考量，投资方与被投资方和/或股东、实际控制人签订协议，要求被投资方应在约定时间内实现某种目标（如公司上市、完成并购计划、完成一定业绩目标等），如果没能实现约定的目标，投资方可以行使其权利要求相关义务方进行补偿或回购其股权，其实质是投资方和被投资方等各方对股权投资价值设定的估值调整机制，是一种投资保障工具①，能有效降低投资风险。

在与业绩承诺、对赌协议有关的纠纷案件中，对赌协议的效力问题，业绩承诺的效力问题，以及业绩补偿与股权回购是否可共同主张的问题，成为值得关注的热点问题。

（一）对赌协议的效力

在司法审判实践中，从设立对赌协议的主体来看，可以分为投资方与目标公司的对赌协议以及投资方与目标公司股东和/或实际控制人之间的对赌协议。对于两种不同类型对赌协议的效力，人民法院一般遵循不同的审查原则和标准。

1. 投资方与目标公司之间对赌协议的效力认定问题

根据《九民纪要》关于“对赌协议”效力的意见，对于投资方与目标公司之间对赌协议的效力，法院通常从是否符合《公司法》“股东不得抽逃出资”等规定、是否违反股份回购的强制性规定等方面进行审查。若无相关无效事由，则通常认定相关对赌协议有效。

---

①　参见刘燕：《“对赌”协议与公司法资本管制：美国实践及其启示》，载《环球法律评论》2016年第3期。

例如,在(2021)鲁 0391 民初 1768 号案中,山东省淄博高新技术产业开发区人民法院认为,原告与 S 股份签订的《股权赎回协议》系当事人真实意思表示,合法有效,依据约定的内容,其实质是原告与 S 股份之间的对赌协议。本案中值得注意的是,法院虽然认定投资方与目标公司的对赌协议有效,但是法院进一步依据《公司法》第 142 条的规定,"公司不得收购本公司股份。但是,有下列情形之一的除外:(一)减少公司注册资本;(二)与持有本公司股份的其他公司合并;(三)将股份用于员工持股计划或者股权激励;(四)股东因对股东大会作出的公司合并、分立决议持异议,要求公司收购其股份;(五)将股份用于转换上市公司发行的可转换为股票的公司债券;(六)上市公司为维护公司价值及股东权益所必需",认定原告作为投资方请求 S 股份回购股权,不符合《公司法》第 142 条所列举的情形,不符合《公司法》关于资本维持的基本原则,未支持原告要求目标公司履行回购义务的诉讼请求。

2. 投资方与目标公司股东和/或实际控制人之间对赌协议的效力认定问题

关于投资方与目标公司的股东或实际控制人之间的对赌协议的效力,近年来,最高人民法院在多个案例中均传递出一致的司法裁判观点,认为就该类对赌协议而言,只要当事人意思表示真实,内容不违反《民法典》《公司法》及其他法律、行政法规的强制性、禁止性规定,不损害目标公司及公司债权人利益,即应确认有效。如最高人民法院在(2012)民提字第 11 号甘肃世恒有色资源再利用有限公司、香港迪亚有限公司与苏州工业园区海富投资有限公司、陆波增资纠纷案的民事判决书中认为,目标公司股东对投资方的补偿承诺不违反法律法规的禁止性规定,是有效的。在合同约定的补偿条件成立的情况下,根据合同当事人意思自治、诚实信用原则,引资者应信守承诺,投资者应当得到约定的补偿。最高人民法院在《九民纪要》中亦提出,人民法院在审理"对赌协议"纠纷案件时,对于投资方与目标公司的股东或者实际控制人订立的"对赌协议",如无其他无效事由,应认定有效并支持实际履行。

结合对上述司法裁判观点的归纳，现选取部分涉上市公司案例中有代表性的司法观点呈现如下：

例如，在(2021)粤01民初519号案中，广东省广州市中级人民法院认为，Q公司与徐某、祝某签订《股份认购及增资协议之补充协议》，徐某、祝某作为N影视股东，在协议中对N影视业绩即2016年、2017年净利润进行了承诺，并承诺在未能实现净利润承诺的情况下，向Q公司进行业绩补偿，或回购Q公司持有的股份。上述协议是Q公司作为投资方与融资方在达成股权性融资协议时，为解决交易双方对目标公司未来发展的不确定性、信息不对称而设计的对目标公司估值进行调整的协议，即对赌协议。N影视公司股东徐某、祝某对作为投资方的Q公司进行补偿和回购的承诺，并未违反法律法规的禁止性规定，是双方真实意思表示，应属有效。

又如，在T资本与H股份所涉的(2020)湘04民终1932号案中，湖南省衡阳市中级人民法院认为，案涉《补充协议》系包含了业绩承诺与补偿、股权回购等对未来不确定的目标公司即H股份的估值进行调整的协议，在补充协议中，H股份控股股东罗某与投资方T资本及其关联方就未来一段时间内目标公司的经营业绩进行约定，如目标公司未实现约定的业绩，则需按一定标准与方式对投资方所持的股权进行回购，即实践中俗称的“对赌协议”。本案目标公司股东与投资方及其关联方签订《补充协议》并不损害公司及公司债权人的利益，不违反法律法规的禁止性规定，是双方当事人的真实意思表示，合法有效。

再如，在(2021)苏06民终783号案中，江苏省南通市中级人民法院认为，案涉《股份认购补充协议》系投资者徐某与目标公司南通S建设之股东S建设控股公司之间达成的对赌协议。此类对赌协议只要主体合格，当事人意思表示真实，内容不违反《中华人民共和国合同法》(已于2021年1月1日废止，以下简称《合同法》)《公司法》及其他法律、行政法规的强制性、禁止性规定，即应确认有效。案涉对赌协议系投资方和目标公司股东之间对赌，并不会损害目标公司利益和债权人利益。具体到本案：首先，我国相关法律法规中并无禁止非上市公众公司对赌的规定，且案涉对赌协议系投资方和目标公司股东之间对赌,并不会损害目标公司利益和债权人利益。案涉《股份认购补充协议》约定的赎回条款系徐某在一定条件下退出该投资法律关系并取得一定经济补偿的条款,是当事人基于理性选择和商业判断对投资合作商业风险作出的安排,对该自治行为应充分予以尊重。其次,徐某虽出具声明及承诺函保证其与南通S建设及其实际控制人、控股股东、董事、监事、高级管理人员之间不存在任何对赌协议,主办券商、律师事务所也均在股票发行合法合规性法律意见书中确认不存在对赌协议,但是对赌条款的披露涉及的是投资者利益保障及社会公众监督,系属证券监管机构对公司规范发行及运作的监督管理范畴,与回购条款本身的效力并无必然关联。只要协议不违反《公司法》相关规定,不涉及公司资产减少,不构成抽逃公司资本,不影响债权人利益,亦不存在《合同法》第52条规定的无效情形,即应认定合法有效。

此外,需要注意的是,如案涉公司属于上市公司或新三板挂牌公司,还须受中国证监会监管并遵循相应的市场规则和监管体系。在判断该类"对赌协议"是否有效时,除了审查是否符合当事人的意思自治原则和是否有法定无效事由之外,法院可能还会从市场监管规则以及市场秩序和投资者保护等方面进行考量,并可能认定违反相关监管规定构成违反公序良俗的协议无效。

例如,在(2021)粤09民终249号案中,广东省茂名市中级人民法院认为,本案具有"对赌"性质的《股权回购协议》及《股权回购补充协议》是否有效,是该协议能否履行的前提。首先,可以认定签订上述协议是刘瑞才与邹国奎的真实意思表示。同时,在司法审判实践中,对于投资方与目标公司的实际控制人订立的"对赌协议",如果没有其他法定的无效事由,一般应认定为有效并支持实际履行。但本案的特殊性在于,作为目标公司的G科技是在全国中小企业股份转让系统即"新三板"挂牌交易的公司。该"新三板",是经国务院批准,依据我国《证券法》设立的全国性证券交易场所,其股票交易面向的是不特定对象。而且,"新三板"受中国证监会监管,建立了相应的市场规则和监管体系。故判断涉案"对赌协议"是否有效,除了审查是否符合当事人的意思自治原则和有无法定无效事由之外,还应当从市场监管规则以及市场秩序和投资者保护等因素进行考量。其次,全国中小企业股份转让系统于2016年8月8日颁布实施的《挂牌公司股票发行常见问题解答(三)——募集资金管理、认购协议中特殊条款、特殊类型挂牌公司融资》(股转系统公告〔2016〕63号,2016年8月8日生效)中载明:“挂牌公司股票发行认购协议中存在特殊条款的,应当满足以下监管要求:……(三)挂牌公司应当在股票发行情况报告书中完整披露认购协议中的特殊条款;挂牌公司的主办券商和律师应当分别在‘主办券商关于股票发行合法合规性意见’、‘股票发行法律意见书’中就特殊条款的合法合规性发表明确意见。”本案涉及的股权回购协议,属于上述解答(三)中的特殊条款。但根据查明的案件事实,涉案股权回购协议,并没有提交G科技的董事会与股东大会进行审议,更未在股票发行情况报告书中披露过任何有关回购股份条款的信息;而且,也没有如实向主办券商和律师告知该回购协议,以致G证券股份有限公司和北京D律师事务所分别在主办券商关于股票发行合法合规性意见、股票发行法律意见书中作出了“本次发行不存在股份回购等特殊条款”的意见。对此,《证券法》第19条第1款规定:“发行人报送的证券发行申请文件,应当充分披露投资者作出价值判断和投资决策所必需的信息,内容应当真实、准确、完整。”由此可见,G科技在该次股票发行认购中,没有遵守如实披露信息的法定义务,也违反了以上解答(三)对于股票发行存在特殊条款时的监管要求。由此产生的后果是,不能确保G科技的股权真实清晰,对投资者股权交易造成不确定的影响,也损害了非特定投资者合法权益、市场秩序与交易安全,不利于金融安全及稳定,违背了公共秩序。尽管解答(三)属于部门规章性质,但因其经法律授权并为证券行业监管基本要求,且“新三板”是全国性的交易场所,社会影响面大,应当加强监管和交易安全保护,以保障广大非特定投资方利益;故违反此解答(三)的合同也因违背公序良俗而应当认定为无效。据此,综合考量各种因素,本案《股权回购协议》及《股权回购补充协议》应当认定为无效合同,不具有法律约束力。

（二）业绩承诺的效力

在司法审判实践中，关于业绩承诺的效力，法院通常会从当事人意思表示是否真实，是否符合当事人的意思自治原则，内容是否违反《民法典》《公司法》及其他法律、行政法规的强制性、禁止性规定等方面进行综合审查。

例如，在（2020）湘04民终1932号案中，湖南省衡阳市中级人民法院认为，目标公司股东对投资者的补偿承诺不违反法律法规的禁止性规定，是有效的，在合同约定的回购条件成立的情况下，根据合同当事人意思自治、诚实信用的原则，引资者应当信守承诺，投资者应当得到约定的补偿。

又如，在（2021）桂民终923号案中，广西壮族自治区高级人民法院认为，案涉《E集团购买资产协议书》《E集团购买资产补充协议书》《盈利预测补偿主合同》《盈利预测补充协议》约定的资产交易方案与盈利业绩承诺、补偿方案为交易各方在自愿平等协商基础上达成，为各交易方真实意思表示。E集团收购盛世骄阳公司100%股权项目已经E集团董事会、临时股东会审议通过，发行股份及支付现金购买资产并募集配套资金方案经中国证监会核准后实施，没有违反我国法律、行政法规的禁止性规定，合同合法有效。

（三）业绩补偿与股权回购能否同时主张

在司法审判实践中，关于业绩补偿与股权回购能否同时主张的问题，仍存在一定争议。近年来各地法院针对不同案件的具体情形作出不同的认定：有的案例支持了业绩补偿条款和股权回购条款同时适用，而有的案例仅支持择一适用，其裁判的直接依据是看涉案合同是否有相应约定。

1. 司法裁判观点一：若交易文件中并列约定了业绩补偿与股权回购，且并无排他性适用（或择一适用）约定的，业绩补偿与股权回购应能同时主张

有法院认为，业绩补偿与股权回购属于两个不同的法律关系。业绩补偿系基于目标公司因为业绩不达标而对投资方的金钱补偿；股权回购系对目标公司的股权转让。两者本身是独立存在的，也不存在重合、矛盾之处。在不违反《公司法》及其他效力性强制性规定的情况下，只要案涉合同有明

确约定且条件已成就，且并未排他性适用约定的，应予支持目标公司同时承担业绩补偿和股权回购义务，这也并不违反权利义务相一致和公平合理的基本原则。

例如，在（2021）京民终753号案中，广东省北京市第一中级人民法院一审认为，关于现金补偿与回购价款能否同时主张的问题，首先，《补充协议一》中，就现金补偿与回购价款能否同时主张未作明确约定，《补充协议一》以不同的条款对现金补偿和回购价款分别进行了约定，从文义解释的角度，无论是主张现金补偿还是回购价款，均是农业公司的权利，且双方未对两种权利进行排他性适用的约定，故一审法院认为，从双方约定角度出发，农业公司可同时主张现金补偿与回购价款。其次，在对赌商业架构中，现金补偿和股份回购均是双方当事人的自由约定结果，相关条款均合法有效，投资方可同时享有股权投资每年的收益保证和投资款本金的本息返还保证。本案中，由于2016年实现净利润明显低于承诺净利润，农业公司无法实现当年股东分红的收益，亦导致投资整体目的落空，其同时行使当年度的现金补偿和股份回购权利，亦无法理的障碍。最后，整体考量本案中农业公司投资款的回报率问题，综合投资年限，农业公司的年收益率在15%左右，不存在明显过高的情况。北京市高级人民法院亦认可一审法院前述观点，二审法院认为，《补充协议一》并未就现金补偿与回购价款能否同时主张进行约定，亦未对两种权利是否具有排他性进行约定，而是以不同的条款对回购价款和现金补偿分别进行了约定，且相互之间并不存在矛盾之处。故从合同文义解释的角度，无论是主张现金补偿，还是回购价款，均是农业公司的权利。

2. 司法裁判观点二：若交易文件体现的意思表示为业绩补偿与股权回购择一适用，或业绩补偿与股权回购为因果关系而非并列关系的，两者不可同时主张

亦有法院认为，若交易文件中明确约定业绩补偿与股权回购为择一关系，或者即使交易文件未明确约定两者的适用关系，但可以结合相关合同条款理解出两者并非并列关系的，则不可同时主张业绩补偿与股权回购。

例如，在（2021）粤01民终1354号案中，广东省广州市中级人民法院认

为,虽然协议中没有明确约定股份回购与现金补偿是二者择其一还是同时适用的关系,但从协议约定的股份回购价格以及现金补偿款的计算方式来看,股份回购价格是以国政二号企业的投资本金加持股时间,以每年 10% 的溢价进行计算,而现金补偿数额是以国政二号企业的投资金额、持股比例以及 W 环境 2015 年度的实际报表净利润、约定市盈率为基数进行计算。上述两种计算方式均体现了 W 环境达不到约定业绩数额时刘宇兵应对国政二号企业承担一定的补偿责任,在补偿数额计算上均带有一定的补偿及惩罚性质。此外,协议约定实际利润少于 6000 万元则触发股权回购条款,实际报表利润少于 8000 万元则触发现金补偿条款。根据触发条件内容、补偿计算方式,上述触发条件应理解为:当实际利润少于 6000 万元时,国政二号企业可要求刘宇兵回购股权或作出现金补偿;当实际利润在 6000 万元至 8000 万元之间时,国政二号企业只能要求刘宇兵作出现金补偿。即当实际利润少于 6000 万元时,回购股权与现金补偿属于二者择其一的关系。国政二号企业在《关于业绩补偿和现金补偿的函》《关于同意现金补偿款延期支付的复函》中均明确要求刘宇兵支付现金补偿款,不要求刘宇兵回购其所持 W 环境的股份,应视为其在 W 环境的实际报表利润少于 6000 万元的情况下,选择了现金补偿的方式而非股权回购的方式来弥补损失。综合上述分析,法院认定各方约定的股权回购与现金补偿方式之间的适用关系是二者择其一,国政二号企业已选择了现金补偿方式,并明确表示不要求刘宇兵回购其所持 W 环境股份,故其在本案中无权再请求股权回购款本金等。

又如,在(2021)粤 0113 民初 9418 号案中,广东省广州市番禺区人民法院认为,《叮咚网络投资协议书》明确将第 10.1 条第(4)款约定的标的公司、原股东、实际控制人未按约支付业绩补偿与第 10.1 条第(5)款约定的标的公司、原股东、实际控制人存在第 11.1 条约定的重大瑕疵情形并列,二者均属于股权回购成就的情形,即不支付业绩补偿是导致股权回购发生的情形之一,两者为因果关系,而非并列关系,L 能源在要求股权回购同时主张业绩补偿,不符合双方约定,法院对 L 能源的业绩补偿请求不予支持。

从上述案例可以看出,在司法审判实践中,关于业绩补偿与股权回购能否同时主张的问题,仍存在较大争议。针对此问题,结合实际处理的案件,笔者倾向于认为:相对而言,业绩补偿和股权回购在同一案件中不可同时得到支持的观点更为合理,更符合我国法律实践中的现状。这是因为:第一,从性质上看,业绩补偿款和股权回购款均具有因违约行为承担损害赔偿责任的性质,而我国法律体系下的违约责任具有补偿性而非惩罚性,同时适用业绩补偿和股权回购的话,投资方可能会超额受益,这显然与违约责任的补偿性相矛盾,不尽合理,亦失公平。第二,一般而言,业绩补偿的前提是投资方仍持有目标公司的股东身份,而股权回购的实质是投资方要退出目标公司,不再持有股东身份,两者亦存在一定矛盾。笔者将持续关注相关诉讼案件,梳理、汇总并更新司法裁判观点的走向。

思考和建议 ▶▶

基于对上述案例及司法裁判观点的分析和思考,为尽可能避免业绩承诺和对赌协议相关纠纷的不利影响、维护交易主体的合法利益,本专题提出以下建议:

首先,对于投资方而言,笔者建议:

1. 在投资前期,尽可能谨慎、全面、充分地对目标公司展开尽职调查,不应脱离目标公司的实际经营状况和真实价值,更不宜直接用业绩承诺和对赌协议替代尽职调查而作为投资定价的主要工具,以避免对赌失败的风险。

2. 谨慎选择对赌相对方,特别值得注意的是,投资方须审慎考虑避免与目标公司对赌,尽量选择与目标公司实际控制人和股东进行对赌。主要是因为在实践中投资方要求目标公司履行"对赌协议"需履行前置程序,在履行前置程序过程中可能遇到障碍,例如,若投资方主张目标公司回购股权,目标公司必须依法先完成减资程序,否则可能构成抽逃出资。若投资方主张目标公司进行金钱补偿的,目标公司进行相关利润分配亦须经股东会决议。相关减资程序和利润分配股东会决议的进行往往会遭遇较多障碍,难以顺利进行。

3. 在投资文件中,尽可能约定明确、清晰的业绩承诺和对赌条款;如有需要,建议一并明确约定关于目标公司在过渡期间内和对赌期限内的经营管理权等。并且,建议约定合理的违约责任,以尽可能得到法院的保护和支持。如有需要,违约责任的设定可以参照适用《民间借贷案件司法解释》中受保护的利率标准。

4. 在投资文件中,尽可能明确约定业绩补偿和股权回购同时适用的问题,例如,分别、并列地约定业绩补偿和股权回购,独立地设置业绩补偿和股权回购的相应触发条件、适用先后顺序等。如有需要,可以分别就业绩补偿事宜或股权回购事宜另行达成单独的、详细的补充协议。

5. 若一旦触发对赌条款,投资方应在约定期限或合理期限内,积极、及时地向回购义务方主张权利,以避免因自身懈怠而不受法律保护的风险。

其次,对于被投资方/目标公司实际控制人而言,笔者建议:

1. 在投资前,综合考虑整体经济环境、行业背景等因素,谨慎决策是否签订业绩承诺或对赌协议,尽量避免因无法控制的经济环境、行业因素等导致触发对赌条款。此外,还应充分考虑业绩承诺或对赌协议可能产生的影响,包括但不限于目标公司控制权的转移等。

2. 在投资文件中,应以目标公司的实际经营状况、盈利情况和真实价值为基础,与投资方协商设定合理的、具有可实现性的对赌业绩目标,将对赌业绩目标尽量控制在可承受的范围之内,避免因过高的对赌业绩目标而触发对赌条款。

3. 在投资文件中,应与投资方充分协商业绩承诺、对赌协议、经营管理权、投资方行权条件等核心条款,并尽可能确保被投资方对目标公司的控制权,尽量避免投资方进入后对被投资方的不利影响,以合理实现被投资方利益最大化。

4. 在投资方进入目标公司后,应尽可能按照交易文件中事先界定的权利范围行使经营管理权;如有需要,可以适当收集投资方侵害经营管理权、造成业绩承诺无法完成等相关证据。

5. 在投资文件中，尽可能明确约定业绩补偿和股权回购"只能择一适用""不能同时适用"等条款。如有需要，还可以明确约定在股权回购款中扣除投资方已经取得的业绩补偿、公司分红等。

相关规定 ▶▶

《九民纪要》

第二部分"关于公司纠纷案件的审理"之(一)关于"对赌协议"的效力及履行

实践中俗称的"对赌协议"，又称估值调整协议，是指投资方与融资方在达成股权性融资协议时，为解决交易双方对目标公司未来发展的不确定性、信息不对称以及代理成本而设计的包含了股权回购、金钱补偿等对未来目标公司的估值进行调整的协议。从订立"对赌协议"的主体来看，有投资方与目标公司的股东或者实际控制人"对赌"、投资方与目标公司"对赌"、投资方与目标公司的股东、目标公司"对赌"等形式。人民法院在审理"对赌协议"纠纷案件时，不仅应当适用合同法的相关规定，还应当适用公司法的相关规定；既要坚持鼓励投资方对实体企业特别是科技创新企业投资原则，从而在一定程度上缓解企业融资难问题，又要贯彻资本维持原则和保护债权人合法权益原则，依法平衡投资方、公司债权人、公司之间的利益。对于投资方与目标公司的股东或者实际控制人订立的"对赌协议"，如无其他无效事由，认定有效并支持实际履行，实践中并无争议。但投资方与目标公司订立的"对赌协议"是否有效以及能否实际履行，存在争议。对此，应当把握如下处理规则：

5.【与目标公司"对赌"】投资方与目标公司订立的"对赌协议"在不存在法定无效事由的情况下，目标公司仅以存在股权回购或者金钱补偿约定为由，主张"对赌协议"无效的，人民法院不予支持，但投资方主张实际履行的，人民法院应当审查是否符合公司法关于"股东不得抽逃出资"及股份回购的强制性规定，判决是否支持其诉讼请求。

投资方请求目标公司回购股权的,人民法院应当依据《公司法》第35条关于"股东不得抽逃出资"或者第142条关于股份回购的强制性规定进行审查。经审查,目标公司未完成减资程序的,人民法院应当驳回其诉讼请求。

投资方请求目标公司承担金钱补偿义务的,人民法院应当依据《公司法》第35条关于"股东不得抽逃出资"和第166条关于利润分配的强制性规定进行审查。经审查,目标公司没有利润或者虽有利润但不足以补偿投资方的,人民法院应当驳回或者部分支持其诉讼请求。今后目标公司有利润时,投资方还可以依据该事实另行提起诉讼。

《最高人民法院关于为深化新三板改革、设立北京证券交易所提供司法保障的若干意见》

9. ……在上市过程中,对于为获得融资而与投资方签订的"业绩对赌协议",如未明确约定公司非控股股东与控股股东或者实际控制人就业绩补偿承担连带责任的,对投资方要求非控股股东向其承担连带责任的诉讼请求,人民法院不予支持……

《公司法》

第三十五条　公司成立后,股东不得抽逃出资。

第一百六十六条　公司分配当年税后利润时,应当提取利润的百分之十列入公司法定公积金。公司法定公积金累计额为公司注册资本的百分之五十以上的,可以不再提取。

公司的法定公积金不足以弥补以前年度亏损的,在依照前款规定提取法定公积金之前,应当先用当年利润弥补亏损。

公司从税后利润中提取法定公积金后,经股东会或者股东大会决议,还可以从税后利润中提取任意公积金。

公司弥补亏损和提取公积金后所余税后利润,有限责任公司依照本法第三十四条的规定分配;股份有限公司按照股东持有的股份比例分配,但股份有限公司章程规定不按持股比例分配的除外。

股东会、股东大会或者董事会违反前款规定,在公司弥补亏损和提取法定公积金之前向股东分配利润的，股东必须将违反规定分配的利润退还公司。

公司持有的本公司股份不得分配利润。

四、与股权回购相关的争议

如前文所述，在并购及投融资交易安排中，股权回购是一种常见的保护投资方利益的约定，几乎已成为该等交易中必不可少的组成部分。在通常情况下，股权回购是在未能达到投资预期目标时触发的、由投资方按照事先约定收回投资款项的机制，在一定程度上亦具有“对赌”之性质。在实践中，虽有股权回购之约定，但也经常出现回购义务人拒绝履行甚至无力履行的情况。基于此，回购权利人与回购义务人之间往往会产生股权回购的相关争议。在该等争议中，股权回购条款的效力、股权回购权的法律性质、股权回购条件是否成就等问题，均是回购权利人和回购义务人双方博弈的重点。

在与股权回购有关的纠纷案件中，股权回购条款的效力认定问题、股权回购权的法律性质认定问题、股权回购条件是否成就的问题以及股权回购的行权期限计算问题等，成为值得关注的热点问题。

（一）股权回购条款的效力

在司法审判实践中，关于股权回购条款的效力，法院通常会从当事人意思表示是否真实，是否符合当事人的意思自治原则，内容是否违反《民法典》《公司法》及其他法律、行政法规的强制性、禁止性规定和公序良俗等方面进行综合审查。

例如，在（2021）鲁民终1746号案中，山东省高级人民法院认为，本案所涉《投资合作协议》《增资扩股协议书》是各方当事人真实性意思表示，协议内容不违反法律和行政法规的强制性规定和公序良俗，为合法有效的协议。J高新有权依照《投资合作协议》中的回购条款，要求F公司、H公司履行上述义务，支付股权回购价款。

又如，在（2021）粤01民初519号案中，广东省广州市中级人民法院认为,当事人签订了《股份回购协议书》及补充协议、《股份回购价款支付协议》等系列协议,对回购义务履行及价款支付进行具体约定,亦未违反法律法规的禁止性规定,是各方真实意思表示,均属有效。

再如,在(2020)闽01民初2626号案中,D公司主张案涉《回购协议》违反法律和行政法规强制性规定而无效,但福建省福州市中级人民法院认为,根据《中华人民共和国立法法》(根据2015年3月15日第十二届全国人民代表大会第三次会议《关于修改〈中华人民共和国立法法〉的决定》修正,以下简称《立法法》)第7条、第65条的规定,全国人民代表大会和全国人民代表大会常务委员会行使国家立法权;国务院根据宪法和法律,制定行政法规。D公司主张案涉《回购协议》违反的《全国中小企业股份转让系统股票交易规则》《全国中小企业股份转让系统挂牌公司股份特定事项协议转让细则》等规定,其法律性质并不属于《立法法》所规定的法律、行政法规范畴,相关规定亦不属于效力性强制性规范。而且,案涉《回购协议》价格不存在违背公序良俗及损害社会公共利益情形。故D公司主张案涉《回购协议》违反法律和行政法规强制性规定而无效的抗辩意见,于法无据,不予支持。

在判断股权回购条款效力问题时,需要特别注意的是,在国有企业资产处置的过程中,相关股权回购条款的生效与否须以国资监管机构审批为前提,在司法审判实践中仍存在较大争议。有法院认为,涉国有资产处置的股权回购条款的效力无须审批即可生效;但亦有法院则认为涉国有资产处置的股权回购条款必须经审批后才能生效。

在(2019)苏01民初1874号(一审)、(2020)苏民终153号(二审)及(2022)最高法民申232号(再审)案中,H中心与B公司(国有独资公司)、S公司(国有资本控股公司)以及目标公司等签订了《增资协议》,约定H中心认购目标公司增发的新股,该增资协议经江苏省国资委批准。同时,各方还签订了《备忘录》,作了股权回购的安排,即各方约定目标公司预计将于《备忘录》签署后3年内实现上市,如在《备忘录》签署3年后未实现上市,则H中心应将其持有的目标公司的全部股权转让给B公司和S公司。关于

《备忘录》所涉的该等股权回购事宜，江苏省南京市中级人民法院一审认为，案涉股权回购事宜属于法律、行政法规规定应当办理审批手续、登记等手续才生效的事宜，案涉股权回购事项因欠缺国有资产监督管理部门审批这一生效要件而未生效。主要理由如下：第一，根据《公司法》第 66 条、《中华人民共和国企业国有资产法》（2008 年 10 月 28 日第十一届全国人民代表大会常务委员会第五次会议通过，以下简称《企业国有资产法》）第 30 条、《企业国有资产监督管理暂行条例》第 21 条、第 24 条等规定，涉国有资产的相关重大交易，应经国有资产管理部门批准，合同才生效。第二，B 公司和 S 公司均为国有性质，应遵守相关国有资产管理的相关法律规范。H 中心作为投资方，对交易对象 B 公司、S 公司的国有企业性质应系明知，亦应知其受国资管理法律法规的约束。第三，《备忘录》所涉的股权回购本金为 6800 万元，属于应当由国有资产监督管理机构依法决定的重大事项，而案涉《备忘录》未经国有资产监督管理部门审批同意。但江苏省高级人民法院二审却认为，一方面，根据《公司法》第 66 条、《企业国有资产法》第 30 条和《企业国有资产监督管理暂行条例》第 21 条第 1 款、第 24 条均不能得出案涉股权回购事项应当经过审批的结论；另一方面，《企业国有资产法》第 30 条至第 32 条规定对国有独资企业、国有独资公司的哪些事项由国有资产监督管理机构决定，哪些事项由企业负责人集体讨论决定或董事会决定作了明确规定，依据上述法律规定，亦不能得出案涉股权回购事项应当经过审批的结论。因此，案涉《备忘录》不属于法律、行政法规规定应当办理批准、登记等手续才能生效的合同，其在《备忘录》约定的生效条件成就时即已生效，B 公司、S 公司应当依约履行支付股权回购款的义务。最高人民法院再审认为，案涉《备忘录》中并无关于股权回购协议需经审批的约定，且该回购协议与案涉《增资协议》系相同主体于同一天签署，对于《增资协议》明确约定需经审批生效，而《备忘录》未作需审批生效的相关约定，应认定《备忘录》无须经审批生效，系当事人自愿对协议效力所作出的安排。《企业国有资产法》第 30 条规定国家出资企业的合并、分立、增减注册资本、进行重大投资等重大事项，应遵守相关规定，不得损害出资人和债权人的权益，并无关于股权回购需经审批的规定。《企业国有资产监督管理暂行条例》第 23 条系关于国有股权转让的规定,若致使国家不再拥有控股地位的,须经政府批准;第 21 条、第 24 条等规定情形,均无股权回购须经批准的规定。《备忘录》约定关于股权回购问题,在相关法律、行政法规未作出强制性规定时,各方当事人约定签署及《增资协议》经审批生效后发生效力,属当事人对股权回购协议效力的真实意思表示。

从上述案例一审法院与二审法院、再审法院作出的截然相反的司法裁判观点可以看出,司法审判实践对于涉国有资产处置的股权回购条款是否须经审批而生效尚未形成统一的认识,这也是我们需要持续且进一步关注的热点问题。对此问题,结合实际处理的案件,笔者倾向于认为:涉国有资产处置的股权回购条款无须经审批即可生效。一方面,从股权回购权的性质来讲(详见下文所述),在司法审判实践中,多数法院认为,股权回购权属于债权请求权,而债权请求权的行使理应无须审批;另一方面,从国有资产处置中股权回购条款的特殊性来看,该类股权回购条款是对国有资产交易的回转,根本目的是保障国有资产的不减值、不流失,这完全符合我国《企业国有资产法》"加强对国有资产的保护"的立法本意。若机械地认为该类股权回购条款须经审批才能生效,可能反而会导致国有资产流失,显然严重背离《企业国有资产法》"保障国有资产不流失"的立法初衷。

(二)股权回购权的法律性质

对于股权回购权的法律性质,在司法审判实践中存在两种不同观点:一是认为股权回购权属于债权请求权,其行权受诉讼时效的约束;二是认为股权回购权属于形成权,其行权需要受除斥期间的约束。

1. 多数司法裁判观点认为:股权回购权系债权请求权,应受到诉讼时效的约束。股权回购权系债权请求权的观点是目前司法审判实践中的主流。若认定为债权请求权,投资方请求回购义务人履行股权回购义务应适用《民法典》第 188 条关于诉讼时效之规定。

例如,在(2020)沪民再 29 号案中,上海市高级人民法院即认为涉案回购条款所涉股权回购请求权系附条件请求权。

2. 少数司法裁判观点认为:股权回购权系形成权,应受除斥期间的约束。在司法审判实践中,亦有少数法院认为股权回购权系形成权。若认定为形成权,投资方请求回购义务人履行股权回购义务应适用《民法典》第564条关于除斥期间之规定。

例如,在(2020)赣01民初727号案中,江西省南昌市中级人民法院认为,根据案涉《利润补偿协议》的约定,在科技公司2018年业绩未达标的情形下,G公司有权选择以现金补偿、股权补偿、股权回购等任一方式要求业绩承诺人进行补偿。由此可见,此时系G公司的单方意思表示决定是否发生回购,G公司的回购请求权系形成权。因此,在G公司通知对方回购之日,双方之间即产生与回购相关的权利义务,此时回购价款即应确定。

(三)股权回购条件是否成就

在司法审判实践中,关于股权回购条件是否成就,各地法院通常会结合交易文件的签订背景、交易文件中关于股权回购条件以及其他条款的约定、交易主体履行合同相关条款约定义务的具体情况等进行综合判断。

常见的股权回购条件成就情形包括:目标公司在约定期限内未完成业绩指标、目标公司在约定期限内未完成并购计划、目标公司在约定期限内未上市、目标公司或创始股东发生重大违约情形等。

例如,在(2020)最高法民申5507号案中,最高人民法院认为,F公司提交的《资产负债表》及《利润表》显示2016年净利润为1500万元,已低于承诺数的60%。D会计师事务所接受多家公司共同委托出具的《F公司财务尽职调查报告》载明,F公司2016年度基本无业务收入,F公司表明的2016年度收入基本无真实交易背景,从而认定2016年度未分配利润、所有者权益、负债等均低于《资产负债表》所列数据。F公司于2018年9月进入破产清算程序。据此,原审法院认定F公司2016年度实际净利润数低于承诺数的60%,股权回购条件已成就,理据充足,并无不当。

又如,在(2022)浙0203民初778号案中,浙江省宁波市海曙区人民法院认为,根据X控股公司与浙江Z投资管理有限公司及目标公司浙江H投资股份有限公司签订的《股权转让协议》之约定,目标公司未能实现案涉合同约定的经营及利润目标,案涉合同约定的股权回购条件已经成就。

再如,在(2021)粤01民终18295号案中,广东省广州市中级人民法院认为,关于回购事件是否已成就的问题,自L公司支付完毕投资款1500万元至L公司提起本诉,自交割日起计算已满5年,W公司未能实现上市或并购,故投资协议所约定的回购条件已经成就。

另如,在(2020)沪民再29号案中,上海市高级人民法院认为,涉案回购条款所涉股权回购请求权的行权条件包括"2016年6月30日"与"不能挂牌"两个要素。Z环保未于2016年6月30日挂牌时,涉案回购条款约定之股权回购条件已成就,K公司有权行使股权回购请求权。

此外,特别值得注意的是,在股权回购条件是否成就的相关诉讼中,回购义务人往往可能会以构成情势变更、受不可抗力影响(如受新冠疫情影响等)或者股权回购条件之所以成就系因回购权利人的行为或过错(如因投资方对目标公司经营管理的过度干预,导致被投资方无法按约经营掌控目标公司,因而触发股权回购条件等)等理由提出抗辩,进而基于此主张对相关回购义务予以全部或部分的调整或豁免。对此,法院通常会结合目标公司所处的市场环境、政策情况、行业性质、经营情况以及盈利模式等因素,从情势变更和不可抗力之构成要件是否满足、回购权利人的行为和过错是否存在、相应事件是否与股权回购条件成就存在因果关系以及是否符合公平原则等方面,综合判断是否应该调整或豁免相应股权回购义务。

(四)股权回购权的行权期限

1. 对于股权回购权的行权期限,司法审判实践中的多数观点认为:如未明确约定回购行权期限的,可在合理期限内随时要求原股东回购股权。例如,在(2020)皖民再215号案中,安徽省高级人民法院认为,案涉股权回购协议对H科技要求N集团回购目标公司股权并未约定履行期限,根据《合同法》"履行期限不明确的,债务人可以随时履行,债权人也可以随时请求履行,但应当给对方必要的准备时间"的规定,H科技在给N集团留出必要准备时间的情况下,可以随时要求履行。本案不存有H科技对N集团所享有的股权回购请求权超过期限或时效的法律问题。因此,其该项权利并不因股权回购条件成就6年内未行使而归于消灭。此外,民事权利的放弃须作出明示意思表示,默示意思表示只可在法律有明确规定及当事人有特别约定的情况下才能发生法律效力。在既无明确约定又无法律特别规定的情况下,不宜推定当事人对权利的放弃。H科技公司对N集团公司所享有的股权回购请求权既未消灭,也未放弃,其在本案中的诉讼请求应予支持。

2. 也有法院认为,在合同对股权回购请求权的行权期限未予明确的情况下,股权回购请求权的行使是否应受合理行权期限限制,还需结合合同目的、回购条款的内容与性质、合同履行情况、市场变化与股价波动情况等因素进行综合判断与确定。

例如,在(2020)沪民再29号案中,上海市高级人民法院认为,涉案回购条款在本质上应属挂牌对赌,其约定目的在于保证J公司在Z环保未能挂牌情况下的退出途径,而该条款约定的具体挂牌时间赋予了J公司在Z环保未能挂牌情况下行使股权回购请求权的时间起算效力。涉案回购条款所涉股权回购请求权的行权期限应受其行权条件持续时间的限制,其行权条件包括"2016年6月30日"与"不能挂牌"两个要素。Z环保未于2016年6月30日挂牌时,涉案回购条款约定之股权回购条件已成就,J公司有权行使股权回购请求权;但Z环保在延期一个多月后挂牌,未造成J公司实际损失,J公司投资Z环保的合同目的已实现,涉案回购条款中"不能挂牌"这一行权条件已消失。故至Z环保挂牌时,J公司的股权回购请求权即丧失。

思考和建议

基于对上述案例及司法裁判观点的分析和思考,为尽可能避免股权回购相关纠纷的不利影响、维护交易主体的合法利益,本专题对于并购及投融资中的交易各方提出以下建议,在上文“与业绩承诺和对赌协议相关的争议”部分已经提出的同类建议,这里不再赘述:

首先,对于投资方及回购权利人而言,笔者建议:

1. 在投资前,投资方应根据实际情况,审慎选择股权回购主体。

2. 在投资文件中,投资方应尽可能明确、清晰约定股权回购时点、回购价格计算办法、条款适用方式、行权限制条件等重点条款,尽量避免使用含混不清或容易产生歧义的词语,并且应合理约定违反股权回购条款的违约金数额或参照适用的利率标准,以争取尽可能得到法院的保护和支持。

3. 投资后若引发股权回购纠纷,投资方应积极、及时向义务方主张权利,特别是在案涉协议已约定行权期限的情形下,以避免因超期行权而丧失要求回购的权利。若交易双方未明确约定权利主张期限的,投资方也应在合理期限内积极及时行使权利,以免引致法院关注投资方是否存在怠于行使权利的问题,甚至进而影响法院对于投资方行使回购权的支持。此外,投资方亦应关注股权回购条件成就是否受不可抗力的影响、是否构成情势变更,并注意收集、留存相关反向证据(如目标公司在新冠疫情期间并未实际停产的证明、收到的复工通知等)。

其次,对于被投资方及回购义务人而言,笔者建议:

1. 在投资前以及磋商过程中,被投资方及回购义务人应综合考虑整体经济环境、行业背景等因素,并结合目标公司的实际经营状况、盈利情况和真实价值,谨慎决策是否签订股权回购条款。

2. 在投资文件中,建议被投资方及回购义务人明确约定回购权行权期限,避免使用模糊表述,以便在后续争议发生时可以以超期行权作为抗辩理由之一。

3. 投资后触发股权回购条件的,被投资方及回购义务人应关注股权回购条件成就是否受不可抗力的影响、是否构成情势变更、投资方对于股权回购条件成就是否存在过错或违约情形(如投资方过度干预目标公司经营管理等)、是否可以以此主张被投资方及回购义务人免除或者减轻回购义务,并注意积极收集、留存相关证据(如目标公司在新冠疫情期间的财务数据、因新冠疫情收到的停工通知以及造成的实际损失等)。此外,如发生股权回购纠纷,还可以关注投资方是否存在主张回购权利时已超过诉讼时效期间的情形。

相关规定 ▶▶

《公司法》

第一百四十二条第一款　公司不得收购本公司股份。但是,有下列情形之一的除外:

(一)减少公司注册资本;

(二)与持有本公司股份的其他公司合并;

(三)将股份用于员工持股计划或者股权激励;

(四)股东因对股东大会作出的公司合并、分立决议持异议,要求公司收购其股份;

(五)将股份用于转换上市公司发行的可转换为股票的公司债券;

(六)上市公司为维护公司价值及股东权益所必需。

《民法典》

第一百八十条　因不可抗力不能履行民事义务的,不承担民事责任。法律另有规定的,依照其规定。

不可抗力是不能预见、不能避免且不能克服的客观情况。

第一百八十八条　向人民法院请求保护民事权利的诉讼时效期间为三年。法律另有规定的,依照其规定。

诉讼时效期间自权利人知道或者应当知道权利受到损害以及义务人之

日起计算。法律另有规定的,依照其规定。但是,自权利受到损害之日起超过二十年的,人民法院不予保护,有特殊情况的,人民法院可以根据权利人的申请决定延长。

第五百一十一条　当事人就有关合同内容约定不明确,依据前条规定仍不能确定的,适用下列规定:

……

(四)履行期限不明确的,债务人可以随时履行,债权人也可以随时请求履行,但是应当给对方必要的准备时间。

……

第五百三十三条　合同成立后,合同的基础条件发生了当事人在订立合同时无法预见的、不属于商业风险的重大变化,继续履行合同对于当事人一方明显不公平的,受不利影响的当事人可以与对方重新协商;在合理期限内协商不成的,当事人可以请求人民法院或者仲裁机构变更或者解除合同。

人民法院或者仲裁机构应当结合案件的实际情况,根据公平原则变更或者解除合同。

第五百六十四条　法律规定或者当事人约定解除权行使期限,期限届满当事人不行使的,该权利消灭。

法律没有规定或者当事人没有约定解除权行使期限,自解除权人知道或者应当知道解除事由之日起一年内不行使,或者经对方催告后在合理期限内不行使的,该权利消灭。

五、与保底承诺相关的争议:上市公司定向增发中保底承诺条款的效力

在并购以及投融资的交易中,被投资方是否会实现预期盈利具有极大的不确定性和不可预测性。投资方为维护自身利益、降低交易风险,往往会在交易文件中提前安排一系列保护投资方利益的条款,即无论本次交易是否盈利,投资方均享有一定基本收益的条款,具体形式如“保底收益”“固定收益”“预期收益差额补足”等,该等保底条款统称为“保底承诺”。

保底承诺的特征主要有以下两点:(1)收益和风险的确定性。保底承诺实质上体现了交易各方事先对交易收益和风险的一种确定性的分配。(2)表现形式多样性。保底承诺的表现形式极其丰富,包括但不限于"保底收益""固定收益""预期收益差额补足"等。

关于保底承诺的类型,法学界普遍根据保底的范围与风险的大小,将保底承诺划分为固定回报型、最低回报型、不受损失型、填补损失型。[①] 固定回报型保底承诺,一般指的是交易各方在交易文件中约定,无论本次交易是否盈利,被投资方均应按约定向投资方支付固定回报。最低回报型保底承诺,一般指的是交易各方在交易文件中约定,无论本次交易是否盈利,被投资方应保证投资方至少可以获得固定回报;但如果本次交易的盈利超过约定的固定汇报,则应按各方约定进行收益分配。不受损失型保底承诺,一般指的是交易各方在交易文件中约定,若投资方因本次交易遭受损失,则应由被投资方按约定保证投资方的本金不受损失。但如果本次交易获得收益,则应按各方约定进行收益分配。填补损失型保底承诺,一般指的是交易各方在交易文件中约定,若投资方因本次交易遭受损失,则应由交易各方按约定分摊相应损失。[②]

由于保底承诺在某种程度上违背了商事交易的天然风险性,因此,关于保底承诺的效力一直以来存在极大的争议。

1. 从学理层面来看,对于保底承诺的效力问题,学界大体有以下两种截然不同的观点:

(1)保底承诺有效论。其主要理由如下:第一,保底承诺属于当事人意思自治,理应受到尊重和保护。在商事交易中,约定保底承诺的主体往往属于法律地位平等、具有一定专业经验的理性商事主体。交易各方关于保底承诺的约定属于当事人真实意思表示,理应受到保护。第二,保底承诺符合诚实信用原则。商事交易中,保底承诺有利于防止被投资方恶意亏损等道

① 参见吴庆宝主编:《最高人民法院专家法官阐释民商裁判疑难问题》,中国法制出版社 2013 年版。

② 参见程学满:《委托理财合同中保底条款效力研究》,浙江大学 2018 年硕士学位论文。

德风险,有利于监督作出保底承诺一方履行勤勉尽职义务,符合诚实信用原则。

(2)保底承诺无效论。其主要理由如下:第一,保底承诺违反了公平原则。在商事交易中,投资收益和投资风险应是共存的,然而,保底承诺在某种程度上属于"稳赚不赔",相当于通过提前约定将投资方的全部风险转移给被投资方,投资方不用承担风险却仍然能够获得收益,违反了公平原则。第二,保底承诺违反了相关规定。保底承诺违反了《证券发行与承销管理办法(2023 年修订)》、《上市公司证券发行注册管理办法》等规定。保底承诺在一定程度上将商事领域的高风险全部转移给了被投资方,违背了商事交易基础准则和基本经济规律。

2. 从相关规定(包括但不限于法律法规、行政规章、司法文件、监管意见以及行业规范等)来看,近年来出台的大量文件限制甚至否定"保底承诺"的效力,特别是上市公司定向增发领域的保底承诺。如《证券发行与承销管理办法(2023 年修订)》第 27 条明确规定了发行人和承销商及相关人员不得直接或通过其利益相关方向参与认购的投资者提供财务资助或者补偿。而《上市公司证券发行注册管理办法》第 66 条明确规定,向特定对象发行证券,上市公司及其控股股东、实际控制人、主要股东不得向发行对象做出保底保收益或者变相保底保收益承诺,也不得直接或者通过利益相关方向发行对象提供财务资助或者其他补偿。2022 年 6 月 23 日最高人民法院发布的《关于为深化新三板改革、设立北京证券交易所提供司法保障的若干意见》(法发〔2022〕17 号,下称《保障意见》)第 9 条则进一步规定规定,在上市公司定向增发等再融资过程中,对于投资方利用优势地位与上市公司及其控股股东、实际控制人或者主要股东订立的"定增保底"性质条款,因其赋予了投资方优越于其他同种类股东的保证收益特殊权利,变相推高了中小企业融资成本,违反了《证券法》公平原则和相关监管规定,人民法院应依法认定该条款无效。

3. 但从司法审判实践层面来看,在《保障意见》等规定出台之前,法院并未因此前的规定而当然地认定上市公司定向增发中的"保底承诺"无效,反而倾向于结合承诺是否出于当事人的意思自治、是否违反法律及行政法规的强制性规定、是否违反社会公共利益、是否损害金融市场的风险防范等因素具体判断"保底承诺"的效力。《保障意见》的首段明确该意见系为了指导"人民法院正确审理新三板挂牌公司、北京证券交易所上市公司相关案件等问题",但该文件中的各项意见亦可能在审判实践中被扩及适用于其他上市板块的上市公司,后续各级法院是否会对现行各上市板块的上市公司定向增发中的"保底承诺"的效力进行不同的认定,仍有待进一步的关注和研究。

在与保底承诺有关的纠纷案件中,上市公司定向增发中的保底承诺条款效力如何认定的问题,成为值得关注的热点问题。

上市公司定向增发中的保底承诺,一般指的是上市公司向少数特定投资者不公开发行股份的过程中,由上市公司股东或实际控制人向投资方保证其投资本金不受损失或保证其获取最低收益的承诺。

如前所述,关于上市公司定向增发中保底承诺条款的效力,从监管层面来看,《上市公司证券发行注册管理办法》第 66 条明确禁止上市公司及其控股股东、实际控制人、主要股东向发行对象作出保底保收益或变相保底保收益承诺。从司法文件来看,《保障意见》第 9 条规定,在上市公司定向增发等再融资过程中,对于投资方利用优势地位与上市公司及其控股股东、实际控制人或者主要股东订立的"定增保底"性质条款,违反了《证券法》公平原则和相关监管规定,人民法院应依法认定该条款无效。但该意见系近日发布,暂无相关司法审判实践。而在截至目前的司法审判实践中,多数法院并未因此前监管规定而认定上市公司定向增发中保底承诺当然无效,仅有少数法院认定上市公司定向增发中保底承诺无效。

1. 大多数司法裁判观点认为:"上市公司定向增发中保底承诺"系当事人真实意思表示,内容不违反法律、行政法规的禁止性规定,未明显增加市场风险、破坏市场稳定性,亦未损害第三人的利益,应认定为有效。

例如,在(2021)最高法民申 2922 号案中,最高人民法院认为,判断案涉《差额补足协议》是否有效,应衡量该《差额补足协议》内容是否违反了《证券法》的禁止性规定,而构成了操纵、影响或者扰乱证券交易市场的情形。《证券法》第 55 条第 1 款规定:“禁止任何人以下列手段操纵证券市场,影响或者意图影响证券交易价格或者证券交易量:(一)单独或者通过合谋,集中资金优势、持股优势或者利用信息优势联合或者连续买卖;(二)与他人串通,以事先约定的时间、价格和方式相互进行证券交易;(三)在自己实际控制的账户之间进行证券交易;(四)不以成交为目的,频繁或者大量申报并撤销申报;(五)利用虚假或者不确定的重大信息,诱导投资者进行证券交易;(六)对证券、发行人公开作出评价、预测或者投资建议,并进行反向证券交易;(七)利用在其他相关市场的活动操纵证券市场;(八)操纵证券市场的其他手段。”案涉《差额补足协议》系合同各方对 D 精工股票未来价值作出商业判断后进行的风险以及收益的预先分配,协议中并无《证券法》禁止实施的操纵市场的情形。双方当事人通过《差额补足协议》最终投资的股票为上市公司 D 精工定向增发的股票,而非已经在二级市场上自由流通的股票。该定向增发的股票具有较长的交易锁定期,且锁定期满后上市交易还需遵守中国证监会以及证券交易所的相关规定,一般不会造成股价的大幅波动从而危害金融秩序。《差额补足协议》中既有对袁某投资风险的保障承诺,也有李某、董某对超过年化 10% 部分的投资收益分得 20% 的约定,该协议符合正常的商业逻辑,并非含有博彩性质的赌博行为,也不违反证券交易风险自负的原则。该《差额补足协议》系双方当事人的真实意思表示,虽然协议约定李某、董某以 1 亿元为限对袁某未能实现的收益或者产生的亏损承担担保责任,但该担保责任系李某、董某一方的主要合同义务,并非法律规定的具有从属性质的担保责任,李某主张的因不存在主债权债务关系而应认定该担保责任为无效的申请理由不能成立,案涉《差额补足协议》应认定为合法有效,合同当事人均应信守合同义务。

又如,在(2021)最高法民申 4844 号案中,最高人民法院认为,《上市公司非公开发行股票实施细则(2020 年修正)》(已于 2023 年 2 月 17 日废止)第 29 条虽然禁止相关主体作出保底保收益承诺,但上述规定属于部门规章,且案涉《合作协议》系王某、D 投资公司作为 D 润达公司的法定代表人和股东,为自身利益及上市公司的经营发展,吸引资金投入而与 H 信托公司签订的协议，因提供保底收益的义务主体是王某、D投资公司而非上市公司D润达公司本身，故无证据证明《合作协议》损害了上市公司其他股东的利益和社会公共利益、明显扰乱金融安全和市场秩序。最高人民法院基于此认定案涉《合作协议》有效。

再如，在(2021)豫民终123号案中，河南省高级人民法院认为，《股权投资协议书》《股份转让协议》系目标公司股东及利益相关方对投资者的本金安全及最低收益承诺，是各方当事人的真实意思表示，保底收益并不损害上市公司S电气公司本身及其他股东和债权人的利益，没有充分证据证明明显增加了证券市场的风险，不违反法律、行政法规的强制性规定。合同应认定合法有效，各方当事人均应按照约定完全履行各自义务。

另如，在(2021)京民终292号、(2021)京民终205号、(2021)京民终211号等案中，北京市第二中级人民法院一审认为，方某等人与W集团所签订的《认购协议书》系双方当事人的真实意思表示，且内容不违反法律、行政法规的强制性规定，应认定为有效。双方当事人均应依约履行各自义务。W集团主张《认购协议书》的性质实为定增保底协议，该保底条款违反了《公司法》《证券法》《证券发行与承销管理办法》等的相关规定，应认定为无效。但一审法院认为，W集团主张《认购协议书》无效所依据的规定，不能认定系效力性强制性规定，且部分规定也并非全国人大及其常务委员会制定的法律和国务院制定的行政法规，故一审法院对W集团关于涉案《认购协议书》无效的抗辩主张，不予支持。北京市高级人民法院二审同样认为，根据《认购协议书》的约定，投资方认购W食品公司非公开发行的股票，W集团为投资方的认购本金及收益进行保证。上述交易方式是各方当事人自愿对资金融入、退出、补偿等事宜作出的安排，是当事人真实意思表示，内容不违反法律、行政法规的禁止性规定，未明显增加市场风险、破坏市场稳定性，且无证据证明W集团对投资方的补偿承诺损害了债权人及社会公共利益。基于此，北京市第二中级人民法院认定案涉《认购协议书》有效。

2. 也有少数司法裁判观点认为“上市公司定向增发中保底承诺”无效。在司法审判实践中，仅有极少数法院认定上市公司定向增发中保底承诺无效。在（2014）浙杭商初字第46号案中，浙江省杭州市中级人民法院认为，协议签订处于N集团公司第一次定向增发限售期届满、第二次定向增发筹划期间，N集团公司要求沈某持续买入N股票以拉升股价，从而使N集团公司能以较高的股价进行第二次定向增发的行为涉及操纵证券市场，扰乱证券市场秩序，侵害投资者的合法权益，应认定为无效。即便是在该案例中，法院亦并非简单将保底承诺认定为无效，保底承诺被认定为无效的原因主要是该案中存在N集团公司以该保底承诺要求沈利祥持续买入N股票以拉升股价，操纵证券市场的行为。

从上述案例可以看出，在司法审判实践中，在《保障意见》出台之前，法院并未当然认定上市公司定向增发中的"保底承诺"无效，反而倾向于结合承诺是否出于当事人的意思自治、是否违反法律及行政法规的强制性规定、是否违反社会公共利益、是否损害金融市场的风险防范等因素综合判断。然而，在《保障意见》出台以后，笔者倾向于认为，各地法院会根据最高人民法院的意见，将投资方利用优势地位与上市公司及其控股股东、实际控制人或者主要股东订立的"定增保底"性质条款认定为无效。但值得注意的是，该意见第9条仅规定了投资方利用优势地位订立的"定增保底"性质条款的情形，并未规定上市公司及其控股股东、实际控制人或者主要股东为吸引投资方而主动为其提供定增保底承诺的情形，而该等情形下的保底承诺的效力应如何认定，仍有待进一步的观察。笔者将持续关注相关诉讼案件，梳理、汇总并更新司法裁判观点的走向。

思考和建议

基于对上述案例及司法裁判观点的分析和思考，为尽可能避免保底承诺相关纠纷的不利影响、维护交易主体的合法利益，本专题对于并购及投融资中的交易各方提出以下建议：

首先，对于投资方而言，笔者建议：

1. 在投资过程中，投资方应当明确、清晰地认识投资风险，合理、全面地评判投资风险。投资方应当尽可能采取合理、必要手段做好调查工作，以期全面准确掌握目标公司的真实经营状况和财务状况，以合理评估目标公司的偿付能力。特别值得注意的是，对于交易对方提供的各种类型的保底承诺，投资方应避免轻信。

2. 在投资文件中，投资方应当尽可能避免交易对方提供的保底承诺被认定为无效的风险。在判断保底承诺的效力时，应当注意识别保底承诺是否属于当事人的真实意思表示，是否违反效力性强制性规定，是否违反法律规定中的效力性规范，是否违背了诚实信用原则、公序良俗原则，是否损害社会公共利益，以及是否违背了公司章程等。

3. 在投资过程中，投资方应注意收集并留存交易对方提供的各种类型的保底承诺相关的书面证据，以尽可能在发生纠纷后维护合法权益。

4. 一旦引发保底承诺纠纷，投资方应积极、及时向保底承诺提供方主张权利。

其次，对于被投资方（保底承诺提供方）而言，笔者建议：

1. 在投资的整个过程中，被投资方应合法合规地披露交易风险。

2. 被投资方应严格遵循相关法律法规以及监管文件的规定，尽可能避免为投资方直接提供或变相提供违法违规的保底承诺，以免遭受监管机构的行政处罚、承担相应民事责任等。

3. 被投资方应综合考虑整体经济环境、行业背景以及目标公司的实际经营状况、盈利情况和真实价值，审慎决策是否提供保底承诺、如何设定合理的保底承诺，将保底承诺尽量控制在可承受的范围之内，尽量避免对本方的不利影响，以实现本方利益最大化。

相关规定 ▶▶

《最高人民法院关于为深化新三板改革、设立北京证券交易所提供司法保障的若干意见》

9. ……在上市公司定向增发等再融资过程中，对于投资方利用优势地位与上市公司及其控股股东、实际控制人或者主要股东订立的“定增保底”性质条款,因其赋予了投资方优越于其他同种类股东的保证收益特殊权利,变相推高了中小企业融资成本,违反了证券法公平原则和相关监管规定,人民法院应依法认定该条款无效。为降低中小企业上市成本,对于证券中介机构以其与发行人及其控股股东、实际控制人等在上市保荐、承销协议、持续督导等相关协议中存在约定为由,请求补偿其因发行人虚假陈述所承担的赔偿责任的,人民法院不予支持。

《上市公司证券发行注册管理办法》

第六十六条　向特定对象发行证券,上市公司及其控股股东、实际控制人、主要股东不得向发行对象做出保底保收益或者变相保底保收益承诺,也不得直接或者通过利益相关方向发行对象提供财务资助或者其他补偿。

《证券发行与承销管理办法(2023 年修订)》

第三十八条　上市公司向特定对象发行证券的,上市公司及其控股股东、实际控制人、主要股东不得向发行对象做出保底保收益或者变相保底保收益承诺,也不得直接或者通过利益相关方向发行对象提供财务资助或者其他补偿。

《九民纪要》

91.【增信文件的性质】信托合同之外的当事人提供第三方差额补足、代为履行到期回购义务、流动性支持等类似承诺文件作为增信措施,其内容符合法律关于保证的规定的,人民法院应当认定当事人之间成立保证合同关系。其内容不符合法律关于保证的规定的,依据承诺文件的具体内容确定相应的权利义务关系,并根据案件事实情况确定相应的民事责任。

结　语

从与上市公司并购及投融资争议相关的诉讼案件所反映的司法审判实践来看,随着上市公司并购及投融资行为的迅速发展和变化,各地法院裁判观点亦随之发展,并在大多数热点问题上逐渐形成较为统一的认识。例如,就如何认定“名股实债”的性质而言,目前法院通常会根据合同条款所反映的当事人真实意思、真实目的、实际权利义务关系以及合同履行情况等因素进行综合判断。就如何审查“对赌协议”的效力而言，法院不再采取“一刀切”的态度，而是根据对赌主体的不同而就对赌协议的效力进行区别审查。但仍有部分问题在司法审判实践中存在较大争议、尚未形成统一的裁判思路，如关于业绩补偿与股权回购能否同时主张、涉国有资产处置的股权回购条款未经审批是否有效等；亦有部分问题可能会在审判实践中发生较大变化，如在上市公司定向增发中投资方利用优势地位签订的保底承诺和上市公司及其控股股东、实际控制人或者主要股东为吸引投资方而主动提供的保底承诺的效力应如何认定等。以上问题均有待于持续地关注和研究。

由于并购及投融资的方式及工具在不断地发展和变化，上市公司并购及投融资领域也会不断地出现新的前沿性问题。随着证券市场进入强监管时代，上市公司并购及投融资的活动亦将面临更为严格的合法、合规性要求。为更好地应对相应发展和变化，笔者将持续关注上市公司与并购及投融资争议相关的诉讼案件，梳理并研析其中的热点问题以及司法裁判观点，为交易各方就有关上市公司并购及投融资所引发的纠纷提供参考，以期合理避免风险、妥善解决争议。

专题四

涉上市公司控制权变更争议

国浩律师（上海）事务所 周喆人 蔡 晖 黄佳楠

根据《中华人民共和国公司法》（根据2018年10月26日第十三届全国人民代表大会常务委员会第六次会议《关于修改〈中华人民共和国公司法〉的决定》第四次修正，以下简称《公司法》）第120条的规定，上市公司是指其股票在证券交易所上市交易的股份有限公司。本专题主要以股票在沪深股市发行、上市并交易的公司为样本，以近年来这些公司与控制权变更相关的诉讼为关注重点，对其中的热点问题进行梳理和汇总。本专题中，上市公司控股子公司、全国中小企业股份转让系统挂牌公司与控制权变更相关的诉讼亦有所涉及。

上市公司控制权变更在近年来整体较为活跃，涉及的变更方式多样。从案例检索和分析研究的结果来看，近年来与上市公司控制权变更相关的主要争议类型集中在与股份转让或增持有关的纠纷、与股份代持有关的纠纷、与表决权委托有关的纠纷、公司决议纠纷和公司证照返还纠纷等方面。《中华人民共和国证券法》（由中华人民共和国第十三届全国人民代表大会常务委员会第十五次会议于2019年12月28日修订通过，同日公布，自2020年3月1日起施行，以下简称《证券法》）的修订以及证券监管措施的不断加强对上市公司控制权变更过程中的各方主体提出了更为严格的注意义务和信息披露要求。在司法审判实践中，违反信息披露、要约收购等规则是否影响股份转让协议效力，违规增持股份所对应的表决权是否受到限制，以及上市公司股份代持协议的效力及协议无效的后果，成为与股份有关的纠纷中引起关注的热点问题；随着表决权委托越来越多地应用，当事人之间能否通过约定排除对表决权委托事项的任意解除权成为与表决权委托有关的纠纷的热点问题；与上市公司决议效力有关的纠纷中，程序瑕疵对公司决议效力的影响以及公司决议对股东表决权进行限制的效力值得关注；就公司证照返还纠纷而言，地域管辖如何确定以及公司未能实际占有公章情况下提起公司证照返还诉讼的主体问题，成为该类诉讼中值得关注的热点问题。此外，当上市公司控制权争夺上升到诉讼层面时，各方提起的行为保全申请也值得关注。

第一章　概　　述

一、上市公司控制权的定义

根据《公司法》第216条第3项和《上海证券交易所股票上市规则(2023年2月修订)》(上证发〔2023〕31号)第15.1条第6项、《深圳证券交易所股票上市规则(2023年修订)》(深证上〔2023〕92号)第15.1条第4项、《北京证券交易所股票上市规则(试行)》(北证公告〔2021〕13号)对于"实际控制人"的定义[①],能够通过投资关系、协议或者其他安排实际支配公司行为的自然人、法人或者其他组织,为公司的实际控制人。通常认为,前述实际控制人所拥有的"实际支配公司行为"的权力即为公司的控制权。

对于上市公司而言,《上市公司收购管理办法》(2020年3月修正)第84条对上市公司的控制权进行了梳理和规定:"有下列情形之一的,为拥有上市公司控制权:(一)投资者为上市公司持股50%以上的控股股东;(二)投资者可以实际支配上市公司股份表决权超过30%;(三)投资者通过实际支配上市公司股份表决权能够决定公司董事会半数以上成员选任;(四)投资者依其可实际支配的上市公司股份表决权足以对公司股东大会的决议产生重大影响;(五)中国证监会认定的其他情形。"此外,根据中国证券监督管理委员会(以下简称中国证监会)公布的《〈首次公开发行股票注册管理办法〉第十二条、第十三条、第三十一条、第四十四条、第四十五条和〈公开发行证券

---

① 《公司法》第216条第3项规定,实际控制人,是指"虽不是公司的股东,但通过投资关系、协议或者其他安排,能够实际支配公司行为的人"。全国人民代表大会常务委员会于2021年12月24日公布的《中华人民共和国公司法(修订草案)》第259条第3项对于实际控制人的定义在此基础上已将"虽不是公司的股东"这一限定删除。

的公司信息披露内容与格式准则第57号——招股说明书〉第七条有关规定的适用意见——证券期货法律适用意见第17号》，“发行人不存在拥有公司控制权的主体或者公司控制权的归属难以判断，如果符合以下情形，可视为公司控制权没有发生变更：1. 发行人的股权及控制结构、经营管理层和主营业务在首发前三十六个月（主板）或者二十四个月（科创板、创业板）内没有发生重大变化；2. 发行人的股权及控制结构不影响公司治理有效性；3. 发行人及其保荐机构和律师能够提供证据充分证明公司控制权没有发生变更。相关股东采取股份锁定等有利于公司股权及控制结构稳定措施的，可将该等情形作为判断公司控制权没有发生变更的重要因素。”

因此，根据上述法律法规并结合实践，判断上市公司的控制权归属，最直接的因素为投资者持有的股权或可支配的上市公司股份表决权，此外，还需结合投资者对公司内部决策机关的影响、对公司管理层人员的影响、对公司的日常经营的影响等多重因素综合分析判断。

二、上市公司控制权变更的多种方式

如前文所述，上市公司的控股权、受同一投资者支配的上市公司股份表决权以及经营管理权是判断控制权归属的重要因素。投资者除了通过协议收购、间接收购、二级市场举牌增持等方式增加自身所持有的股权以直接增加表决权外，还会通过一致行动协议、表决权安排等方式联合一致行动人以巩固上市公司股份表决权。此外，在经营管理权层面，投资者则通过控制董事会、控制管理层及控制公司印章证照、信披秘钥等方式以实际控制上市公司。

近年来，上市公司控制权变更的方式种类多样，包括但不限于以协议转让、定向增发、间接收购、表决权委托、表决权放弃、一致行动关系解除、国有股权无偿划转、司法拍卖、破产重整、股份继承等单一或复合的方式完成。

三、与上市公司控制权变更相关的主要规定

上市公司的公司治理及行为要求受到公司法领域的法律法规以及与上市公司管理有关的规范性文件的双重约束。上市公司控制权变更过程中，

投资者/股东、上市公司除了要遵守《公司法》《证券法》及相关司法解释和公司章程的规定，还应遵守中国证监会以及各交易所制定的证券市场监管规则。现行《证券法》于2019年12月28日修订，自2020年3月1日起施行，中国证监会、各交易所也陆续修订了证券市场的监管规则，以进一步完善信息披露制度，打击证券市场违法行为，加强对投资者的保护。证券市场从严监管的趋势对上市公司的控制权变更中涉及的信息披露、并购重组、公司治理等方面提出了更高的合法、合规要求。

由于本专题所讨论的与上市公司控制权变更相关诉讼所涉及的主要争议类型及热点问题较多，笔者将在后文中分别就相关问题所涉及的具体规定展开详细论述。

第二章　涉上市公司控制权变更争议中的若干焦点问题和司法裁判观点

在上市公司控制权变更过程中，股份变动是引起控制权变动的最直接因素，也是最常见的方式。同时，受限于公司法领域的法律法规以及与上市公司管理有关的规范性文件的双重约束，与上市公司股份有关的纠纷在相关协议的性质、转让程序和违规转让的后果上均有其特殊之处。

一、与股份转让或增持相关的争议

在上市公司股份交易中，基于对金融证券市场交易秩序的维护和对广大不特定中小投资者利益的保护，证券市场监管规则对于该等股份交易设置了诸多严格于非上市公司股份/股权转让的规范，包括但不限于信息披露和监管报告义务、"慢走规则"（又称"台阶规则"，即指投资者通过证券交易所的股票交易持有，或者通过协议或其他安排与他人共同持有某一上市公司已发行股份比例达到5%以上时，每增加或减少持有股份的一定比例时，均须暂停买卖该公司的股票，进行权益披露，且在法定期限内不得再买卖该种股票）、违规增持、减持的法律责任等。因此，当上市公司股份交易发生争议时，争议双方除了会根据《公司法》等相关民商事法律规定主张权利或进行抗辩外，更会结合证券法及证券市场监管规则的特殊规定，从股份转让行为的效力、上市公司股东权利的行使、金融秩序和公共利益的保护等角度进行攻防。

在近年来与上市公司有关的股份/股权转让纠纷案件中，关于交易某方违反上市公司股份交易监管规定的行为会对股份转让行为和交易产生何种影响的问题再次引发探讨；此外，《证券法》大幅强化了信息披露要求，新增关于违规增持情况下对投资者表决权的限制，有关争议也因此而成为《证券法》新规落地后实践中的热点问题。

（一）触发要约收购义务、违反信息披露等情形对股份转让协议效力的影响

《证券法》以及上市公司相关监管规则对于上市公司大额股份持有人的股份交易程序设置了较为严格的信息披露、要约收购等规则，并逐步增大了对违规人的处罚力度，但司法审判实践中并未以违反该等义务为由而否定股份转让协议本身的效力。

《证券法》第 65 条、第 73 条规定了投资者在收购上市公司已发行股份超过 30% 时所应承担的要约收购义务，该等规定的目的在于保护公司收购过程中中小投资者的利益，确保中小股东亦可有机会以合理的价值和路径退出上市公司。但根据《证券法》第 73 条及《上市公司收购管理办法》第 47 条的具体规定，在该等会触发要约收购义务的控制权变更过程中，收购义务人虽然必须先发出全面或部分收购要约后才能履行收购协议，但从已有裁判文书的认定来看，收购协议本身却并不会因未履行要约收购义务而无效。至于在控制权变更过程中的信息披露义务，若相关责任主体违反信息披露义务则应承担相应的法律责任，但同样从已有裁判文书的认定来看，由于规定信息披露义务的规范并不构成法律、行政法规关于合同的效力性强制性规定，故亦不影响股份转让协议本身的效力。

2021 年 4 月 22 日，上海金融法院作出（2020）沪 74 民初 825 号胡某与北京 S 投资基金管理有限公司股权转让纠纷案一审民事判决书。法院认为，根据《证券法》和《上市公司收购管理办法》的规定，收购协议并不因所约定的转让股份超过 30% 而无效，只是要求收购义务人必须先发出全面收购要约，此后才能履行收购协议；同时，法院亦认为，由于信息披露义务并非双方收购协议的生效条件，且基于信披违规行为而产生的民事赔偿责任与原、被告间因案涉上市公司股份收购而产生的债权债务关系是不同的法律关

系,并不因此而影响关于上市公司股份收购行为的法律效力。基于此,上海金融法院依法认定案涉股份转让约定的法律效力不因触发要约收购义务、违反信息披露义务而受到影响。二审时上海市高级人民法院也就该案作出了(2021)沪民终 332 号民事判决书,认为一审认定事实清楚,适用法律正确,故维持原判。

但笔者同时也注意到,最高人民法院 2019 年 11 月 8 日印发的《全国法院民商事审判工作会议纪要》(法〔2019〕254 号,以下简称《九民纪要》)第 31 条规定,“违反规章一般情况下不影响合同效力,但该规章的内容涉及金融安全、市场秩序、国家宏观政策等公序良俗的,应当认定合同无效”。随着《证券法》大幅强化信息披露要求,在证券市场进入强监管时代的大背景下,未来的司法审判实践中,此类触发要约收购义务、违反信息披露义务的情形是否将被纳入违反公序良俗的范畴,并因此对上市公司股份转让协议的效力产生影响,笔者将持续保持关注。

(二)违规增持后限制表决权

在因违规增持行为引发的纠纷中,对于违规增持的股份,受到表决权限制之股份应为超出规定比例的部分。但是,即使出现违规增持行为,投资者履行权益披露义务之后所继续买入的股份亦不在表决权限制范围内。

投资者通过在二级市场举牌进而争夺上市公司控制权的情形时有发生。现行《证券法》颁布之前,并无法律法规对于违规增持的股权所对应的表决权是否应受到限制的问题作出过规定。在司法审判实践中,上海市第一中级人民法院于 2016 年 6 月 30 日作出的(2015)沪一中民六(商)初字第 66 号上海 X 实业发展(集团)有限公司诉王某证券欺诈责任纠纷案民事判决书中,法院虽认定王某秘密通过二级市场违规超比例购买新梅公司股票的行为,违背了证券市场公开、公平、公正的交易原则,侵害了广大中小投资者的知情权和投资决策权,在一定程度上亦不利于上市公司治理的稳定性,但却并未支持原告限制被告行使股东权利并禁止其处分相应股票的诉讼请求。

为更好地保护中小投资者的利益,《证券法》《上市公司收购管理办法》在最近一次修正时均明确增加了对于违规增持情况下超出规定比例部分所对应的表决权的限制,即在买入后的36个月内,对该超过规定比例部分的股份不得行使表决权,从而增大了对于违规增持人的监管力度。北京市第一中级人民法院在2021年9月23日作出的(2021)京01民终7069号P集团股份有限公司与北京S科技信息咨询有限公司等公司决议纠纷案二审民事判决书中,根据《证券法》及《上市公司收购管理办法》的规定,认为违规增持人S公司、李某在合计持股分别达到5.00002%、10.025%时履行报告和公告程序,超出规定比例部分的股份分别为152股和179,917股,上述股份对应的表决权应依法受到限制;并在该案中进一步结合新规规定的目的解释和文义解释,认为投资人履行权益披露义务之后所买入的股份不在表决权限制范围内,即法院并未笼统地对持股超过5%以上的部分均限制表决权。

思考和建议 ▶▶

一方面,从谋求上市公司控制权的角度而言,投资者可采用复合手段,如在交易过程中以协议转让、定向增发并辅之以一致行动协议、表决权安排等方式系统地增加可支配的表决权,或通过协议转让、二级市场增持、大宗交易等方式逐步增加所持有的股份,以最终达到获取上市公司控制权的目的;另一方面,从巩固上市公司控制权的角度而言,上市公司股东内部亦可通过表决权委托、签订一致行动协议的方式寻求或形成同盟,从而扩大股东大会中的表决权比例,巩固对公司的控制权。

但需注意的是,受限于《证券法》及证券市场监管规则,并考虑到监管力度仍在不断加强这一整体趋势,笔者建议投资者在增持股份、增加可支配的表决权时应严格依法依规履行信息披露、要约收购等义务,避免出现因违规导致表决权受限或受到其他处罚的后果。

相关规定 ▶▶

《民法典》

第五百零二条第一款、第二款　依法成立的合同，自成立时生效，但是法律另有规定或者当事人另有约定的除外。

依照法律、行政法规的规定，合同应当办理批准等手续的，依照其规定。未办理批准等手续影响合同生效的，不影响合同中履行报批等义务条款以及相关条款的效力。应当办理申请批准等手续的当事人未履行义务的，对方可以请求其承担违反该义务的责任。

《证券法》

第六十三条　通过证券交易所的证券交易，投资者持有或者通过协议、其他安排与他人共同持有一个上市公司已发行的有表决权股份达到百分之五时，应当在该事实发生之日起三日内，向国务院证券监督管理机构、证券交易所作出书面报告，通知该上市公司，并予公告，在上述期限内不得再行买卖该上市公司的股票，但国务院证券监督管理机构规定的情形除外。

投资者持有或者通过协议、其他安排与他人共同持有一个上市公司已发行的有表决权股份达到百分之五后，其所持该上市公司已发行的有表决权股份比例每增加或者减少百分之五，应当依照前款规定进行报告和公告，在该事实发生之日起至公告后三日内，不得再行买卖该上市公司的股票，但国务院证券监督管理机构规定的情形除外。

投资者持有或者通过协议、其他安排与他人共同持有一个上市公司已发行的有表决权股份达到百分之五后，其所持该上市公司已发行的有表决权股份比例每增加或者减少百分之一，应当在该事实发生的次日通知该上市公司，并予公告。

违反第一款、第二款规定买入上市公司有表决权的股份的，在买入后的三十六个月内，对该超过规定比例部分的股份不得行使表决权。

第六十五条　通过证券交易所的证券交易，投资者持有或者通过协议、其他安排与他人共同持有一个上市公司已发行的有表决权股份达到百分之三十时，继续进行收购的，应当依法向该上市公司所有股东发出收购上市公司全部或者部分股份的要约。

收购上市公司部分股份的要约应当约定，被收购公司股东承诺出售的股份数额超过预定收购的股份数额的，收购人按比例进行收购。

第七十三条第一款　采取协议收购方式的，收购人收购或者通过协议、其他安排与他人共同收购一个上市公司已发行的有表决权股份达到百分之三十时，继续进行收购的，应当依法向该上市公司所有股东发出收购上市公司全部或者部分股份的要约。但是，按照国务院证券监督管理机构的规定免除发出要约的除外。

《九民纪要》

31.【违反规章的合同效力】违反规章一般情况下不影响合同效力，但该规章的内容涉及金融安全、市场秩序、国家宏观政策等公序良俗的，应当认定合同无效。人民法院在认定规章是否涉及公序良俗时，要在考察规范对象基础上，兼顾监管强度、交易安全保护以及社会影响等方面进行慎重考量，并在裁判文书中进行充分说理。

《上市公司收购管理办法》

第十三条　通过证券交易所的证券交易，投资者及其一致行动人拥有权益的股份达到一个上市公司已发行股份的5%时，应当在该事实发生之日起3日内编制权益变动报告书，向中国证监会、证券交易所提交书面报告，通知该上市公司，并予公告；在上述期限内，不得再行买卖该上市公司的股票，但中国证监会规定的情形除外。

前述投资者及其一致行动人拥有权益的股份达到一个上市公司已发行股份的5%后，通过证券交易所的证券交易，其拥有权益的股份占该上市公司已发行股份的比例每增加或者减少5%，应当依照前款规定进行报告和公告。在该事实发生之日起至公告后3日内，不得再行买卖该上市公司的股票，但中国证监会规定的情形除外。

前述投资者及其一致行动人拥有权益的股份达到一个上市公司已发行股份的5%后，其拥有权益的股份占该上市公司已发行股份的比例每增加或者减少1%,应当在该事实发生的次日通知该上市公司,并予公告。

违反本条第一款、第二款的规定买入在上市公司中拥有权益的股份的,在买入后的36个月内,对该超过规定比例部分的股份不得行使表决权。

第四十七条第二款、第三款 收购人拥有权益的股份达到该公司已发行股份的30%时,继续进行收购的,应当依法向该上市公司的股东发出全面要约或者部分要约。符合本办法第六章规定情形的,收购人可以免于发出要约。

收购人拟通过协议方式收购一个上市公司的股份超过30%的,超过30%的部分,应当改以要约方式进行;但符合本办法第六章规定情形的,收购人可以免于发出要约。符合前述规定情形的,收购人可以履行其收购协议;不符合前述规定情形的,在履行其收购协议前,应当发出全面要约。

二、与股份代持相关的争议

商业实践中,上市公司股份代持时有发生。《最高人民法院关于适用〈中华人民共和国公司法〉若干问题的规定(三)》(根据2020年12月23日最高人民法院审判委员会第1823次会议通过的《最高人民法院关于修改〈最高人民法院关于破产企业国有划拨土地使用权应否列入破产财产等问题的批复〉等二十九件商事类司法解释的决定》第二次修正,以下简称《公司法》司法解释三)第24条明确肯定了有限责任公司股权代持协议的效力,且仅以法定的无效情形作为该等股权代持协议无效的例外情形。对于上市公司的股份代持的效力问题,虽然《证券法》、《首次公开发行股票注册管理办法首次公开发行股票并上市管理办法》(由中国证券监督管理委员会2023年第2次委务会议于2023年2月17日审议通过,同日公布,自公布之日起施行)、《上市公司信息披露管理办法》(经2021年3月4日中国证券监督管理委员会2021年第3次委务会议审议通过,2021年3月18日公布,自2021年5月1日起施行)均有关于发行人必须股权清晰且股份不存在重大权属纠纷的要求,但目前在法律和司法解释层面尚无关于合同效力认定的明确规定。

司法审判实践中，对于上市公司股份代持行为的效力认定，法院倾向于依据是否违反公序良俗来判断相关代持行为是否无效。根据《民法典》第153条对于民事法律行为效力的规定，“违反法律、行政法规的强制性规定的民事法律行为无效。但是，该强制性规定不导致该民事法律行为无效的除外。违背公序良俗的民事法律行为无效”；《九民纪要》第31条提出，“违反规章一般情况下不影响合同效力，但该规章的内容涉及金融安全、市场秩序、国家宏观政策等公序良俗的，应当认定合同无效”。因此，对上市公司股权代持行为作出效力认定时，法院除了会结合证券交易相关规定，还会结合相关行为是否违背涉及金融安全、市场秩序、国家宏观政策等公序良俗来进行综合考量。

近年来与上市公司有关的因股份代持引发的纠纷案件中，上市公司股份代持协议的效力问题以及若上市公司股份代持协议被认定为无效后应如何处理的问题，普遍成为相关案件中的争议焦点。

（一）上市公司股份代持协议的效力

上市公司股权代持协议若违反证券交易市场的管理秩序和交易安全，损害金融安全、市场秩序等公序良俗及社会公共利益的，应认定为无效。

对于上市公司股份代持行为效力的认定，最高人民法院于2018年3月21日就杨某与林某、常州Y股份有限公司股权转让纠纷案作出的（2017）最高法民申2454号民事裁定书、上海金融法院于2019年4月30日就杉某与龚某股权转让纠纷案作出的（2018）沪74民初585号民事判决书，共同传达出上市公司股份代持协议因损害公共利益、违反证券市场公共秩序而无效的审判理念。令人稍感遗憾的是，最高人民法院在上述（2017）最高法民申2454号民事裁定书中指令江苏省高级人民法院再审该案，但截至目前尚无法查询到江苏省高级人民法院对该案的再审审理结果。此后，各级法院亦秉持前述审判理念对涉上市公司股份代持行为的效力问题作出认定。例如，山东省青岛市中级人民法院在2021年10月18日作出的（2021）鲁02民终12490号叶某、熊某等借款合同纠纷案二审民事判决书中认为，上市公司真实股东不清晰,影响上市公司的信息披露要求、关联交易审查、高管人员任职、回避等相关具体监管举措的落实,损害广大非特定投资者的合法权益,损害了资本市场基本交易秩序与基本交易安全,损害金融安全与社会稳定,并最终损害社会公共利益,案涉合同约定违反上市公司股权不得隐名代持的规定,应为无效。再如,北京市朝阳区人民法院在 2021 年 3 月 30 日作出的(2020)京 0105 民初 43757 号北京 Z 传媒(集团)有限公司与娄某等股权转让纠纷案一审民事判决书中认为,《股票转让合同》《股份代持协议书》的内容和交易目的存在违反证券交易市场的管理秩序和交易安全的情形,损害了社会公共利益,应属无效。

需要注意的是,涉及上市公司股份的代持行为并不必然无效,尚需结合是否因违反规章、监管政策导致公共利益受损这一要素,并从规范对象、交易安全保护、监管强度、社会影响等角度进行审慎判断。如北京市第三中级人民法院于 2021 年 5 月 27 日作出的(2021)京 03 民终 6293 号王某与杨某合同纠纷案二审民事判决书,就以案涉股权代持协议约定代持的股份比例较小,尚不属于法律规定必须披露或纳入监管的情形,亦不会对公司治理及对公众投资者产生不利影响,故该代持行为无涉金融安全、市场秩序,且体现当事人真实意思表示,故股权代持协议有效。该案的一审法院北京市朝阳区人民法院亦同样认定案涉股权代持协议有效。北京市朝阳区人民法院在该案一审(2020)京 0105 民初 21456 号民事判决书中认为,《证券法》、《首次公开发行股票并上市管理办法》(已于 2023 年 2 月 17 日废止)、《上市公司信息披露管理办法》的相关规定,旨在通过拟上市公司的信息披露,确保拟上市公司的股权不存在重大权属纠纷,维护基本交易安全,进而维护社会公共利益。但案涉代持的上市公司股份占上市公司股份份额的 0.74%,且名义股东并非上市公司的董事、监事、高级管理人员。因此,案涉股权代持协议中关于股权代持的约定并非《首次公开发行股票并上市管理办法》(已于 2023 年 2 月 17 日废止)规定的重大权属纠纷,并不影响交易安全和社会公共利益。再如,上海市第一中级人民法院于 2020 年 10 月 30 日作出的(2020)沪 01 民终 10695 号楼某与王某股票权利确认纠纷案二审民事判决书中认为，代持法律关系发生远早于案涉公司上市时间，且案涉上市公司股权的代持方与被代持方同为该公司员工，涉案上市公司增资扩股说明中以员工合计认购的方式进行了概括披露，并未侵害广大投资者的合法权益，案涉微小比例的股权代持情况（系争股权比例尚不足案涉上市公司所发行股份的0.1‰），尚不足以构成因披露不实而导致对社会公众利益的侵害，亦不足以导致双方的代持行为无效。对于涉及标的公司为全国中小企业股份转让系统挂牌公司（即通常所称的“新三板公司”）的股份代持问题，司法审判实践中通常亦是同样观点。如北京市第三中级人民法院于2021年10月28日作出的（2021）京03民终15706号丁某与北京W科技股份有限公司等股东资格确认纠纷案二审民事判决书中认为，我国《公司法》并未禁止股东通过隐名的方式认购公司股份，北京W科技股份有限公司年报中的“不存在其他关联关系”亦无法涵盖“不存在代持关系”，且全国中小企业股份转让系统股票挂牌管理的相关规定仅要求公司在披露信息时应如实陈述，股转系统挂牌公司应股权明晰、权属分明，并未对股权代持作出禁止性规定，故丁某仅依据上述规定主张其与张某之间不存在股权代持关系，缺乏相应依据。

（二）股份代持协议被认定为无效后投资收益的归属和处理

司法审判实践中，法院普遍认为，即使股权代持协议因违反证券交易市场的管理秩序和交易安全，损害金融安全、市场秩序等公序良俗及社会公共利益而被依法认定无效，但双方的委托投资关系仍然有效，故对于基于上市公司股份代持而产生的投资收益，仍需依据公平原则在实际出资人和代持人之间予以合理分配。如四川省成都市中级人民法院于2021年12月17日作出的（2021）川01民终11487号杨某、王某合同纠纷案二审民事判决书认为，案涉上市公司股权代持行为被确认无效，并不能否定当事人之间建立的委托投资关系，实际出资人仍有权要求分割委托投资收益。再如，广东省深圳市中级人民法院于2021年11月2日作出的（2020）粤03民终23167号胡某、张某等股权转让纠纷案二审民事判决书亦认为，无效合同财产利益的处理旨在恢复原状和平衡利益，也就是说，优先恢复到合同订立前的财产状态,不能恢复原状的则应当按照公平原则在当事人之间进行合理分配,并在认定当事人之间的关于上市公司股份代持的约定无效的基础上,对投资收益按照公平原则酌情处理。

思考和建议 ▶▶

商业实践中,部分交易意图通过股份转让配合股份代持的方式以达到受让人隐名持有较高份额的上市公司股份甚至控制上市公司的目的,或者为规避对上市公司投资主体限制等上市公司监管规定的目的。但现行法律法规及中国证监会关于上市公司监管的规定,明确要求上市公司股权必须清晰。在司法审判实践中,法院亦会评判上市公司股份代持协议是否违反证券交易市场的管理秩序和交易安全,是否损害金融安全、市场秩序等公序良俗及社会公共利益,并据此相应对股份代持行为的效力作出认定,法院并非一概肯定上市公司股份代持行为的效力。因此,若涉及上市公司股份变动的相关交易安排中包含股份代持关系,将给整体交易行为增加不确定性。若上市公司股份代持行为被依法认定为无效,则将妨碍交易目的的实现。因此,假设投资者直接通过自身的名义持有股份存在法律障碍,建议可以考虑通过表决权委托或一致行动协议扩大可支配的表决权,以达到扩大对上市公司的影响或获得控制权的目的。

相关规定 ▶▶

《民法典》

第一百五十三条　违反法律、行政法规的强制性规定的民事法律行为无效。但是,该强制性规定不导致该民事法律行为无效的除外。

违背公序良俗的民事法律行为无效。

《九民纪要》

31.【违反规章的合同效力】违反规章一般情况下不影响合同效力,但该规章的内容涉及金融安全、市场秩序、国家宏观政策等公序良俗的，应当认定合同无效。人民法院在认定规章是否涉及公序良俗时，要在考察规范对象基础上，兼顾监管强度、交易安全保护以及社会影响等方面进行慎重考量，并在裁判文书中进行充分说理。

《证券法》

第七十八条第一款、第二款　发行人及法律、行政法规和国务院证券监督管理机构规定的其他信息披露义务人，应当及时依法履行信息披露义务。

信息披露义务人披露的信息，应当真实、准确、完整，简明清晰，通俗易懂，不得有虚假记载、误导性陈述或者重大遗漏。

《上市公司信息披露管理办法》

第三条第一款　信息披露义务人应当及时依法履行信息披露义务，披露的信息应当真实、准确、完整，简明清晰、通俗易懂，不得有虚假记载、误导性陈述或者重大遗漏。

第四十二条　通过接受委托或者信托等方式持有上市公司百分之五以上股份的股东或者实际控制人，应当及时将委托人情况告知上市公司，配合上市公司履行信息披露义务。

《首次公开发行股票注册管理办法》

第十二条　……发行人的股份权属清晰，不存在导致控制权可能变更的重大权属纠纷，首次公开发行股票并在主板上市的，最近三年实际控制人没有发生变更；首次公开发行股票并在科创板、创业板上市的，最近二年实际控制人没有发生变更……

三、与表决权委托相关的争议：当事人之间的约定能否排除对表决权委托事项的任意解除权

在上市公司控制权变更中，进行表决权委托或签署一致行动协议，是投资者常用的扩大其所能够支配的上市公司股份表决权数量的重要手段，通常与协议转让共同作为控制权变更的方式，具有在一定程度上控制交易成

本、增加灵活性的优点。但也正因为表决权委托并不涉及表决权所依附股份的权属变动,该等表决权委托关系具有较大的不稳定性,将导致上市公司控制处于不稳定状态。为尽量降低该等不稳定性,在实践中,交易双方会以在表决权委托协议中特别约定该等表决权委托不可撤销之方式,以期对相关表决权达成相对稳定的支配状态。一旦交易双方因利益不一致而就表决权委托事宜产生争议,能否单方解除表决权委托协议就成为争议焦点。

如前文所述,为保持表决权委托的相对稳定,在上市公司的表决权委托协议中,合同双方通常会约定该等委托在一定期间内"不可撤销"。该"不可撤销"的约定,即通常被认为的合同当事人通过合意排除了当事人对约定事项的任意解除权。在司法审判实践层面,合同双方能否通过约定排除当事人对表决权委托事项的任意解除权仍存在一定争议。

部分法院认为,表决权委托合同的"不可撤销"约定排除了当事人之间的任意解除权,该等约定有效,当事人无权单方解除表决权委托协议。并且法院还会在此基础上从整体交易文件项下交易双方的权利义务对合同性质进行评判,若表决权委托协议实际为双务合同,更应综合考虑合同履行情况,判断当事人是否享有解除权。如江西省鹰潭市中级人民法院于2021年9月24日作出的(2021)赣06民终375号G控股集团有限公司、张某等委托合同纠纷案二审民事判决书认为,双方已通过不可撤销地授权委托股份表决权的方式排除了任意解除权,无权随时解除委托合同;并进一步认定,案涉表决权委托协议系双务合同,双方当事人互相承担责任、履行义务,在表决权受托人一方已履行了案涉表决权委托协议约定的义务的情况下,作为表决权委托人的另一方不能单方面要求解除协议,即无权单方解除表决权委托。

但也有部分法院认为,表决权委托合同中不可撤销委托的约定不具有强制力。如广东省江门市中级人民法院于2022年2月25日作出的(2021)粤07民终7006号C投资管理有限公司、广东Z制造有限公司等公司证照返还纠纷案二审民事判决书认为,该案所涉的表决权委托事项在相关协议中约定了前提条件,相关协议因出现法定解约情形而被表决权委托人依法解除。在此基础上,法院进一步认定表决权委托约定性质上属委托合同关系,在委托方与受托方信任基础动摇或丧失信任的情形下,双方关于不可撤销委托的约定显然不具有强制力,因此,委托人提前解除该表决权委托,并未违反法律禁止性规定和公司章程的约定。

从监管角度而言,结合上海证券交易所(以下简称上交所)于2018年4月13日发布的《上市公司收购及股份权益变动信息披露业务指引(征求意见稿)》第21条第2款[①]、深圳证券交易所(以下简称深交所)于2018年4月13日发布的《深圳证券交易所上市公司收购及股份权益变动信息披露业务指引(征求意见稿)》第31条第3款[②]的规定,监管机构倾向于维护、延续已发生的表决权委托关系的稳定性,由受托人在原约定的委托期限内或者按照交易所规定在发布解除公告后的一定期限内继续行使表决权,并会对自行撤销表决权委托安排的投资者采取行政监管措施等。如山东X能源股份有限公司股东宁波G股权投资中心(有限合伙)违反前期作出的不可撤销的表决权委托的承诺,单方解除(撤销)表决权委托安排,并在相关股东大会上以自己名义行使表决权,中国证监会山东监管局于2021年8月30日就其行为出具警示函;上交所根据当时适用的《上海证券交易所股票上市规则(2020年12月修订)》[上证发〔2020〕100号,本专题起草时该规则已废止,现适用《上海证券交易所股票上市规则(2023年2月修订)》(上证发〔2023〕31号)]和《上海证券交易所纪律处分和监管措施实施办法(2019年修订)》[(上证发〔2019〕97号),本文写作时该规则已废止,现适用《上海证券交易所纪律处分和监管措施实施办法(2022年修订)》(上证发〔2022〕125号)]

---

① 《上市公司收购及股份权益变动信息披露业务指引(征求意见稿)》第21条第2款规定:提前终止协议的,在原约定期限内,投资者仍应遵守原有的法定义务等;未约定一致行动或表决权委托期限的,在相关协议公告解除后12个月内,投资者仍应遵守原有的法定义务等。

② 《深圳证券交易所上市公司收购及股份权益变动信息披露业务指引(征求意见稿)》第31条第3款规定:"投资者原则上应当在协议或者安排中明确约定采取一致行动、让渡表决权的具体期限,且所约定的期限应当视拥有上市公司权益的具体情况分别适用《收购管理办法》第六十三条第三款、第七十四条规定的期限。投资者在约定期限届满前解除一致行动关系、表决权让渡的,应当在所约定的期限内继续遵守原有限售、一致行动等义务和承诺。投资者未约定期限或者约定不明而解除一致行动关系、表决权让渡的,投资者应当在发布解除公告之日起的十二个月内继续遵守原有限售、一致行动等义务和承诺。"

以及当时适用的《上海证券交易所上市公司自律监管规则适用指引第2号——纪律处分实施标准》[上证发〔2020〕77号,本专题起草时该指引已废止,现适用《上海证券交易所上市公司自律监管指引第10号——纪律处分实施标准》(上证发〔2022〕11号)]的规定对宁波G股权投资中心作出予以通报批评的纪律处分。

思考和建议 ▶▶

实践中,表决权单独委托或在股份转让时配合以表决权委托,已成为获取上市公司控制权的重要方式。灵活运用表决权委托可以有效地集中上市公司分散的股权,扩大投资者能够支配的上市公司股份表决权数量,从而实现或巩固控股股东和实际控制人对上市公司的有效控制。同时,基于在表决权委托关系中对应股份的权属不发生变动的特性,在上市公司大股东、董监高面临减持的限制性规定、限售承诺,或是股份存在质押或冻结的情况下,采用表决权委托的方式可以达到事实上让渡控制权的目的,从而实现对控制权的巩固。

一旦签署表决权委托协议,从近期监管机构的监管态度以及司法审判实践中的案件裁判情况来看,表决权委托关系不可随意解除已逐渐成为主流意见。如前文所述,监管机构倾向于上市公司内部维持表决权委托关系的稳定,如果在委托期限届满前解除表决权委托的,可能会引起监管机构的关注,要求上市公司对相关情况进行说明。如广东J股份有限公司在2021年9月17日发布关于收到股东深圳市L资产管理有限公司《关于解除〈表决权委托协议〉的函》及广东N投资发展有限公司《关于拟解除〈表决权委托协议〉事宜的回复》之公告后,随即于2021年9月22日收到深交所关注函,要求公司核实说明相关情况,其中包括要求公司律师就《表决权委托协议》的解除是否即时生效、是否存在争议的问题发表明确意见。因此,就表决权委托协议而言,投资者应结合交易情况及实际需求谨慎设置委托期限,并尽量遵守公开承诺内容。

相关规定 ▶▶

《民法典》

第九百三十三条　委托人或者受托人可以随时解除委托合同。因解除合同造成对方损失的，除不可归责于该当事人的事由外，无偿委托合同的解除方应当赔偿因解除时间不当造成的直接损失，有偿委托合同的解除方应当赔偿对方的直接损失和合同履行后可以获得的利益。

四、与公司决议相关的争议

现行法律法规主要通过《公司法》第22条和《最高人民法院关于适用〈中华人民共和国公司法〉若干问题的规定（四）》（根据2020年12月23日最高人民法院审判委员会第1823次会议通过的《最高人民法院关于修改〈最高人民法院关于破产企业国有划拨土地使用权应否列入破产财产等问题的批复〉等二十九件商事类司法解释的决定》修正，以下简称《公司法》司法解释四）第5条规定，为认为公司决议存在瑕疵的相关权利主体提供了请求法院确认决议无效、撤销决议、确认决议不成立三种救济方式，并通过《公司法》司法解释四第4条以程序瑕疵是否对决议产生实质影响作为评价决议是否可撤销的重要因素。另需关注的是，全国人民代表大会常务委员会于2022年12月30日发布征求意见的《中华人民共和国公司法（修订草案二次审议稿）》（以下简称《公司法修订草案二审稿》）第25、26条规定了公司决议无效、可撤销的情形，第27条规定将原本仅规定在《公司法》司法解释四中关于请求确认决议不成立的救济方式也提升到法律层面。此外，《公司法修订草案二审稿》还将提起时间从现行的公司决议扩大到公司决议作出之日起60日内，并增加了"未被通知参加股东会、董事会会议的股东、董事自知道或者应当知道决议作出之日起六十日内"的情形。《公司法修订草案二审稿》虽然并非生效的法律文件，但草案内容可以充分反映立法机关对相关问题的倾向性意见。笔者将及时关注关于《公司法》修订的新进展。

近年来与上市公司有关的公司决议纠纷案件中，程序瑕疵对公司决议效力的影响问题，以及对股东表决权进行限制的公司决议的效力问题，成为该类诉讼中值得关注的热点问题。

（一）程序瑕疵对公司决议效力的影响

如果程序瑕疵对决议结果产生实质性影响，达到决议不成立标准的，则认定为决议不成立；未达到决议不成立标准的，则认定决议应被撤销。

现行《公司法》第22条规定了“可撤销”的股东会/股东大会决议、董事会决议的具体情形，并通过《公司法》司法解释四第4条明确了存在程序瑕疵的情况下，该等程序瑕疵是否对决议产生实质影响是相关决议是否可撤销的判断标准。《公司法》司法解释四第5条则规定了可以请求确认决议“不成立”的具体情形。

司法审判实践中，北京市第一中级人民法院于2021年9月23日作出的（2021）京01民终7069号P股份有限公司与北京S科技信息咨询有限公司等公司决议纠纷案二审民事判决书认可该案一审法院北京市海淀区人民法院对决议可撤销和不成立之区别的分析与认定，“决议可撤销和决议不成立的根本区别在于制度价值不同。法律行为成立与否是事实判断问题，法律行为的效力是法律价值判断问题。如果一项决议缺乏基本的成立要件，自无所谓效力评价的问题。从瑕疵程度来看，可撤销决议的程序瑕疵严重程度相比较而言要弱于不成立的决议；后者的程序瑕疵非常严重，以至于决议不能成立”。具体到该案件中，上市公司违反《公司法》和公司章程的规定没有将原告作为公司股东的有效表决权计入表决结果属于程序瑕疵，但该等瑕疵对于决议效力是否产生实质影响尚需与未发生该等程序瑕疵情况下的决议结果进行对比，如果重新计票后的结果对决议的表决通过没有实质性影响，则不宜以存在上述程序性瑕疵为由，轻易否定决议的效力。当然，如果程序瑕疵十分严重，已经达到了《公司法》司法解释四所明确规定的决议不成立的情形，则相关决议应被认定为不成立。该案中，以原告有权行使表决权并拟制原告表决结果重新计票后，某两项议案是否通过的投票结果没有发生改变，即未对决议产生实质影响，则该两项议案不予撤销；某项此前表决结果认定为通过的选举董事的议案，经重新计票后未能满足由出席股东大会的股东所持表决权的1/2以上通过的要求，表决结果应当认定为该事项表决未通过，即重新计票结果对决议产生实质影响，结合《公司法》司法解释四第5条股东大会的表决结果未达到公司法或者公司章程规定的通过比例的，决议不成立的规定，应当认定为该决议不成立。

同时，需要注意的是，公司决议不成立和公司决议可撤销是公司决议效力瑕疵的两种不同情形，原告在提起诉讼时应当进行区分并明确其所选择的救济方式，否则可能存在被法院以“诉讼请求不明确具体”为由驳回诉讼的风险。如北京市朝阳区人民法院在2021年10月19日作出的(2021)京0105民初8986号深圳市J投资有限公司与山东X股份有限公司公司决议纠纷案一审民事裁定书中，因原告经法庭释明后仍坚持同时主张决议不成立和决议可撤销，法院认为属于诉讼请求不明确具体，故裁定驳回起诉。此后，该案原告向北京市第三中级人民法院提起上诉，北京市第三中级人民法院于2022年1月10日作出的(2021)京03民终19833号二审民事裁定书亦认可一审法院的前述认定，依法裁定驳回上诉。

(二)限制股东表决权之公司决议的效力

除非基于法律规定或公司章程的规定，否则上市公司无权基于自我管理决策等理由，限制股东行使表决权。

根据《公司法》第4条和第42条的规定，公司股东依法享有资产收益、参与重大决策和选择管理者等权利；除章程另有规定外，股东按照出资比例行使表决权。表决权作为股东就股东会议的议案进行投票表决的权利，是由《公司法》赋予的股东参与公司经营管理的法定固有权利，除非基于法律规定或公司章程对表决权行使的规定，公司任何机关不得对股东行使表决权进行限制。即使股东未全面履行出资义务或者抽逃出资，根据《公司法》司法解释三第16条的规定，公司也仅能根据公司章程或者股东会决议对股东部分财产性权利，如利润分配请求权、新股优先认购权、剩余财产分配请求权等股东权利，作出相应的合理限制，而非限制其全部股东权利。

例如,浙江省诸暨市人民法院在2021年4月26日作出的(2020)浙0681民初1710号齐齐哈尔J投资管理合伙企业(有限合伙)、C股份有限公司公司决议效力确认纠纷案一审民事判决书中,即严格适用《公司法》司法解释三第16条,认定上市公司作出的限制部分股东所有股东权利的决议缺乏法律依据,构成因违反法律、行政法规的规定而无效。再如,北京市第一中级人民法院在2021年9月23日作出的(2021)京01民终7069号P集团股份有限公司与北京S信息咨询有限公司等公司决议纠纷案二审民事判决中,亦认同公司无权基于公司自我管理决策的理由,限制其股东表决权的行使。

思考和建议 ▶▶

股东的表决权作为股东参与公司经营管理的法定固有权利,除非基于法律规定或公司章程的规定,不得被随意限制。对于法定的限制股东表决权的情形,如举牌股东违规增持时超出规定比例部分的股份的表决权受限、优先股股东的表决权受限、与股东大会拟审议事项有关联关系的股东回避表决等情形,投资者应予以充分注意。如前文所述,若在争夺上市公司控制权时,争夺控制权一方通过二级市场举牌的方式争取权力时,应充分注意买入股份的比例并及时履行报告和公告程序,否则未履行报告和公告程序而超出规定比例部分的股份对应的表决权将依法受到限制。若发生原控股股东为防止控制权旁落,通过公司章程或公司决议剥夺其他股东表决权的情形,投资者可通过诉讼方式寻求救济。

此外,董事会是对内掌管公司事务、对外代表公司的经营决策和业务执行机构,公司控制权争夺过程中股东所能影响的董事会的席位至关重要。上市公司股东通过修订上市公司章程,对股东提名、罢免董事的条件或是董事任职期限作出明确、合理的限制,巩固本方作为掌握公司控制权一方的董事会席位优势,从而巩固控制权。争夺控制权一方也可以在交易过程中通过要求修改公司章程的方式,增加其有权推选的董事人数,从而增加在公司经营管理中的话语权。

相关规定

《公司法》

第二十二条第一款、第二款　公司股东会或者股东大会、董事会的决议内容违反法律、行政法规的无效。

股东会或者股东大会、董事会的会议召集程序、表决方式违反法律、行政法规或者公司章程，或者决议内容违反公司章程的，股东可以自决议作出之日起六十日内，请求人民法院撤销。

《公司法司法解释三》

第十六条　股东未履行或者未全面履行出资义务或者抽逃出资，公司根据公司章程或者股东会决议对其利润分配请求权、新股优先认购权、剩余财产分配请求权等股东权利作出相应的合理限制，该股东请求认定该限制无效的，人民法院不予支持。

《公司法司法解释四》

第四条　股东请求撤销股东会或者股东大会、董事会决议，符合民法典第八十五条、公司法第二十二条第二款规定的，人民法院应当予以支持，但会议召集程序或者表决方式仅有轻微瑕疵，且对决议未产生实质影响的，人民法院不予支持。

第五条　股东会或者股东大会、董事会决议存在下列情形之一，当事人主张决议不成立的，人民法院应当予以支持：

（一）公司未召开会议的，但依据公司法第三十七条第二款或者公司章程规定可以不召开股东会或者股东大会而直接作出决定，并由全体股东在决定文件上签名、盖章的除外；

（二）会议未对决议事项进行表决的；

（三）出席会议的人数或者股东所持表决权不符合公司法或者公司章程规定的；

（四）会议的表决结果未达到公司法或者公司章程规定的通过比例的；

（五）导致决议不成立的其他情形。

《公司法修订草案二审稿》

第二十五条　公司股东会、董事会的决议内容违反法律、行政法规的无效。

第二十六条　公司股东会、董事会会议的召集程序、表决方式违反法律、行政法规或者公司章程,或者决议内容违反公司章程的,股东自决议作出之日起六十日内,未被通知参加股东会的股东自知道或者应当知道股东会决议作出之日起六十日内,可以请求人民法院撤销;但是,股东会、董事会会议的召集程序或者表决方式仅有轻微瑕疵,对决议未产生实质影响的除外。

第二十七条　有下列情形之一的,股东会、董事会的决议不成立:

(一)未召开股东会、董事会会议作出决议;

(二)股东会、董事会会议未对决议事项进行表决;

(三)出席会议的人数或者所持表决权数未达到本法或者公司章程规定的人数或者所持表决权数;

(四)同意决议事项的人数或者所持表决权数未达到本法或者公司章程规定的人数或者所持表决权数。

五、与公司证照返还相关的争议

公司的证照、印章是公司的重要标志,在公司的对外活动中承载着代表公司意志的重要功能,是公司经营管理中不可缺少的重要工具。公司控制权发生争夺时,争夺双方往往需要掌握对公司的印章、证照以控制公司对外进行意思表示。根据《公司法》第3条的规定,公司作为企业法人,享有法人财产权。公司的印章、证照首先具有财产属性,通常而言,除公司及其授权机关和人员外,其他民事主体均无权持有或控制上述财产。因此,在公司的印章、证照的所有权遭受侵害的情况下,公司或作为公司代表的法定代表人等主体有权依据《民法典》第235条的规定,主张相对人返还无权占有的财产,提起公司证照返还纠纷以寻求救济。

近年来与上市公司有关的公司证照返还纠纷案件中,公司证照返还纠纷的地域管辖如何确定的问题，以及公司未能实际占有公章情况下提起公司证照返还诉讼的主体问题，成为该类诉讼中值得关注的热点问题。

（一）公司证照返还纠纷的地域管辖问题——存在不同认定

司法审判实践中，对于公司（不限于上市公司）证照返还纠纷的地域管辖如何确定，存在不同意见。除了适用被告所在地法院管辖的一般地域管辖原则外，不同法院对于公司证照返还纠纷案件属于何种性质有不同的意见，并因此对于管辖问题主要存在以下两种不同的认定：

部分法院认为公司证照返还纠纷的本质属于侵权纠纷，应由侵权行为地或被告住所地法院管辖，而公司作为被侵权人，侵权行为地应包括公司住所地，如浙江省高级人民法院于2020年12月1日作出的（2020）浙民辖终261号二审民事裁定书、上海市第二中级人民法院于2021年11月12日作出的（2021）沪02民辖终961号二审民事裁定书。前述法院均认为公司证照返还纠纷属于侵权纠纷。

另有部分法院认为公司证照返还纠纷属于与公司有关的纠纷，应适用特殊地域管辖，由公司住所地法院管辖。例如，在江苏省常州市中级人民法院于2021年10月21日作出的（2021）苏04民辖终372号二审民事裁定书中，法院认为，“公司的营业执照、公章、合同专用章、财务专用章等，对外代表公司的意志，是公司的表象，因公司证照返还引发的纠纷，其实质往往涉及公司内部治理中对公司控制权的争夺，因此，本案有别于普通的损害公司权益的财产返还诉讼案件，属于与公司有关的纠纷，应由公司住所地法院管辖”。再如，安徽省阜阳市中级人民法院于2021年10月18日作出的（2021）皖12民辖终216号二审民事裁定书中，法院亦认为“公司证照返还纠纷，属于与公司有关的纠纷，应由公司所在地安徽省临泉县人民法院管辖”。但另需关注的是，亦有法院认为公司证照返还纠纷不属于与公司有关的纠纷，不应由公司住所地管辖。如上海市高级人民法院于2020年9月28日作出的（2020）沪民辖256号民事裁定书中，法院认定“公司证照返还纠纷，不适用上述公司住所地人民法院管辖的规定”。

以近三年来公司证照返还纠纷中提出管辖异议的案件情况为例，全国法院作出的公司证照返还纠纷中与地域管辖有关的裁定书共55篇。其中，认为返还公司证照纠纷本质属于侵权纠纷，由此确定地域管辖的文书21篇；认为返还公司证照纠纷直接按照一般地域管辖原则确定由被告住所地法院管辖的文书共21篇；认为返还公司证照纠纷属于与公司有关的纠纷，由此确定地域管辖的文书共8篇；认为返还公司证照纠纷应以一般地域管辖原则结合与公司有关的特殊地域管辖来确定管辖的文书共3篇；另有2篇系因争议双方存在关于证照保管约定的书面合同而按照合同纠纷确定地域管辖。

（二）公司未能实际占有公章情况下，有权代表公司提起证照返还诉讼的原告

通常情况下，公司是有权提起公司证照返还纠纷的原告，依法对公司的证照、印章享有法人财产权的公司有权在相关诉讼文件上加盖公司公章后提交法院。但在公司公章被侵占的情况下，公司对相关起诉文件用印存在客观障碍。根据《中华人民共和国民事诉讼法》（根据2021年12月24日第十三届全国人民代表大会常务委员会第三十二次会议《关于修改〈中华人民共和国民事诉讼法〉的决定》第四次修正，以下简称《民事诉讼法》）第51条第2款的规定，法人由其法定代表人进行诉讼。因此，公司的法定代表人作为通过公司章程决定的代表公司从事民事活动的自然人，可以代表公司提起诉讼，其在诉讼活动中对相关诉讼文件的签名即被视为公司的意思表示。例如，（2021）川0180民初4996号简阳C职工技术服务有限公司（以下简称简阳C公司）、袁某公司证照返还纠纷案中，原告简阳C公司的起诉状上未加盖公司印章、仅有法定代表人签字确认，被告以“本案诉状中未加盖公司公章，仅有法定代表人签字，不符合受案规定，原告不具有本案的诉讼主体资格”为由进行抗辩。但四川省简阳市人民法院在2021年12月21日作出

的一审民事判决书中认为，法定代表人作为最基础的公司意志代表机关，是法人当然的诉讼意志代表主体。公章是公司对外作出意思表示的重要外在表现形式，但法律并未规定公章本身能够直接代表公司意志。该案中，诉请之一系“公司印章”返还，因此起诉状上未加盖有简阳C公司印章，仅有李某以法定代表人身份签字确认，并不能当然地否认提起诉讼行为系简阳C公司的行为。在法定代表人与公司公章分离的情况下，法定代表人以公司名义作出的诉讼行为，应视为公司的诉讼行为。前述法院据此对被告的该项抗辩不予支持。

在公司控制权争夺中，法定代表人可能是侵占公司印章、证照的一方或利益相关方，其为了本方利益以及能够实际控制公司日常经营可能会怠于或拒绝提起诉讼。在此情况下，公司股东会作为公司的最高决策机构，有权根据法律和公司章程的规定，重新任命公司法定代表人。由新任命的法定代表人作为诉讼代表人，持相关证明材料证明自己的新任法定代表人身份并以公司名义提起公司证照返还纠纷。如上海市第一中级人民法院在2021年8月30日作出的(2021)沪01民终8167号汪某与上海D信息科技有限公司公司证照返还纠纷案二审民事判决书中，在案涉公司的法定代表人变更事项因缺乏公司营业执照、印章而被市场监督管理局驳回变更申请的情况下，基于案涉公司股东决定已任命了新的法定代表人，认为“本案为公司证照返还纠纷，系公司内部纠纷，应以尊重公司章程、公司内部有效决议的效力为原则来确认法定代表人”，并在此基础上认定原法定代表人无权代表公司保管公司的印章、证照等物品，应予返还。再如，四川省成都市中级人民法院在2021年5月11日作出的(2021)川01民终6428号四川W科技有限公司、林某、汪某等与公司有关的纠纷案二审民事判决书中，也再次阐明了公司通过股东会决议任命新的法定代表人和公章保管人、原法定代表人应予以执行的合理、合法性。

此外，公司的监事、董事、股东在满足《公司法》第151条规定的情况下，也可以代表公司提起公司证照返还诉讼。原因为：(1)《公司法》第151条第1款、第3款规定了监事、董事有权代表公司行使诉权，即公司的董事、高级管理人员在执行公司职务时违反法律、行政法规或者公司章程给公司造成损失,在适格股东的依法请求下,监事可以代表公司行使诉权;如监事在执行公司职务时违反法律、行政法规或者公司章程的规定,给公司造成损失的,则在适格股东的依法请求下,董事可以代表公司行使诉权;如他人侵犯公司合法权益,给公司造成损失的,在适格股东的依法请求下,董事、监事可以代表公司行使诉权。结合《公司法》司法解释四第 23 条的规定,监事/董事代表公司进行公司证照返还的诉讼时,均列公司为原告,如果是要求董事、高级管理人员承担证照返还义务的,由监事会主席或不设监事会的有限责任公司的监事代表公司进行诉讼;如果是要求监事、非公司董监高身份的其他主体承担证照返还义务的,由董事长或者执行董事代表公司进行诉讼。如在江苏省常州市中级人民法院于 2021 年 12 月 8 日作出的(2021)苏 04 民终 5177 号宣某、常州 W 电子有限公司公司证照返还纠纷案二审民事判决书中,法院认可案涉公司以临时股东会决议变更法定代表人的决议效力,法院认为原法定代表人应根据该决议配合变更公司法定代表人,并按公司章程规定移交公司营业执照、公章等,且进而认定原法定代表人未履行上述义务,损害了公司利益,公司监事可依照《公司法》第 151 条的规定,作为公司诉讼代表人以公司为原告提起公司证照返还诉讼。(2)《公司法》第 151 条第 2 款规定了股东代表诉讼制度,并规定了前置程序。因此,若股东代表公司提起公司证照返还纠纷应履行前置程序,除非存在紧急情形会导致公司在不立即采取诉讼手段的情况下就会受到不可弥补的损害,否则不能免除该前置程序。如在最高人民法院于 2015 年 12 月 17 日作出的(2015)民申字第 2767 号 Z 地产有限公司与富某公司证照返还纠纷案申诉申请民事裁定书中,最高人民法院认为因为股东未履行股东代表诉讼的法定前置程序,其无证据证明其要求原执行董事返还证照存在免除前置程序的例外情形而驳回再审申请。

思考和建议 ▶▶

在争夺上市公司控制权的过程中，能否以公司名义行使权利、对外作出意思表示，是掌握控制权的重要体现，所以这是各方的必争之地。因此，取得并控制上市公司的印章、证照尤为重要。上市公司应建立完善、权责分明的内部管理制度，明确相关公章、证照的保管人员、使用权限、程序，并在交接印章、证照时制作详细注明交接清单以明确权责。一旦公章、证照失控，比如发生一方抢夺公章的事件，公司应立即依法启动相关程序，以补办新的公章、证照并宣布相关的原公章、证照作废。同时，公司或是在人章分离情况下公司的有权代表，亦可通过提起公章证照返还诉讼，要求相关人员返还相关印章、证照。

此外，为避免侵占公章、证照一方使用公章、证照从而产生不可逆的后果和损害，在公章证照返还纠纷诉讼中可申请行为保全，禁止无权占有一方使用公章、证照。在申请行为保全时，为尽量减少对上市公司日常经营的不利影响，可有针对性地申请禁止无权占有一方使用公章、证照进行某些特定活动。如根据 H 公司发布的涉诉公告，其在(2021)苏 0391 民初 4910 号公司证照返还纠纷案中，申请禁止原实控人一方在公司证照返还纠纷作出生效判决前使用 H 公司公章办理法定代表人、董事、监事、总经理以及公司章程、经营地址、经营范围的工商变更登记手续。

相关规定 ▶▶

《民法典》

第二百三十五条　无权占有不动产或者动产的，权利人可以请求返还原物。

《公司法》

第三条第一款　公司是企业法人，有独立的法人财产，享有法人财产权。公司以其全部财产对公司的债务承担责任。

第一百五十一条　董事、高级管理人员有本法第一百四十九条规定的情形的,有限责任公司的股东、股份有限公司连续一百八十日以上单独或者合计持有公司百分之一以上股份的股东,可以书面请求监事会或者不设监事会的有限责任公司的监事向人民法院提起诉讼;监事有本法第一百四十九条规定的情形的,前述股东可以书面请求董事会或者不设董事会的有限责任公司的执行董事向人民法院提起诉讼。

监事会、不设监事会的有限责任公司的监事,或者董事会、执行董事收到前款规定的股东书面请求后拒绝提起诉讼,或者自收到请求之日起三十日内未提起诉讼,或者情况紧急、不立即提起诉讼将会使公司利益受到难以弥补的损害的,前款规定的股东有权为了公司的利益以自己的名义直接向人民法院提起诉讼。

他人侵犯公司合法权益,给公司造成损失的,本条第一款规定的股东可以依照前两款的规定向人民法院提起诉讼。

《民事诉讼法》

第五十一条　公民、法人和其他组织可以作为民事诉讼的当事人。

法人由其法定代表人进行诉讼。其他组织由其主要负责人进行诉讼。

六、行为保全

根据《民事诉讼法》第 103 条的规定,对于可能因当事人一方的行为或者其他原因,使判决难以执行或者造成当事人其他损害的案件,法院可以裁定对其财产进行保全、责令其作出一定行为或者禁止其作出一定行为。这就是法律上的“行为保全”。

上市公司控制权争夺一旦上升到诉讼途径解决的层面,争夺的双方为了有效维护本方利益,往往会在提起诉讼同时申请采取行为保全措施。这些措施通常体现为对相关股东限制行使表决权、对相关决议限制执行等。如前文所述,行为保全措施在公司证照返还纠纷中,还体现为禁止使用公章或是更具体的行为,如禁止进行相关工商变更等。

例如,在上市公司控制权争夺中,徐州 H 专用车辆股份有限公司(以下简称H公司)自2021年起的涉诉案件中,至少有3起诉讼申请了行为保全,分别为:(1)(2021)苏0391民初3364号公司决议撤销纠纷案中,原告原实控人一方提出行为保全申请,法院裁定禁止H公司对于其2021年5月21日作出的2020年年度股东大会决议中有关选举非独立董事、独立董事、非职工代表监事的事项予以实施;(2)(2021)苏0391民初4910号公司证照返还纠纷案中,原告H公司提出行为保全申请,法院裁定禁止被申请人原实控人一方在本案作出生效判决前使用H公司公章办理法定代表人、董事、监事、总经理以及公司章程、经营地址、经营范围的工商变更登记手续;(3)(2021)粤0304民初56629号表决权委托合同纠纷案中,原告新实控人一方申请了行为保全,法院裁定禁止被申请人原实控人一方就其所持有的H公司全部股权对特定事项行使表决权。

上述H公司控制权争夺系列案件中的行为保全申请,法院对当事人的保全申请均以保全可避免相关行为在实施后不能恢复原状、造成不可逆的后果,使申请人主张的权益受到难以弥补的损害为主要理由予以支持。同时,考虑到行为保全将不可避免地对案涉公司的正常经营产生不利影响,法院在作出相关裁定时应更为审慎。例如,(2021)苏0391民初3364号公司决议撤销纠纷案中,H公司向徐州经济技术开发区人民法院就其作出的保全裁定提出行为保全异议,徐州经济技术开发区人民法院经审查后出具《民事裁定书》,驳回H公司的复议请求,认为根据具体案情合法合理地适用保全制度,是人民法院应有的司法职责。该案系公司决议撤销纠纷,也应适用该制度。况且,江苏省徐州经济技术开发区人民法院在作出行为保全裁定前已经对被申请人的申请进行了必要审查,并劝其撤回了部分申请事项,努力减少对复议申请人经营产生不良影响,做到了审慎谦抑。

思考和建议 ▶▶

提起行为保全申请是诉讼当事人的法定权利,合理地适用行为保全制度可以及时制止对方的不法行为,有利于权利的恢复,避免合法权利被不当延迟。在上市公司控制权争夺中,采取行为保全措施还能在事实和法律上有效阻止对方进一步扩大对公司的控制。对于被申请人而言,若对行为保全裁定不服,可以向法院提出复议申请,要求法院撤销。

同时我们也可以看到,一旦上市公司控制权争夺战打响,控制权争夺双方在提起一系列诉讼的同时,运用行为保全制度禁止公司或相关主体禁止作出一定行为,将不可避免地导致公司正常经营受损甚至失序,最终损害公司本身的发展以及中小投资者的利益。这也对法院在审查相关行为保全申请时提出了更为审慎谦抑的要求。

相关规定 ▶▶

《民事诉讼法》

第一百零三条第一款　人民法院对于可能因当事人一方的行为或者其他原因,使判决难以执行或者造成当事人其他损害的案件,根据对方当事人的申请,可以裁定对其财产进行保全、责令其作出一定行为或者禁止其作出一定行为;当事人没有提出申请的,人民法院在必要时也可以裁定采取保全措施。

第一百一十一条　当事人对保全或者先予执行的裁定不服的,可以申请复议一次。复议期间不停止裁定的执行。

结　语

从近年来与上市公司控制权变更相关的诉讼案件来看,相关案件涉及的争议类型丰富、争议焦点多样。随着《证券法》大幅强化信息披露要求,在证券市场进入强监管时代的大背景下,上市公司控制权的变更面临更为严格的合法、合规性要求。上市公司控制权变更诉讼的部分问题曾经引发广泛讨论,如违规增持股份所对应的表决权是否受到限制,《证券法》的修订和实施使裁判观点在司法审判实践层面得到更新;部分问题,如当事人之间能否通过约定排除对表决权委托事项的任意解除权、公司证照返还纠纷的地域管辖如何确定，在司法审判实践中尚未能形成统一的裁判思路。笔者将继续关注上市公司控制权变更所涉及的诉讼案件，梳理和汇总其中的热点问题以及司法裁判观点，为投资者/股东和上市公司就有关上市公司控制权变更的事项所引发的纠纷提供参考，以期合理避免风险、妥善解决争议。

专题五

证券虚假陈述民事赔偿案件

国浩律师（上海）事务所　崔庆玮　刘丰仪　刘　洋

2022年1月21日，最高人民法院发布《关于审理证券市场虚假陈述侵权民事赔偿案件的若干规定》（以下简称《新虚假陈述若干规定》或新规），新规重磅发布引发了广泛的关注和研究，此前最高人民法院于2003年发布并实施的《关于审理证券市场因虚假陈述引发的民事赔偿案件的若干规定》（以下简称《2003年虚假陈述若干规定》或旧规）适用的20年间，《中华人民共和国证券法》（以下简称《证券法》）经历了数次修订，包括股债在内的证券市场有了长足发展，相应地，证券虚假陈述民事赔偿案件也显著增加，案件疑难程度及重大性有了显著提升。新规的颁布弥补和解决了随着证券市场发展而出现的新问题和不足之处，完善了虚假陈述行为的责任构成要件及认定规则，严格落实发行人及董监高等相关责任主体的赔偿责任，也给上市公司的交易相对方等利益相关方敲响了警钟，压实证券中介机构"看门人"责任，规范并细化了证券服务机构的注意义务标准，维护了我国证券投资者的合法权益与证券市场的发展之间的平衡，对我国证券虚假陈述诉讼制度的发展具有重要意义。本专题以新规出台为契机，从新规修订的变化与亮点、前置程序的取消、相关制度沿革、虚假陈述构成要件的新旧对比、董监高等相关责任人员的责任认定以及国浩律师代理的经典案例等方面进行深度及重点讨论，对适用新规可能涉及的主要问题及司法裁判观点予以解读。

第一章　总　　论

一、概述

《2003 年虚假陈述若干规定》实施以来，随着证券市场的日益发展和成熟，证券虚假陈述纠纷案件也对司法提出了新的、更高的要求，终于在 2022 年 1 月 21 日，最高人民法院发布《新虚假陈述若干规定》。总体来看，《新虚假陈述若干规定》总结了 20 年来虚假陈述民事赔偿案件的司法实践和理论研究，对《2003 年虚假陈述若干规定》进行了全方位修订，对虚假陈述的程序问题以及实体审查中虚假陈述认定等问题进行了相应制度调整和安排，为今后证券虚假陈述民事赔偿案件的司法审理提供了明确的适用依据，也为证券市场的诚信、有序、健康发展提供了制度保障，在切实维护投资者合法权益的同时，也维护了公开、公平、公正的资本市场秩序。

（一）证券虚假陈述行为的新定义

《新虚假陈述若干规定》第 4 条第 1 款在《2003 年虚假陈述若干规定》第 17 条第 1 款[①]的基础上，结合新的制度调整和安排，明确："信息披露义务人违反法律、行政法规、监管部门制定的规章和规范性文件关于信息披露的规定，在披露的信息中存在虚假记载、误导性陈述或者重大遗漏的，人民法院应当认定为虚假陈述。"新定义将适用范围由"证券法律规定"明确扩大到

---

① 《2003 年虚假陈述若干规定》第 17 条第 1 款规定：证券市场虚假陈述，是指信息披露义务人违反证券法律规定，在证券发行或者交易过程中，对重大事件作出违背事实真相的虚假记载、误导性陈述，或者在披露信息时发生重大遗漏、不正当披露信息的行为。

"法律、行政法规、监管部门制定的规章和规范性文件关于信息披露的规定",并删除了"对重大事件"虚假陈述行为的限定,更为全面地涵盖并规范了证券市场信息披露的虚假陈述行为,并进一步对各类虚假陈述的含义予以完善。

(二)《新虚假陈述若干规定》的修订变化与亮点

1. 取消前置程序,立案受理时不再以监管部门的行政处罚和生效的刑事判决为前置条件

自 2002 年以来,法院受理虚假陈述民事赔偿纠纷需要以监管部门的行政处罚决定或者人民法院的刑事裁判文书认定为前置条件。随着证券市场的不断发展和日趋成熟以及证券诉讼审判经验的不断积累,《新虚假陈述若干规定》第 2 条第 2 款规定"人民法院不得仅以虚假陈述未经监管部门行政处罚或者人民法院生效刑事判决的认定为由裁定不予受理",明确取消了前置程序。

2. 对"重大性"判断提出实质要求

虚假陈述的重大性要件是指可能对投资者进行投资决策具有重要影响的虚假陈述行为才具有可赔偿性。《2003 年虚假陈述若干规定》没有对重大性要件及其认定标准作出明确规定,《新虚假陈述若干规定》第 10 条明确了重大性认定标准,将"法律法规等规定的重大事件"结合"价格敏感性"作为认定原则,同时明确了"被告能够证明虚假陈述不具有重大性,并以此抗辩不应当承担民事责任的,人民法院应当予以支持"。

3. 明确提出"交易因果关系"要件及其判断规则

《2003 年虚假陈述若干规定》中没有对"因果关系"作明确的区分,而是概括地规定虚假陈述与投资损失之间的因果关系要件。《新虚假陈述若干规定》明确区分并细化了"交易因果关系"及"损失因果关系"要件及其判断规则,以此认定"是否赔"和"赔多少",第 11 条和第 12 条通过列举加兜底的方式细化了"交易因果关系"的认定标准。

(1)对"三日一价"认定规则的进一步明确、细化

"三日一价"是指实施日、揭露日/更正日、基准日和基准价。其中"实施

日至揭露日/更正日”关系着案件中的“可索赔区间”，原告的交易落入该等区间的，原则上由法律推定交易因果关系成立。基准日关系着案涉证券价格受虚假陈述信息揭示影响的区间范围，相应地，基准价确定了基准日之后仍然持有证券的投资者的损失计算基准价格。几乎在每一起证券虚假陈述民事赔偿案件中，“三日一价”都是双方争议的重点，也是法院判断的重点。

《新虚假陈述若干规定》明确并细化了“三日一价”的认定规则：区分积极虚假陈述和消极虚假陈述的实施日认定规则；强化虚假陈述信息揭示的制度内涵，完善了揭露日的认定标准；在阐明基准日基本法律概念的基础上，以“换手率标准”与“固定期日标准”相结合的方式规定了基准日确定方法。

（2）对信息披露义务人以外主体的责任认定给予了充分关注

《新虚假陈述若干规定》还删除了《2003 年虚假陈述若干规定》中关于虚假陈述案件被告范围的相关规定①，该规定其实已无法全面涵盖信息披露义务人及责任人。与此同时，《新虚假陈述若干规定》增加了“首恶”、重大资产重组交易对方和帮助造假者的民事赔偿责任，在明确控股股东、实际控制人的直接责任，追究“首恶”责任的同时，也打击财务造假行为的各种“帮凶”，新增重大资产重组的交易对方提供虚假信息及为发行人财务造假提供帮助者相应的民事赔偿责任。

一方面，近年来社会各界对追究财务造假中的“首恶”责任呼声较高，新规切实对该呼声作出了回应，规定原告起诉请求直接判令相关控股股东、实际控制人赔偿损失，免却嗣后追偿的诉累。另一方面，上市公司的财务造假行为，除了前面提到的“首恶”在幕后操纵、组织、指使之外，往往还存在其他相关主体的支持、配合。对于这部分主体，原告也可以起诉请求直接判令其与发行人等责任主体赔偿由此导致的损失。在司法实践中，某些被处罚的

① 《2003 年虚假陈述若干规定》第 7 条规定：“虚假陈述证券民事赔偿案件的被告，应当是虚假陈述行为人，包括：（一）发起人、控股股东等实际控制人；（二）发行人或者上市公司；（三）证券承销商；（四）证券上市推荐人；（五）会计师事务所、律师事务所、资产评估机构等专业中介服务机构；（六）上述（二）、（三）、（四）项所涉单位中负有责任的董事、监事和经理等高级管理人员以及（五）项中直接责任人；（七）其他作出虚假陈述的机构或者自然人。”

主体(如控股股东以外持股5%以上的大股东、收购人的控股股东)是否属于虚假陈述案件的适格被告,往往也因为上述规定而存在一定争议。例如,上海金融法院审理的“游久游戏案”①中,二被告(上市公司持股5%以上的大股东)就辩称其不是上市公司的控股股东或实际控制人,不属于《证券法》和《2003年虚假陈述若干规定》规定的承担证券虚假陈述民事赔偿责任的主体,非本案适格被告。

《新虚假陈述若干规定》的上述规定与新《证券法》相衔接,确立了以“信息披露义务人”为核心的民事责任制度。从多维度追究一切虚假陈述实施者的相应责任,从尽可能多的环节对虚假陈述行为进行打击,为维护投资者的利益、维护资本市场秩序提供了更强有力的制度保障。

(3)损失计算的精准化——明确了“诱空型”虚假陈述情况下的损失计算方式

《2003年虚假陈述若干规定》仅规制了诱多型虚假陈述,未将诱空型虚假陈述纳入调整范围。《新虚假陈述若干规定》正式将“诱空型”虚假陈述纳入规制范围,明确区分了“诱多型”和“诱空型”的虚假陈述认定规则,即“原告在虚假陈述实施日之后、揭露日或更正日之前实施了相应的交易行为,即在诱多型虚假陈述中买入了相关证券,或者在诱空型虚假陈述中卖出了相关证券”。

二、适用法律

《新虚假陈述若干规定》颁布后,对于虚假陈述民事赔偿诉讼,主要适用的法律、法规及司法解释如下:

1.《证券法》(2019年修订,自2020年3月1日起施行);

2.《新虚假陈述若干规定》(自2022年1月22日起施行);

3.《最高人民法院、中国证券监督管理委员会关于适用〈最高人民法院关于审理证券市场虚假陈述侵权民事赔偿案件的若干规定〉有关问题的通

① 上海金融法院民事判决书,(2018)沪74民初1185号。

知》(自 2022 年 1 月 21 日起施行);

4.《全国法院民商事审判工作会议纪要》(自 2019 年 11 月 8 日起施行);

5.《全国法院审理债券纠纷案件座谈会纪要》(自 2020 年 7 月 15 日起施行);

6.《最高人民法院关于证券纠纷代表人诉讼若干问题的规定》(自 2020 年 7 月 31 日起施行)。

《新虚假陈述若干规定》在整合《2003 年虚假陈述若干规定》相关内容的基础上,新增了 15 条重要内容,全文共计 35 条,分为一般规定、虚假陈述的认定、重大性及交易因果关系、过错认定、责任主体、损失认定、诉讼时效、附则等 8 个部分。

第二章　新规下的热点问题和司法裁判观点

一、前置程序规则的取消

证券虚假陈述民事赔偿案件的“前置程序规则”经历了从无到有，再从有到无的过程(见图5－1)。

(一)从历史沿革探求取消前置程序的原因及考量

1998年颁布的《证券法》规定“发行人公告的相关文件中存在虚假记载、误导性陈述或者有重大遗漏，致使投资者在证券交易中遭受损失的，发行人、承销的证券公司应当承担赔偿责任”，确定了证券市场虚假陈述的民事赔偿制度。

但是，证券市场虚假陈述赔偿纠纷是当时中国司法实践领域毋庸置疑的新类型纠纷，我国审判机关对此类纠纷经历了无所适从到逐步接受的过程。2001年9月21日颁布并生效的《最高人民法院关于涉证券民事赔偿案件暂不予受理的通知》规定：“受目前立法及司法条件的局限，尚不具备受理及审理这类案件的条件。经研究，对上述行为引起的民事赔偿案件，暂不予受理。”也就是说，尽管当时的《证券法》已确立了虚假陈述民事赔偿制度，但在我国证券市场建立的前期，并没有与之匹配的具体适用规则，这类纠纷暂时性地成了司法审判的“盲区”。

2002年1月，随着最高人民法院发布《关于受理证券市场因虚假陈述引发的民事侵权纠纷案件有关问题的通知》，情况发生改观。该通知第2条明确规定，“人民法院受理的虚假陈述民事赔偿案件，其虚假陈述行为，须经中国证券监督管理委员会及其派出机构调查并作出生效处罚决定。当事人依

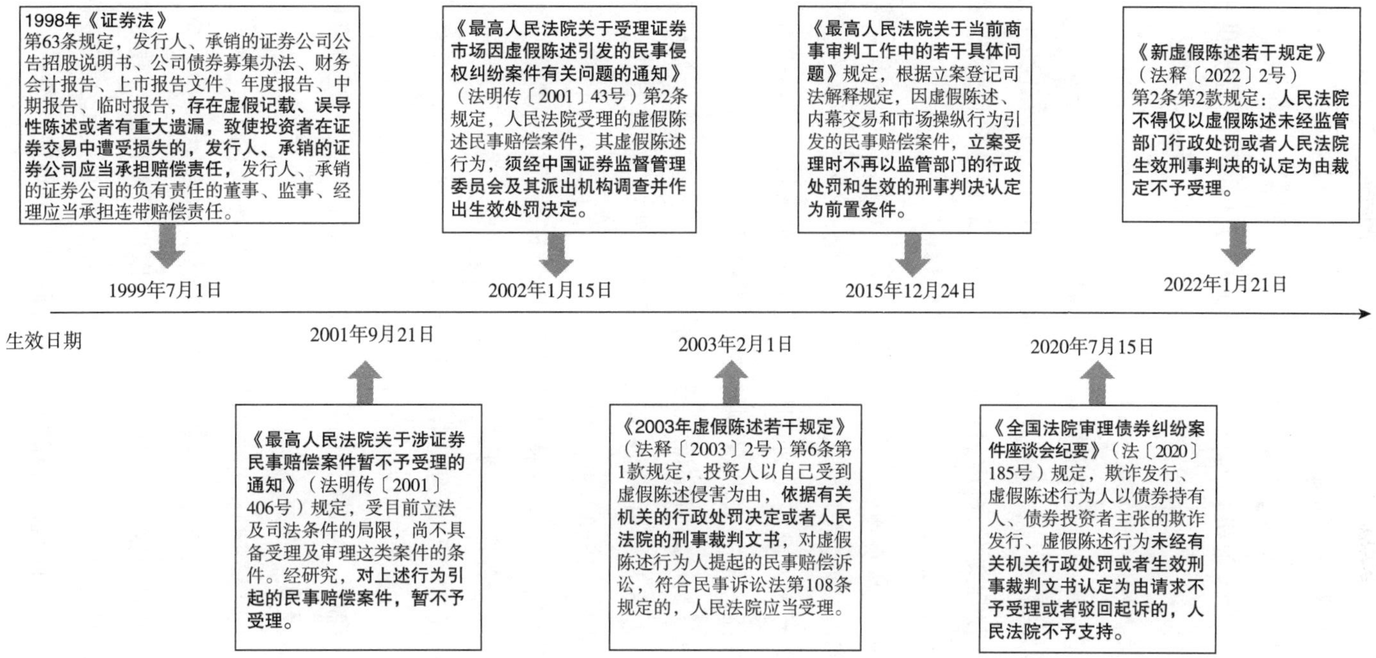

图5-1　前置程序规则发展示意图

据查处结果作为提起民事诉讼事实依据的,人民法院方予依法受理”,首次提出并确定了虚假陈述民事赔偿案件的“前置程序”规则。其主要原因在于,我国证券市场发展初期,存在投资者取证举证困难、法院审判经验不足等诸多现实原因,而监管机构的调查结论很大程度上能给法院提供事实查明和认定的支持。

2003 年 1 月,最高人民法院颁布了后来实施近 20 年的《2003 年虚假陈述若干规定》,进一步确立了“前置程序”规则。其中,第 6 条第 1 款规定:“投资人以自己受到虚假陈述侵害为由,依据有关机关的行政处罚决定或者人民法院的刑事裁判文书,对虚假陈述行为人提起的民事赔偿诉讼,符合民事诉讼法第一百零八条规定的,人民法院应当受理。”

伴随着《2003 年虚假陈述若干规定》的实施及长期适用,司法实践中在很长一段时间都对“前置程序”规则进行严格适用,要求投资人在民事诉讼立案时必须提交行为人已经受到相应行政处罚或被人民法院生效裁判文书判决承担刑事责任的相关文书,否则法院不予受理。“前置程序”规则在多年的司法实践中对减轻原告举证责任、防范滥用诉权以及统一行政处罚与司法裁判标准等方面都存在重要的现实性意义。然而,前置程序的设置客观上是对当事人诉讼权利的一种限制。

随着证券市场的不断发展和日趋成熟,以及证券诉讼审判经验的不断积累,是否废除“前置程序”规则成为不能回避的问题。尤其是在确立“立案登记制”后,这一矛盾显得尤为突出。2015 年 4 月 15 日,最高人民法院发布《关于人民法院推行立案登记制改革的意见》,明确要求“改革法院案件受理制度,变立案审查制为立案登记制”,即人民法院对在形式上符合立案受理条件的案件均应受理。在立案登记制的大背景下,2015 年 12 月,最高人民法院在《关于当前商事审判工作中的若干具体问题》(以下简称《商事审判问题》)中表明,“根据立案登记司法解释规定,因虚假陈述、内幕交易和市场操纵行为引发的民事赔偿案件,立案受理时不再以监管部门的行政处罚和生效的刑事判决认定为前置条件”。该文件的出台是最高人民法院首次提出取消“前置程序”。然而,彼时,《2003 年虚假陈述若干规定》仍然是有效的,司法实践中也产生了“立案登记制”和“前置程序规则”的冲突。在此之后，国内不少法院都取消了前置程序，即投资者起诉就会获得受理，如四川省成都市中级人民法院在（2019）川01民初4317号“金亚科技案”中明确“监管部门的行政处罚和生效的刑事判决认定不再作为因虚假陈述等行为引发的民事赔偿案件立案受理时的前置条件”；但仍然有更多的法院仍在坚持《2003年虚假陈述若干规定》中的前置程序规定，要求必须具备证监会的行政处罚才能获得立案，包括最高人民法院在（2018）最高法民申337号、（2018）最高法民申3428号及（2020）最高法民申3556号案件中的观点仍然是行政处罚决定或刑事裁判文书是法院受理的前置条件。

2020年7月，最高人民法院经商国家发展和改革委员会、中国人民银行、中国证监会同意，制定并发布了《全国法院审理债券纠纷案件座谈会纪要》（以下简称《债券纠纷纪要》），该纪要再次强调：“债券持有人、债券投资者以自己受到欺诈发行、虚假陈述侵害为由，对欺诈发行、虚假陈述行为人提起的民事赔偿诉讼，符合民事诉讼法第一百一十九条规定的，人民法院应当予以受理。欺诈发行、虚假陈述行为人以债券持有人、债券投资者主张的欺诈发行、虚假陈述行为未经有关机关行政处罚或者生效刑事裁判文书认定为由请求不予受理或者驳回起诉的，人民法院不予支持。”由此，最高人民法院在债券领域的虚假陈述民事赔偿诉讼中，明确取消了前置程序。

但是，上述《商事审判问题》和《债券纠纷纪要》并非司法解释，尚不具备司法审判制度性变革的效力。

2022年1月21日，《新虚假陈述若干规定》的颁布，对适用了长达20年的“前置程序”规则真正地作出了制度性的改变，一锤定音，取消前置程序。自此，人民法院不得仅以虚假陈述未经监管部门行政处罚或者人民法院生效刑事判决的认定为由裁定不予受理。其实，取消“前置程序”规则是自2003年该规则确立之初就预设好的、水到渠成的立法轨道。最高人民法院在《最高人民法院关于审理证券市场虚假陈述案件司法解释的理解与适用》（2003年版）一书中就曾明确表示，“随着我国证券市场的日益发展和成熟，随着人民法院逐渐积累了审理这类案件的经验，前置程序将会取消，人民法院在审理虚假陈述民事赔偿纠纷的过程中,必须对相关信息的重大性作出判断”。

(二)取消前置程序对虚假陈述民事赔偿案件司法实践的影响初探

1. 原告举证责任的增加及法院对事实的查明要求的提升

前置程序的设置,本质上是为虚假陈述设定了“重大性”标准,而随着前置程序的取消,在没有行政处罚决定书或者刑事判决书认定相关事实的情况下,必然会增加投资者的举证责任,而由于投资者在证券市场的相对弱势地位,举证是相对困难的。证券虚假陈述侵权民事赔偿诉讼属于侵权责任纠纷,在没有明确规定“举证责任倒置”的前提下,原告应当对被告实施了侵权行为等进行举证,与之相契合的,《新虚假陈述若干规定》第 2 条也明确要求原告在立案时需提交证据证明被告实施了虚假陈述行为。

为了缓解诉讼各方当事人举证难的问题,在今后司法实践中,或将更多依赖法院调查取证制度的有效实施和进一步完善。为此,最高人民法院在 2022 年年初同步发布了《最高人民法院、中国证券监督管理委员会关于适用〈最高人民法院关于审理证券市场虚假陈述侵权民事赔偿案件的若干规定〉有关问题的通知》,明确规定人民法院与证券监管部门的协同处理机制。通过调查取证、专业意见征询、专业人士担任人民陪审员等方面为法院查明事实提供了强大的支持,具体包括:

(1)建立案件通报机制,为了查明事实,人民法院可以依法向中国证监会有关部门或者派出机构调查收集有关证据,中国证监会有关部门或者派出机构依法依规予以协助配合。

(2)在案件审理过程中,人民法院可以就相关专业问题征求中国证监会及其相关派出机构、证券交易场所、证券业自律管理组织、投资者保护机构等单位的意见。征求意见的时间,不计入案件审理期限。

(3)鼓励各地法院根据实际情况积极开展专家咨询和专业人士担任人民陪审员的探索,中国证监会派出机构和有关部门做好相关专家、专业人士担任人民陪审员的推荐等配合工作。

2. 司法实践中对重大性的认定将成为争议焦点

“前置程序”规则的取消，必将使“虚假陈述行为具有重大性”成为案件的争议焦点。对此《新虚假陈述若干规定》明确对“重大性”的判断提出了实质要求。尽管《新虚假陈述若干规定》没有采取“举证责任倒置”规则，但这并不代表被告可以高枕无忧，根据《中华人民共和国民事诉讼法》（以下简称《民事诉讼法》）及相关解释，在法院调查取证、书证提出命令等制度下，被告“自证无罪”的压力同样也有所提升，当然，从另一个角度来看，被告的抗辩空间也会随之扩大。

3. 谨防取消前置程序导致的滥用诉权甚至是恶意诉讼

2022 年 2 月 25 日，中国结算网发布消息称①，自 2019 年 3 月突破 1.5 亿以来，沪深两市投资者开户数量不断增长，到 2022 年 2 月 25 日已达 20,000.87 万，A 股市场投资者开户数量正式突破 2 亿大关，尽管真实的投资者人数可能未达到 2 亿之多，但证券市场经过 20 年的成长，参与者已经非常广泛。

近几年来，证券市场整体波动较大，投资者风险也在增大，投资者蒙受损失后可能将损失归咎于自身以外的因素，上市公司可能存在虚假陈述就是其中之一。在取消“前置程序”规则的情况下，投资者起诉时，到底依据什么作为必要证据，无论对投资者来说，还是对法院来说，都是一个需要再平衡的问题，尤其是在此类诉讼随时可能因互联网的推波助澜而成为群体性案件时。投资者希望索赔诉求被支持，不希望无功而返。法院希望证据充分翔实，能查明事实，而不希望看到大量案件动辄驳回诉讼请求，浪费宝贵的诉讼资源。

在“投资者增多、市场波动增大”的大背景下，取消“前置程序”规则，也不排除会有别有用心者，恶意利用公开信息和互联网，针对上市公司发起虚假陈述索赔诉讼以达到恶意打压股价等不法目的，这些新问题都值得警惕。

---

① 参见《证券市场投资者数量突破 2 亿大关》，载中国结算网 2022 年 2 月 25 日，http://www.chinaclear.cn/zdjs/xgsdt/202202/e466e3e5bcaf4d3da6ddfbbff98bbe73.shtml。

为了防范没有事实根据的滥诉行为,《新虚假陈述若干规定》第 2 条第 1 款要求原告立案时提交“信息披露义务人实施虚假陈述的相关证据”实际上高于《民事诉讼法》规定的人民法院应当受理案件的基本条件,某种程度上也给滥用诉权、恶意诉讼设置了一道门槛。在今后的司法实践中,法院如何把握“信息披露义务人实施虚假陈述的相关证据”,法院与中国证监会的通报机制如何互动,滥用诉权、恶意诉讼的进一步救济等问题,都有待进一步厘清或细化。

二、虚假陈述构成要件

(一)责任主体及其侵权责任的界定

1. 明确控股股东、实际控制人的直接责任

(1)控股股东、实际控制人的直接责任立法趋势

1998 年《证券法》未对控股股东、实际控制人的虚假陈述民事责任作出规定。《2003 年虚假陈述若干规定》在法律未有规定的情况下,将控股股东等实际控制人纳入被告范围内,并在第 22 条中规定了实际控制人承担责任的两类情形。2005 年《证券法》第 69 条首次将控股股东、实际控制人纳入责任主体范围内,规定“发行人、上市公司的控股股东、实际控制人有过错的,应当与发行人、上市公司承担连带赔偿责任”,确定了控股股东、实际控制人的归责原则为过错责任。2019 年《证券法》第 85 条将“过错责任”修改为更为严格的“过错推定责任”,即“发行人的控股股东、实际控制人……应当与发行人承担连带赔偿责任,但是能够证明自己没有过错的除外”。

(2)控股股东、实际控制人责任承担的方式

司法实践中,控股股东、实际控制人责任承担的方式有两类:直接向投资者承担虚假陈述民事赔偿责任,如上海一中院审理的“鲜言案”[①],原告以上市公司上海多伦实业股份有限公司实际控制人鲜言作为被告。因被告股权转让未及时将相关情况告知上市公司,延迟公告《详式权益变动报告书》,

---

① 上海市第一中级人民法院民事判决书,(2014)沪一中民六(商)初字第 43 号。

未履行信息披露义务,中国证监会上海监管局据此对被告予以了行政处罚。法院判令实际控制人应当就其虚假陈述行为向原告赔偿投资差额损失、印花税损失、佣金损失及利息损失。在本案中,投服中心认为案涉侵权行为由鲜言主导,上市公司不是主要责任主体,因此没有把上市公司作为主要被告。被告鲜言作为涉案虚假陈述行为实施当时的上市公司董事长、法定代表人、代行总经理及董事会秘书,同时其本人也是该重大担保事项所涉借款的担保人,对于该重大担保事项的发生存在主导及重要作用,在此情况下,作为直接负责的公司主管人员,鲜言不仅未尽管理职责,且直至中国证监会上海监管局作出处罚决定,才对相关事项进行披露,显然系涉案虚假陈述行为的直接责任人,而上市公司未履行信息披露义务具有一定被动性,法院判决其对被告鲜言的赔偿责任承担连带责任。

还有一类是实际控制人与上市公司承担连带赔偿责任,如宁波中院审理的"圣莱达案"[①],法院认为中国证监会(2018)89 号《行政处罚决定书》已认定被告覃辉系被告圣莱达公司实际控制人,知悉并授意虚假陈述行为,故被告覃辉应承担连带赔偿责任。本案中,违反信息披露义务的第一责任主体是上市公司,但上市公司的违法行为系基于实际控制人的授意,实际控制人存在明显过错,因此法院依据 2014 年修正的《证券法》第 69 条"发行人、上市公司的控股股东、实际控制人有过错的,应当与发行人、上市公司承担连带赔偿责任"的规定,判决实际控制人与上市公司承担连带赔偿责任。

(3)《新虚假陈述若干规定》明确控股股东、实际控制人作为"首恶"的直接责任,并强调其终局责任

实践中,一些影响恶劣的上市公司财务造假案件是由控股股东、实际控制人组织、指使上市公司所为,只有上市公司背后的实质违法者得到惩罚,才能真正打击财务造假,净化市场环境,实现零容忍的政策目标。《新虚假陈述若干规定》第 20 条明确了"追首恶"原则(见表 5－1):

---

① 浙江省宁波市中级人民法院民事判决书,(2021)浙 02 民初 787 号。

表 5-1 “追首恶”的规定

《2003 年虚假陈述若干规定》	《新虚假陈述若干规定》
第二十二条　实际控制人操纵发行人或者上市公司违反证券法律规定,以发行人或者上市公司名义虚假陈述并给投资人造成损失的,可以由发行人或者上市公司承担赔偿责任。发行人或者上市公司承担赔偿责任后,可以向实际控制人追偿。 实际控制人违反证券法第四条、第五条以及第一百八十八条规定虚假陈述,给投资人造成损失的,由实际控制人承担赔偿责任。	第二十条　发行人的控股股东、实际控制人组织、指使发行人实施虚假陈述,致使原告在证券交易中遭受损失的,原告起诉请求直接判令该控股股东、实际控制人依照本规定赔偿损失的,人民法院应当予以支持。 控股股东、实际控制人组织、指使发行人实施虚假陈述,发行人在承担赔偿责任后要求该控股股东、实际控制人赔偿实际支付的赔偿款、合理的律师费、诉讼费用等损失的,人民法院应当予以支持。

《新虚假陈述若干规定》第 20 条第 1 款规定,原告起诉请求直接判令相关控股股东、实际控制人依照本规定赔偿损失的,人民法院应当予以支持,免却嗣后追偿诉讼的诉累。同时,为进一步明确“首恶”的责任,第 2 款明确上市公司承担责任后,有权向负有责任的控股股东、实际控制人追偿上市公司实际承担的赔偿责任和诉讼成本,以进一步压实组织、指使造假的控股股东和实际控制人责任。①

深圳中院于 2022 年 1 月就“东方金钰案”②作出的一审判决认为:赵某作为东方金钰公司股份占比超过 50% 的实际控制人、董事长、总裁,在 2016 年 12 月至 2018 年 5 月,授意、指挥、指使副总裁杨某等人,通过虚构营业收入、利润总额和应收账款等方式实施“诱多型”虚假陈述违法违规行为,诱使投资者何某高位买入东方金钰公司股票,并造成其损失。法院判令东方金钰公司实际控制人赵某作为第一责任主体赔偿投资者的损失。该案成为《新虚假陈述若干规定》施行后全国首例判令实际控制人作为第一责任主体的案件。

在“惩首恶”原则影响下,中小投资者也倾向将作为主要责任人的实际

---

① 参见《最高人民法院民二庭负责人就〈最高人民法院关于审理证券市场虚假陈述侵权民事赔偿案件的若干规定〉答记者问》,载最高人民法院网 2022 年 1 月 21 日,https://www.court.gov.cn/zixun-xiangqing-343251.html。

② 广东省深圳市中级人民法院民事判决书,(2021)粤 03 民初 2361 号,该案判决书尚未公开,在《深圳市中级人民法院证券虚假陈述责任纠纷审判白皮书(2017—2021)》中提及。

控制人列为第一被告，要求其直接向投资者承担民事赔偿责任，但在司法实践中更多的还是在认定上市公司民事责任的基础上，判决实控人与上市公司承担连带赔偿责任。

2. 由主要信披义务人扩充至其他特别责任主体，增加威慑

《新虚假陈述若干规定》新增重大资产重组的交易对方提供虚假信息及为发行人财务造假提供帮助者相应的民事赔偿责任，同时也打击财务造假行为的各种帮助者，扩大了责任主体的范围（详见表5-2）。

表5-2　责任主体扩充

《2003年虚假陈述若干规定》	《新虚假陈述若干规定》
/	第二十一条　公司重大资产重组的交易对方所提供的信息不符合真实、准确、完整的要求，导致公司披露的相关信息存在虚假陈述，原告起诉请求判令该交易对方与发行人等责任主体赔偿由此导致的损失的，人民法院应当予以支持。
/	第二十二条　有证据证明发行人的供应商、客户，以及为发行人提供服务的金融机构等明知发行人实施财务造假活动，仍然为其提供相关交易合同、发票、存款证明等予以配合，或者故意隐瞒重要事实致使发行人的信息披露文件存在虚假陈述，原告起诉请求判令其与发行人等责任主体赔偿由此导致的损失的，人民法院应当予以支持。

3. 重大资产重组的交易对方提供虚假信息应承担民事赔偿责任

司法实践已有判决第三方与上市公司承担连带赔偿责任的案例，如深圳中院在“保千里案”①中认定共同收购人在保千里公司重整过程中，违背《承诺函》，操纵上市公司进行虚假陈述行为，侵犯投资者权益，构成共同侵权，依法应与上市公司承担连带赔偿责任。

沈阳中院在“鞍重股份案”②中，认定交易对方属于《2003年虚假陈述若干规定》第25条规定的其他作出虚假陈述的机构，其违反《证券法》相关规

① 广东省深圳市中级人民法院民事判决书，(2017)粤03民初2033号。

② 辽宁省沈阳市中级人民法院民事判决书，(2018)辽01民初543号。

定,给投资人造成损失的,应当承担赔偿责任。九好集团作为资产重组的交易相对方,向鞍重股份提供虚假的财务数据,存在欺诈的行为,给投资人造成损失,应与鞍重股份共同赔偿投资者的损失。

4. 在外部第三方提供不实信息时,需审慎认定发行人的虚假陈述民事责任

外部第三方提供不实信息导致公司存在虚假陈述行为的,上市公司本身也是外部第三方提供不实信息的受害者,此时上市公司是否应当承担虚假陈述民事责任以及在何种范围内承担责任,需在全面考察案件情况的基础上审慎认定。

中国证监会已经开始结合虚假陈述行为发生时间等事实区分责任主体认定各方责任。例如,在“宁波东力案”①中,针对重大资产重组阶段重组交易对方的信息披露违法行为,监管部门仅处罚了交易对方或收购人,而未处罚上市公司;针对重大资产重组完成后上市公司的信息披露违法行为,处罚了上市公司。

《新虚假陈述若干规定》第 21 条明确规定:“公司重大资产重组的交易对方所提供的信息不符合真实、准确、完整的要求,导致公司披露的相关信息存在虚假陈述,原告起诉请求判令该交易对方与发行人等责任主体赔偿由此导致的损失的,人民法院应当予以支持。”然而,交易对方与发行人究竟承担何种形式的责任,是连带责任、按份责任还是各自担责并未予明确,还有待司法实践的进一步探索。

5. 新增为发行人财务造假提供帮助者的赔偿责任

由于《证券法》《2003 年虚假陈述若干规定》并未明确规定上述配合造假者的虚假陈述民事责任,故目前我国尚不存在判决由证券违法行为帮助者承担证券虚假陈述民事赔偿责任的案例。

实践中,上市公司的财务造假行为客观上确实存在其他相关主体支持、

---

① 〔2021〕2 号中国证监会行政处罚决定书(深圳市年富供应链有限公司、宁波东力股份有限公司、李文国等 11 名责任人员),2021 年 1 月 6 日。

配合的情况。有的金融机构工作人员和上市公司串通，出具虚假的银行询证函回函、虚假银行回单、虚假银行对账单，欺骗审计机构；一些上市公司的供应商和销售客户为上市公司财务造假提供虚假的交易合同、货物流转及应收应付款凭证，成为财务造假的帮助者①。为明确上述帮助造假者的法律责任，《新虚假陈述若干规定》第 22 条首次明确规定"有证据证明发行人的供应商、客户，以及为发行人提供服务的金融机构等明知发行人实施财务造假活动，仍然为其提供相关交易合同、发票、存款证明等予以配合，或者故意隐瞒重要事实致使发行人的信息披露文件存在虚假陈述，原告起诉请求判令其与发行人等责任主体赔偿由此导致的损失的，人民法院应当予以支持"。虽然是首次明确，但从法理上来看并不难理解，无论是根据《中华人民共和国侵权责任法》，还是根据《中华人民共和国民法典》，帮助侵权者与行为人承担连带责任均有相应的法理基础。

在今后的司法实践中，预计会有一些投资者将发行人的供应商、客户，以及为发行人提供服务的金融机构等涉嫌为造假提供帮助者一并列为被告，但是，该部分的举证责任归属于原告，如何完成举证是另一个需要探讨的话题。

6. 责任主体及其归责原则归纳

结合《证券法》和《新虚假陈述若干规定》，证券虚假赔偿纠纷中，各责任主体的归责原则如表 5－3 所示：

表 5－3 责任主体及归责原则

责任主体	归责原则
发行人	无过错责任
控股股东、实际控制人	过错推定责任
董、监、高和其他直接责任人员	过错推定责任

① 参见《最高人民法院民二庭负责人就〈最高人民法院关于审理证券市场虚假陈述侵权民事赔偿案件的若干规定〉答记者问》，载最高人民法院网 2022 年 1 月 21 日，https://www.court.gov.cn/zixun－xiangqing－343251.html。

续表

责任主体	归责原则
独立董事、外部监事和职工监事	过错推定责任
保荐机构、承销机构等机构及其直接责任人员	过错推定责任
公司重大资产重组的交易对方	过错责任
发行人的供应商、客户,以及为发行人提供服务的金融机构等	过错责任
中介机构:会计师事务所、律师事务所、资信评级机构、资产评估机构、财务顾问	过错推定责任

7. 责任主体间的追偿规则

(1)发行人向控股股东、实际控制人的追偿

《2003 年虚假陈述若干规定》第 22 条第 1 款规定了发行人承担赔偿责任后可以向实控人追偿:“实际控制人操纵发行人或者上市公司违反证券法律规定,以发行人或者上市公司名义虚假陈述并给投资人造成损失的,可以由发行人或者上市公司承担赔偿责任。发行人或者上市公司承担赔偿责任后,可以向实际控制人追偿。”

《新虚假陈述若干规定》第 20 条进一步明确投资人可向实际控制人直接索赔,在一定程度上避免了追偿的讼累,同时也重申:“控股股东、实际控制人组织、指使发行人实施虚假陈述,发行人在承担赔偿责任后要求该控股股东、实际控制人赔偿实际支付的赔偿款、合理的律师费、诉讼费用等损失的,人民法院应当予以支持。”

司法实践中,上市公司承担责任后向实际控制人追偿的案例较少,现实中往往由于各种原因导致追偿较难实现,但随着《中华人民共和国公司法》的完善和修订,中小股东将会有更大的空间通过提起代位诉讼代替上市公司向实际控制人、发行人追偿。《证券法》第 94 条还赋予了投资者保护机构提起股东代位诉讼的权利。根据该规定,中证中小投资者服务中心目前已经开展了在个案项下代上市公司起诉时任实际控制人,主要董、监、高等人员的实践尝试,且已多次向上市公司发送《股东质询建议函》,督促上市公司启动追偿诉讼。整体而言,《新虚假陈述若干规定》第 20 条规定均充分彰显

了“追首恶”的制度理念。

(2)《新虚假陈述若干规定》规定了承担连带责任的当事人之间的追偿原则,但未对比例连带责任的争议予以回应

《2003 年虚假陈述若干规定》并未对连带责任人的内部追偿问题作出解释。在“欣泰电气案”中,曾有中介机构在先行赔付后起诉发行人等众多连带责任主体进行追偿,但困于该问题裁判规则的模糊,后续各方最终选择了庭外解决。

《新虚假陈述若干规定》第 23 条明确规定了原则性处理意见:“承担连带责任的当事人之间的责任分担与追偿,按照民法典第一百七十八条的规定处理”,即二人以上依法承担连带责任的,权利人有权请求部分或者全部连带责任人承担责任。连带责任人的责任份额根据各自责任大小确定;难以确定责任大小的,平均承担责任。实际承担责任超过自己责任份额的连带责任人,有权向其他连带责任人追偿。连带责任,由法律规定或者当事人约定。

然而,《新虚假陈述若干规定》只原则性规定了连带责任人之间的责任分担与追偿问题,并未对比例连带责任的争议予以回应。“比例连带责任”,顾名思义,即在一定比例的范围内承担连带责任。在司法实践中,法院越来越倾向于根据其他责任主体过错程度的不同确定具体责任范围。如果其他责任主体存在与发行人共谋的故意,则对外与发行人全额承担连带责任;如果其他责任主体仅是过失,则根据过错及原因力大小,对外在一定比例/范围内与发行人承担连带责任,典型表达为:“某机构对发行人的付款义务在 ×% 的范围内承担连带责任。”

“比例连带责任”与普通连带责任最大的不同是直接在外部关系中确定了责任比例,其不同于普通连带责任的“对外全额、对内可分”的基本特征,其法理基础目前尚有待商榷,现有司法实践主要是基于实体公平和“正当性”角度去阐述的,如“以体现权责相适应原则”“不基于过错情形予以区别,显然不符合责任与过错程度相当的侵权法基本法理”。例如,在“比例连带

责任”的代表性案例“中安消案”①中,上海高院认为:“关于证券虚假陈述民事赔偿中,证券服务机构存在过错及虚假陈述行为的前提下,是否一概承担全额连带责任问题,《证券法》(1998 年修订)第一百六十一条规定了专业机构和人员应就其负有责任的部分承担连带责任,《2003 年虚假陈述若干规定》第二十四条也据此对专业中介服务机构及其直接责任人虚假陈述承担相应部分赔偿责任予以进一步明确。尽管在 2005 年修改后的《证券法》中不再区分中介机构故意或过失等情况,但从上述法律规定来看,连带赔偿责任并非仅限于全额连带赔偿,部分连带赔偿责任仍是法律所认可的一种责任形式……考量其过错程度、造成投资者损失的原因力等因素,分别确定其应当承担的法律责任。”

那么,在“比例连带责任”已经成为司法实践中明确的裁判方式的情况下,有关责任主体在法院判定的责任范围内承担连带责任后是否还能追偿呢?

有观点认为,根据“连带责任人的责任份额根据各自责任大小确定”的原则,“比例连带责任”实际上已经在“对外承担”的时候把根据已经查明的过错情形得出的责任大小加以明确,据此,承担“比例连带责任”的责任主体在自己的范围内承担责任后,不得再向其他责任主体追偿。这也体现了司法追求的“权责相适应原则”,避免了不必要的循环诉讼。

也有观点认为,“比例连带责任”中的“比例”是指连带的债务占总债务的比例,仍然是连带责任,并非对外部的按份责任,解决的是有多少比例“投资者损失”是因发行人和等其他责任主体的行为共同叠加了原因力造成、多少比例的“投资者损失”仅是发行人单独造成。此处的“比例”,是应连带的“损失”在投资者总损失中的比例,而不是内部责任的最终划分比例,内部责任的最终划分比例,还需要进一步探讨不同原因力之间是否存在重合等问题。该观点认为,承担“比例连带责任”的责任主体,如承担了超出自己责任部分的责任,可以向其他责任主体追偿。

---

① 上海市高级人民法院民事判决书,(2020)沪民终 666 号。

但是，在适用“可追偿”观点时，可能存在很多实操障碍，如内部责任的最终划分比例是多少还需要另行认定，再如追偿方向如何认定，是否应允许发行人向其他责任主体追偿，各承担“比例连带责任”的责任主体追偿方向以何种标准认定，承担特别注意义务的主体能否向普通注意义务的主体追偿等。目前的司法实践中，尚没有能够提供参考和指引的有效案例，以上问题都是值得讨论且无法回避的。

此外，《新虚假陈述若干规定》单独对承销保荐机构的约定追偿权进行了一定限制：承销保荐机构不得以上市保荐、承销协议、持续督导等相关协议中存在约定为由，向发行人及其控股股东、实际控制人等主张全额追偿。但是，对于承销保荐机构以外的其他证券服务机构等责任主体能否以前述相关约定为由，向发行人等主张全额追偿，《新虚假陈述若干规定》对此未置可否。

（二）虚假陈述侵权行为的界定

1.《新虚假陈述若干规定》沿用了《2003 年虚假陈述若干规定》规定的虚假陈述类型，又在其基础上有所完善（详见表 5 -4）。

表 5 -4　虚假陈述行为类型

行为类型	《2003 年虚假陈述若干规定》	《新虚假陈述若干规定》	主要变化
虚假记载	是指信息披露义务人在披露信息时，将不存在的事实在信息披露文件中予以记载的行为。	是指信息披露义务人披露的信息中对相关财务数据进行重大不实记载，或者对其他重要信息作出与真实情况不符的描述。	新的定义不仅更加契合虚假记载的“虚假”这一特征，而且着重强调了实践中最为常见的财务数据虚假记载行为。
误导性陈述	是指虚假陈述行为人在信息披露文件中或者通过媒体，作出使投资人对其投资行为发生错误判断并产生重大影响的陈述。	是指信息披露义务人披露的信息隐瞒了与之相关的部分重要事实，或者未及时披露相关更正、确认信息，致使已经披露的信息因不完整、不准确而具有误导性。	《2003 年虚假陈述若干规定》偏重“作为”型虚假陈述行为，《新虚假陈述若干规定》更偏重于“不作为”型的虚假陈述行为。

续表

行为类型	《2003 年虚假陈述若干规定》	《新虚假陈述若干规定》	主要变化
重大遗漏	是指信息披露义务人在信息披露文件中,未将应当记载的事项完全或者部分予以记载。	是指信息披露义务人违反关于信息披露的规定,对重大事件或者重要事项等应当披露的信息未予披露。	强调了“重大事件或者重要事项”。
未按照规定披露信息	是指信息披露义务人未在适当期限内或者未以法定方式公开披露应当披露的信息。	是指信息披露义务人未按照规定的期限、方式等要求及时、公平披露信息。 信息披露义务人“未按照规定披露信息”构成虚假陈述的,依照本规定承担民事责任;构成内幕交易的,依照《证券法》第 53 条的规定承担民事责任;构成《公司法》第 152 条规定的损害股东利益行为的,依照该法承担民事责任。	构成内幕交易或者损害股东利益行为的,分别依照《证券法》和《公司法》的相关规定承担民事责任。

2. 预测性信息的“安全港”规则

(1)司法实践的变化趋势

《2003 年虚假陈述若干规定》没有区分预测性信息与事实性陈述在民事责任中的认定标准,是因为对于前置程序规则,最高人民法院认为“遭受行政处罚或刑事处罚的虚假陈述,无论是事实性的或是预测性的,都具备了产生民事责任的重大性特征”①。

近几年,在“前置程序”规则受到一定挑战的同时,关于“预测性信息”虚假陈述的重大性问题也逐渐进入审理法院视野范围。例如,2021 年深圳中院在“中航三鑫案”②中认为,应从上市公司是否有意通过虚假预测信息误导

---

① 《最高人民法院关于审理证券市场虚假陈述案件司法解释的理解与适用》,人民法院出版社 2015 年版,第 201 页。

② 广东省深圳市中级人民法院民事判决书,(2019)粤 03 民初 2031 号。

投资者和在披露预测性信息时是否作出不确定性的警示性提示两方面进行综合判断。

上海高院在“飞乐音响案”[①]中认为，相较于客观事实陈述，对预测性信息能否构成虚假陈述，应作更加严格、审慎的认定。首先，一方面，公司在披露该项预测性信息时，已对构成业绩预增的基础财务数据可能存在不准确等重要因素作出了一定程度的风险警示；另一方面，案涉《行政处罚决定书》认定相关业绩预增公告仅为“不准确”，而非存在“虚增营业收入、虚增利润的虚假陈述行为”，即监管部门也未直接认定存在虚假陈述行为。其次，从案涉预测性信息发布后的市场反应情况来看，公告发布之日起飞乐音响公司股价出现了连续三个交易日的下跌，与“诱多型”虚假陈述导致股价虚增的通常市场反应完全相悖，由此可见，公司发布的预测性信息并未对投资者的投资决策产生明显的误导，更难谓构成使投资者对其投资行为发生错误判断并产生重大影响的误导性陈述。本案中，法院从预测性信息是否进行充分警示、预测行为的定性以及预测性信息发布后的危害程度和市场反应等方面综合判断是否适用“安全港”规则。

(2)预测性信息的范围

《新虚假陈述若干规定》并未对预测性信息进行描述，而《最高人民法院关于审理证券市场虚假陈述案件司法解释的理解与适用》一书中指出，预测性信息一般包括以下五个方面的内容：

第一，对利润、收入(或亏损)、每股盈利(或亏损)、资本成本、股利、资金结构或者其他财务事项预测的陈述；

第二，公司管理层对未来经营计划与目标的陈述，包括有关发行人产品或服务的计划与目标；

第三，对未来经济表现的陈述，包括管理者对财务状态分析与讨论中的任何陈述；

第四，任何对上述事项所依据的假设前提及相关事项的陈述；

---

① 上海市高级人民法院民事判决书，(2021)沪民终384号。

第五,任何证券管理机构可能要求对上述事项预测与估计的陈述。

所以,预测性信息不同于客观的事实性陈述,其系信息披露义务人的主观估计与评价,具有特殊属性。一方面,预测性信息具有重要的投资判断价值,可以使中小投资者更全面地了解发行人对于自身未来发展的认知,更好地决定投资方向;另一方面,预测性信息反映的是信息披露人的主观预计,具有一定的内在不确定性。根据预测性信息的自身特点,相关法律需在鼓励信息披露义务人作出合理预测与打击通过主观预测误导市场判断之间保持谨慎的平衡。

(3)预测性信息的"安全港"规则及其例外

《新虚假陈述若干规定》第6条新增了"预测性信息安全港"规则:预测性信息原则上不构成虚假陈述,但有下列情形之一的除外:

第一,信息披露文件未对影响该预测实现的重要因素进行充分风险提示的。相关风险提示方式已有部分明确的规则适用,如《公开发行证券的公司信息披露内容与格式准则第1号——招股说明书(2015年修订)》《公开发行证券的公司信息披露内容与格式准则第2号——年度报告的内容与格式(2021年修订)》《公开发行证券的公司信息披露内容与格式准则第3号——半年度报告的内容与格式(2021年修订)》。

第二,预测性信息所依据的基本假设、选用的会计政策等编制基础明显不合理的。由于所依据基本假设、选用的会计政策等编制基础极易受到经济环境以及监管政策的影响,具有不确定性,需要综合预测性信息披露时间、历史环境等因素判断。

第三,预测性信息所依据的前提发生重大变化时,未及时履行更正义务。

此外,还应注意的是,"安全港规则"的例外情形的适用前提是预测性信息与实际经营情况存在重大差异,对于与实际经营情况不存在重大差异的预测性信息,无论是否存在三种除外情形,均不应就此承担虚假陈述民事赔偿责任。

3. 关于"诱空型"虚假陈述

"诱多型"虚假陈述是指信息披露义务人发布虚假的利好信息或隐瞒重大利空信息的行为;而"诱空型"虚假陈述则是指信息披露义务人发布虚假

的利空信息,或者隐瞒、延误披露重大利好信息。《2003 年虚假陈述若干规定》仅针对"诱多型"虚假陈述,而未将"诱空型"虚假陈述纳入规制范围。

过去的司法实践中,部分审理法院在没有明确规定的情况下,会认为"诱空型虚假陈述不会诱导投资者作出买入的投资决策,或者不会导致投资者因买入而产生投资损失,因而投资者投资损失与虚假陈述之间不存在因果关系",如"北大医药案"①。然而,也有部分审理法院早已经对诱空型虚假陈述进行区分探究了,如山东高院在"京博控股案"②二审判决中明确指出,"诱空型虚假陈述揭露后,如果投资者在揭露日之前因低价卖出股票产生投资损失,则虚假陈述行为人应予赔偿"。

深圳中院在"彩虹精化案"③一审判决中阐述了诱多型虚假陈述和诱空型虚假陈述的构成要素:诱多型虚假陈述表现为信息披露义务人故意违背事实真相发布虚假的利多内容信息,或者隐瞒遗漏重大利空内容信息,诱使投资者看多并买入或持续持股;诱空型虚假陈述则表现为信息披露义务人披露虚假的消极利空内容信息,或者隐瞒遗漏重大利多内容信息,诱使投资者在股价相对低位时卖出而遭受损失。该判决还分六种情形对诱空型虚假陈述的因果关系认定问题进行了讨论,指出在诱空逻辑下,实施日前持有并在实施日至揭露日期间卖出、实施日至揭露日期间先买入后卖出两种情形下遭受的损失,可以主张由虚假陈述行为人赔偿。

如前文所述,《新虚假陈述若干规定》明确将"诱空型"虚假陈述纳入调整范围,在第 11 条交易因果关系的认定中规定了"诱空型"虚假陈述交易因果关系的推定原则:投资者在实施日至揭露日期间卖出股票的,并在第 28 条中规定了"诱空型"虚假陈述的损失计算方法:对于揭露日至基准日期间买回的证券,其投资损失 =(买回平均价格 - 卖出平均价格)× 买回股数;对于揭露日至基准日期间未买回的证券,其投资损失 =(基准价格 - 卖出平均价格)× 未买回股数。

---

① 重庆市高级人民法院民事判决书,(2019)渝民终 344 号。
② 山东省高级人民法院民事判决书,(2015)鲁商终字第 327 号。
③ 广东省高级人民法院民事判决书,(2015)粤高法民二终字第 1057 号。

但“诱空型”虚假陈述的损失实际上仍存在因果关系认定上的复杂性。相较于诱多型虚假陈述,诱空型虚假陈述情况下投资者的索赔将更大程度地受到其他因素的影响。理性投资人基于股价下跌而选择抛售股票会基于多种因素,如大盘整体低迷、相关板块遭遇政策调控等,且如何将投资者的卖出行为归因于诱空型虚假陈述在个案中可能会完全不一致,以何种标准客观判断某信息的利好和利空也是一个争议话题。

另外,针对诱空型虚假陈述损失计算,此前就有学者提出在消极地隐瞒或迟延披露利好消息的诱空型虚假陈述案件中,因较难摒除其他因素对股价的影响,将使股票实际价值较难测算。那么《新虚假陈述若干规定》所使用的计算方法如想真实反映出虚假陈述行为本身给股价带来的影响,在司法实践中仍需进一步对系统性风险进行测算和处理。在损失认定上,也应鼓励引入第三方专业机构进行损失核定,以进一步细化被告赔偿责任范围。

4. 对实施日及揭露日认定规则的进一步明确、细化

“实施日—揭露日/更正日”关系着案件中的“可索赔区间”,原告的交易落入该等区间的,原则上由法律推定交易因果关系成立。《新虚假陈述若干规定》明确并细化了实施日及揭露日的认定规则。

(1)区分积极虚假陈述和消极虚假陈述的实施日认定规则

积极虚假陈述系指信息披露义务人以主动披露信息的方式发布不实信息,而消极虚假陈述则指信息披露义务人消极隐瞒或遗漏应披露的信息。《2003 年虚假陈述若干规定》对此仅较为概括地作出了规定,“虚假陈述实施日,是指作出虚假陈述或者发生虚假陈述之日”。《新虚假陈述若干规定》第 7 条在此基础上进一步区分并明确了积极虚假陈述和消极虚假陈述的实施日认定规则。

根据新规,积极虚假陈述实施日的认定规则为:“信息披露义务人在证券交易场所的网站或者符合监管部门规定条件的媒体上公告发布具有虚假陈述内容的信息披露文件,以披露日为实施日;通过召开业绩说明会、接受新闻媒体采访等方式实施虚假陈述的,以该虚假陈述的内容在具有全国性影响的媒体上首次公布之日为实施日。信息披露文件或者相关报导内容在

交易日收市后发布的,以其后的第一个交易日为实施日。”

消极虚假陈述实施日的认定规则为:“因未及时披露相关更正、确认信息构成误导性陈述,或者未及时披露重大事件或者重要事项等构成重大遗漏的,以应当披露相关信息期限届满后的第一个交易日为实施日。”

(2)强化虚假陈述信息揭示的制度内涵,完善了揭露日的认定标准

明确揭露日认定标准的必要性。揭露日承载着阻却交易因果关系的功能,即揭露日后买入或卖出的投资者因不存在交易因果关系而不予赔偿。

(3)通过历史沿革及司法实践探究制度内涵及认定标准

《2003 年虚假陈述若干规定》规定:虚假陈述揭露日,是指虚假陈述在全国范围发行或者播放的报纸、杂志、电台、电视台等媒体上,首次被公开揭露之日。如何认定虚假陈述揭露日,司法实践中存在不同的观点和做法,主要有立案调查通知书公告日、行政处罚事先告知书公告日、行政处罚公告日及媒体报道日等。相关典型案例如表 5 -5 所示。

表 5 -5　裁判观点示例

案例	审理法院	虚假陈述揭露日
(2018)沪 74 民初 721 号上海岩石案	上海金融法院	行政处罚事先告知书公告日
(2018)京 02 民初 262 号中水集团案	北京市第二中级人民法院	立案调查前的《整改公告》发布日
(2017)沪民终 438 号顺灏新材料案	上海市第二中级人民法院、上海市高级人民法院	《立案调查通知》公告日
(2016)沪 01 民初 653 号大智慧案	上海市第一中级人民法院	《行政处罚及市场禁入事先告知书》公告日
(2015)长民四初字第 74 号紫鑫药业案	长春市中级人民法院	媒体揭露报道发布日
(2013)浙甬商初字第 6 号宁波富邦案	宁波市中级人民法院	《涉及诉讼公告》披露涉及诉讼情况之日
(2013)穗中法金民初字第 5 号佛山照明案	广州市中级人民法院	发布《关于收到广东证监局行政监管措施决定书的公告》之日

《九民纪要》第84条进一步强调了虚假陈述揭示的"警示性"特征,即足以影响投资者的投资决策;明确了揭露与更正的具体认定标准,即:"虚假陈述的揭露和更正,是指虚假陈述被市场所知悉、了解,其精确程度并不以'镜像规则'为必要,不要求达到全面、完整、准确的程度。原则上,只要交易市场对监管部门立案调查、权威媒体刊载的揭露文章等信息存在着明显的反应,对一方主张市场已经知悉虚假陈述的抗辩,人民法院依法予以支持。"由此引申出认定虚假陈述揭露日的三个原则为:一是虚假陈述行为属于首次被公开,但不要求达到全面、完整、准确的程度;二是在全国范围内发行、传播;三是揭露对证券交易产生了实质性的影响。

《新虚假陈述若干规定》在《九民纪要》的基础上,总结司法实践的相关情况,进一步丰富了虚假陈述揭露日的内涵和外延。一方面延续了《九民纪要》关于虚假陈述的揭露不需要完全满足"镜像规则"的制度精神,明确规定"虚假陈述揭露日,是指虚假陈述在具有全国性影响的报刊、电台、电视台或监管部门网站、交易场所网站、主要门户网站、行业知名的自媒体等媒体上,首次被公开揭露并为证券市场知悉之日",原则上以立案调查的信息公开之日或被采取自律管理措施的信息公布之日作为披露日,但另一方面也赋予了当事人反证的权利,即"除当事人有相反证据足以反驳外,下列日期应当认定为揭露日:(一)监管部门以涉嫌信息披露违法为由对信息披露义务人立案调查的信息公开之日;(二)证券交易场所等自律管理组织因虚假陈述对信息披露义务人等责任主体采取自律管理措施的信息公布之日"。

(三)重大性认定

虚假陈述的重大性要件是指可能对投资者进行投资决策具有重要影响的虚假陈述行为才具有可赔偿性。《2003年虚假陈述若干规定》没有对重大性要件及其认定标准作出明确规定,这一规定在过往的司法实践中也并不是重点,但并不代表司法解释对此不关注,实际上,"前置程序"规则就是为虚假陈述设定的重大性门槛,取消前置程序必然需要对"重大性标准"的认定进行细化与明确。《九民纪要》在重大性标准认定上采取了"理性投资人标准"(主观标准),《新虚假陈述若干规定》就"重大性认定"确立了"法律法规规定的重大事件"结合"价格敏感性标准"(客观标准)的认定规则。"重大性标准"的规定变化如表5-6所示:

表5-6 "重大性标准"的变化

《2003年虚假陈述若干规定》	《九民纪要》	《新虚假陈述若干规定》
第十七条第二款 对于重大事件,应当结合证券法第五十九条、第六十条、第六十一条、第六十二条、第七十二条及相关规定的内容认定。	85.【重大性要件的认定】审判实践中,部分人民法院对重大性要件和信赖要件存在着混淆认识,以行政处罚认定的信息披露违法行为对投资者的交易决定没有影响为由否定违法行为的重大性,应当引起注意。重大性是指可能对投资者进行投资决策具有重要影响的信息,虚假陈述已经被监管部门行政处罚的,应当认为是具有重大性的违法行为。在案件审理过程中,对于一方提出的监管部门作出处罚决定的行为不具有重大性的抗辩,人民法院不予支持,同时应当向其释明,该抗辩并非民商事案件的审理范围,应当通过行政复议、行政诉讼加以解决。	第十条 有下列情形之一的,人民法院应当认定虚假陈述的内容具有重大性: (一)虚假陈述的内容属于证券法第八十条第二款、第八十一条第二款规定的重大事件; (二)虚假陈述的内容属于监管部门制定的规章和规范性文件中要求披露的重大事件或者重要事项; (三)虚假陈述的实施、揭露或者更正导致相关证券的交易价格或者交易量产生明显的变化。 前款第一项、第二项所列情形,被告提交证据足以证明虚假陈述并未导致相关证券交易价格或者交易量明显变化的,人民法院应当认定虚假陈述的内容不具有重大性。 被告能够证明虚假陈述不具有重大性,并以此抗辩不应当承担民事责任的,人民法院应当予以支持。

1. 对"法律法规规定的重大事件"作出虚假陈述会被认定为具有"重大性"

《新虚假陈述若干规定》提及的法律法规规定的重大事件是指《证券法》第80条第2款、第81条第2款规定的重大事件,具体包括:

(1)对上市公司、股票在国务院批准的其他全国性证券交易场所交易的公司的股票交易价格产生较大影响的重大事件,具体包括:

①公司的经营方针和经营范围的重大变化;

②公司的重大投资行为,公司在一年内购买、出售重大资产超过公司资产总额30%,或者公司营业用主要资产的抵押、质押、出售或者报废一次超过该资产的30%;

③公司订立重要合同、提供重大担保或者从事关联交易,可能对公司的资产、负债、权益和经营成果产生重要影响;

④公司发生重大债务和未能清偿到期重大债务的违约情况;

⑤公司发生重大亏损或者重大损失;

⑥公司生产经营的外部条件发生的重大变化;

⑦公司的董事、1/3以上监事或者经理发生变动,董事长或者经理无法履行职责;

⑧持有公司5%以上股份的股东或者实际控制人持有股份或者控制公司的情况发生较大变化,公司的实际控制人及其控制的其他企业从事与公司相同或者相似业务的情况发生较大变化;

⑨公司分配股利、增资的计划,公司股权结构的重要变化,公司减资、合并、分立、解散及申请破产的决定,或者依法进入破产程序、被责令关闭;

⑩涉及公司的重大诉讼、仲裁,股东大会、董事会决议被依法撤销或者宣告无效;

⑪公司涉嫌犯罪被依法立案调查,公司的控股股东、实际控制人、董事、监事、高级管理人员涉嫌犯罪被依法采取强制措施;

⑫国务院证券监督管理机构规定的其他事项。

(2)可能对上市交易公司债券的交易价格产生较大影响的重大事件,具体包括:

①公司股权结构或者生产经营状况发生重大变化;

②公司债券信用评级发生变化;

③公司重大资产抵押、质押、出售、转让、报废;

④公司发生未能清偿到期债务的情况;

⑤公司新增借款或者对外提供担保超过上年末净资产的20%;

⑥公司放弃债权或者财产超过上年末净资产的10%;

⑦公司发生超过上年末净资产10%的重大损失；

⑧公司分配股利，作出减资、合并、分立、解散及申请破产的决定，或者依法进入破产程序、被责令关闭；

⑨涉及公司的重大诉讼、仲裁；

⑩公司涉嫌犯罪被依法立案调查，公司的控股股东、实际控制人、董事、监事、高级管理人员涉嫌犯罪被依法采取强制措施；

⑪国务院证券监督管理机构规定的其他事项。

2. 虚假陈述的内容属于监管部门制定的规章和规范性文件中要求披露的重大事件或者重要事项的，会被认定为具有“重大性”

这里主要指《上市公司信息披露管理办法（2021年修订）》第22条第2款规定的，可能对上市公司证券及其衍生品种交易价格产生较大影响的重大事件，具体包括：

（1）《证券法》第80条第2款规定的重大事件；

（2）公司发生大额赔偿责任；

（3）公司计提大额资产减值准备；

（4）公司出现股东权益为负值；

（5）公司主要债务人出现资不抵债或者进入破产程序，公司对相应债权未提取足额坏账准备；

（6）新公布的法律、行政法规、规章、行业政策可能对公司产生重大影响；

（7）公司开展股权激励、回购股份、重大资产重组、资产分拆上市或者挂牌；

（8）法院裁决禁止控股股东转让其所持股份；任一股东所持公司5%以上股份被质押、冻结、司法拍卖、托管、设定信托或者被依法限制表决权等，或者出现被强制过户风险；

（9）主要资产被查封、扣押或者冻结；主要银行账户被冻结；

（10）上市公司预计经营业绩发生亏损或者发生大幅变动；

（11）主要或者全部业务陷入停顿；

（12）获得对当期损益产生重大影响的额外收益，可能对公司的资产、负债、权益或者经营成果产生重要影响；

（13）聘任或者解聘为公司审计的会计师事务所；

（14）会计政策、会计估计重大自主变更；

（15）因前期已披露的信息存在差错、未按规定披露或者虚假记载，被有关机关责令改正或者经董事会决定进行更正；

（16）公司或者其控股股东、实际控制人、董事、监事、高级管理人员受到刑事处罚，涉嫌违法违规被中国证监会立案调查或者受到中国证监会行政处罚，或者受到其他有权机关重大行政处罚；

（17）公司的控股股东、实际控制人、董事、监事、高级管理人员涉嫌严重违纪违法或者职务犯罪被纪检监察机关采取留置措施且影响其履行职责；

（18）除董事长或者经理外的公司其他董事、监事、高级管理人员因身体、工作安排等原因无法正常履行职责达到或者预计达到3个月以上，或者因涉嫌违法违规被有权机关采取强制措施且影响其履行职责；

（19）中国证监会规定的其他事项。

3. 重大性的判断标准认定采取“价格敏感性标准”

前置程序取消后，《新虚假陈述若干规定》对重大性认定作出明确与细化，《2003年虚假陈述若干规定》第17条规定了“重大事件”，但因前置程序的存在，法院在民事审判程序中，对于该涉案信息是否具有“重大性”的判断相对较为淡化。《九民纪要》第85条“重大性要件的认定”规定“重大性是指可能对投资者进行投资决策具有重要影响的信息”，同时规定对于已被行政处罚的虚假陈述不能提出重大性抗辩，这在前置程序仍然得以适用的情况下，为绝大多数的案件避免了对“重大性认定”的讨论，但仍有案例认定被行政处罚的信息披露违法行为不具有重大性。例如，在“尔康制药案”①中，最高人民法院从尔康制药2015年年报中虚增营业收入和净利润占比较小（已被行政处罚决定认定构成信息披露违法），没有对公司业绩和重要财务指标

① 最高人民法院民事判决书，（2020）最高法民申5877号。

产生实质影响，以及2015年年报披露后的股价涨跌是市场交易的正常反应等角度，认定尔康制药2015年年报的虚假记载不具有重大性。

但是随着“前置程序”去留引发争议，司法实践中也逐渐重视“重大性”的独立认定问题。例如：

（1）上海金融法院“恺英网络案”[①]中，法院认为被告恺英网络因虚假陈述行为被中国证监会行政处罚，根据《行政处罚决定书》已查明认定的内容，被告的虚假陈述行为已符合“重大性”的要求，该观点可以反映出在以往适用《2003年虚假陈述若干规定》的情况下，法院通常认为具有有关机关的行政处罚决定的虚假陈述案件已满足“重大性”标准，不会对是否具有“重大性”的事实及法律进行过多关注。

（2）上海高院“界龙实业案”[②]中，被告抗辩提出本案所涉虚假陈述信息不具有重大性，虚假陈述行为与投资者损失之间没有因果关系。上海高院二审认为，虽然有《行政处罚决定书》对重大性作出认定，但证券侵权责任有自身独立的构成要件，法院应根据案件具体情况对侵权行为和损失的因果关系进行独立判断，该案中法院持有的观点与恺英网络案相同，即证券主管机关已对被告作出行政处罚，重大性问题已经得到认定，但是在民事侵权赔偿诉讼案件中，侵权责任构成要件与侵权行为和损失因果关系应独立审查，法院最终认定虽然被告行为具有重大性，但是虚假陈述行为与投资损失之间没有因果关系。

（3）浙江高院审理的“祥源文化案”[③]中，中国证监会在〔2018〕32号《行政处罚决定》中认定龙薇传媒关于筹资计划和安排的信息披露存在虚假记载、重大遗漏；对无法按期完成融资计划原因的披露存在重大遗漏等。但庭审中被告抗辩称公告所披露的信息不属重大事件，不构成证券市场虚假陈述，原审判决仅以行政处罚作为认定构成虚假陈述的依据不当。浙江高院经审理认为，被告披露的转让款筹资计划和安排、融资计划案等信息，涉及

---

① 上海金融法院民事判决书，（2021）沪74民初1924号。
② 上海市高级人民法院民事判决书，（2020）沪民终192号。
③ 浙江省高级人民法院民事判决书，（2021）浙民终31号。

公司 5% 以上股权交易,符合《证券法》等法律法规规定的对“重大事件”的定义,属于证券交易过程中的重大事件,故被告在公告中对前述重大事件作出虚假记载、误导性陈述及存在重大遗漏,属证券市场虚假陈述行为。

《新虚假陈述若干规定》第 10 条主要结合《证券法》对“重大事件”的规定并采用“价格敏感标准”认定重大性。为适应“前置程序”取消之后的新环境,新规规定了原告对涉案虚假陈述内容具有重大性的初步举证责任,同时也赋予了被告对“重大性”的反证权利。

4. 重大性“理性投资人标准”与“价格敏感性标准”之争

重大性的判断标准存在“理性投资人标准”(主观标准)和“价格敏感性标准”(客观标准)。“理性投资人标准”起源于国外判例,认为理性的投资者在进行证券交易时可能认为相关信息对其交易产生了重要影响,则该信息具有重大性。“价格敏感性标准”认为只要相关信息可以影响到证券交易价格,则该信息具有重大性。

《九民纪要》第 85 条“重大性要件的认定”规定“重大性是指可能对投资者进行投资决策具有重要影响的信息”,同时,最高人民法院在《〈全国法院民商事审判工作会议纪要〉理解与适用》中解释道:世界各国在证券欺诈领域,对重大性等主观性较强的事项,越来越多地采用客观化的证明方法,即以事后的、客观化的指标对虚假陈述程度进行检验,通过观察虚假陈述行为对证券交易价格和交易量的影响来加以证明。[①]《新虚假陈述若干规定》则明确规定了认定“具有重大性”的标准为“虚假陈述导致相关证券交易价格或者交易量明显变化”。

近年来,法院在司法实践中也已大多依据“价格敏感性”来认定重大性了。例如,最高人民法院在“尔康制药案”中认定:尔康制药 2015 年年报中虚增营业收入和虚增净利润,分别占当期合并报表披露营业收入和披露净利润的 1.03% 和 2.62%,该增长率同比仅增长了 1.3 和 5.5 个百分点,没有

---

① 参见《〈全国法院民商事审判工作会议纪要〉理解与适用》,人民法院出版社 2019 年版,第 448 页。

对公司业绩和重要财务指标产生实质影响。另外,根据2015年年报公布后前股价涨跌情况,原审法院认为尔康制药2015年年报中的虚假记载行为未对该公司股票的市场价格产生诱多影响;尔康制药当时股价涨跌是市场交易的正常反应,而非2015年年报中的虚假记载行为所致。又如,在"金亚科技案"[①]中,四川省高级人民法院认定:"证券虚假陈述行为的重大性,是指公司行为对投资决定的可能性影响,主要包括投资者投资意愿等,其主要衡量指标可以通过该行为对证券交易价格和交易量的影响来判断。本案中,金亚科技公司发布《关于收到中国证监会立案调查通知书的公告》后,金亚科技股价在停牌前的三个交易日均跌停,下跌幅度高达27%,而同期深圳创业板指数仅下跌6%。由此可见,金亚科技公司披露的上述事项,已对投资者购买或抛售金亚科技股票的意愿产生影响,同时也对金亚科技股票的交易价格产生了明显影响。"

在今后的司法实践中,重大性认定问题仍将是虚假陈述诉讼核心争议焦点。尽管"价格敏感性"是"重大性"更为实质的判断因素,但是,证券交易价格和交易量受多种因素影响,市场对虚假陈述揭露行为可能会反应失灵,包括反应不足或反应过度的情况,因此,在适用"价格敏感性"标准认定虚假陈述行为的重大性时,应避免僵化和局限性,需结合虚假陈述的内容、性质、传播力、影响力等各种因素综合作出判断。

此外,应当注意的是,《新虚假陈述若干规定》在适用过程中,即使虚假陈述内容属于"重大事件",但如果有证据证明该信息不具备价格敏感性的,也应当认定其不具有重大性。

(四)因果关系认定

1. 将因果关系认定分为"交易因果关系"和"损失因果关系"

(1)定义

交易因果关系是指受损者的交易决策是否系因证券欺诈行为作出。侵

① 四川省高级人民法院民事判决书,(2021)川民终177号。

权法中的“交易因果关系”是指“事实因果关系”或“责任成立因果关系”。损失因果关系是指侵权行为所实质性地产生的损害相当性/程度关系。

(2)交易因果关系是否成立已逐渐成为虚假陈述诉讼案件的主要争议焦点

《2003 年虚假陈述若干规定》并没有明确提出“交易因果关系”和“损失因果关系”这两重因果关系的概念,而是将二者统称为“因果关系判断”问题,并在同一条文中作出规定,即只要上市公司实施了具有重大性的虚假陈述行为,原告在实施日至揭露日/更正日期间买入了上市公司股票,则推定“交易因果关系”和“损失因果关系”成立。

2015 年,最高人民法院在《商事审判问题》中提出:“要在传统民事侵权责任的侵权行为、过错、损失、因果关系四个构成要件中研究证券侵权行为重大性、交易因果关系特殊的质的规定性。”此后,越来越多的审理法院在个案中将交易因果关系纳入审判视野,不再“一刀切”地认为投资者的交易决策都是受到了虚假陈述行为的诱导,而是通过对投资者交易行为的分析,审慎地对投资决策与虚假陈述之间是否具有交易因果关系作出认定。例如,最高人民法院在“宝安鸿基案”①中,根据投资者在揭露日后仍然买入证券的交易模式特点,认定投资者的交易决策并未受虚假陈述行为的影响,故不产生交易因果关系。因此,明确“交易因果关系”及“损失因果关系”是不可回避的问题,必须进行区分与细化。

《新虚假陈述若干规定》第三章的标题中明确提出了“交易因果关系”的概念。该章除了在第 10 条中延续了对“交易因果关系”的推定规则以外,还在第 12 条中详细规定了对“交易因果关系”不成立的反证规则,规定对比如表 5 - 7 所示:

---

① 最高人民法院民事判决书,(2016)最高法民申 502 号。

表5-7　交易因果关系推定规则及反证规则

《2003年虚假陈述若干规定》	《新虚假陈述若干规定》
第十八条　投资人具有以下情形的，人民法院应当认定虚假陈述与损害结果之间存在因果关系： （一）投资人所投资的是与虚假陈述直接关联的证券； （二）投资人在虚假陈述实施日及以后，至揭露日或者更正日之前买入该证券； （三）投资人在虚假陈述揭露日或者更正日及以后，因卖出该证券发生亏损，或者因持续持有该证券而产生亏损。	第十一条　原告能够证明下列情形的，人民法院应当认定原告的投资决定与虚假陈述之间的交易因果关系成立： （一）信息披露义务人实施了虚假陈述； （二）原告交易的是与虚假陈述直接关联的证券； （三）原告在虚假陈述实施日之后、揭露日或更正日之前实施了相应的交易行为，即在诱多型虚假陈述中买入了相关证券，或者在诱空型虚假陈述中卖出了相关证券。
第十九条　被告举证证明原告具有以下情形的，人民法院应当认定虚假陈述与损害结果之间不存在因果关系： （一）在虚假陈述揭露日或者更正日之前已经卖出证券； （二）在虚假陈述揭露日或者更正日及以后进行的投资； （三）明知虚假陈述存在而进行的投资； （四）损失或者部分损失是由证券市场系统风险等其他因素所导致； （五）属于恶意投资、操纵证券价格的。	第十二条　被告能够证明下列情形之一的，人民法院应当认定交易因果关系不成立： （一）原告的交易行为发生在虚假陈述实施前，或者是在揭露或更正之后； （二）原告在交易时知道或者应当知道存在虚假陈述，或者虚假陈述已经被证券市场广泛知悉； （三）原告的交易行为是受到虚假陈述实施后发生的上市公司的收购、重大资产重组等其他重大事件的影响； （四）原告的交易行为构成内幕交易、操纵证券市场等证券违法行为的； （五）原告的交易行为与虚假陈述不具有交易因果关系的其他情形。 第三十一条　人民法院应当查明虚假陈述与原告损失之间的因果关系，以及导致原告损失的其他原因等案件基本事实，确定赔偿责任范围。 被告能够举证证明原告的损失部分或者全部是由他人操纵市场、证券市场的风险、证券市场对特定事件的过度反应、上市公司内外部经营环境等其他因素所导致的，对其关于相应减轻或者免除责任的抗辩，人民法院应当予以支持。

（3）司法实践中，法院认定交易因果关系不成立的常见情形

包括最高人民法院在内的大量法院都曾对具体案件项下投资者的“交易因果关系”问题作出过判断，也曾在相当数量的案件中基于否定投资者的

“交易因果关系”驳回投资者的诉讼请求。

①虚假陈述之外的市场或行业因素影响。如“北大医药案”[①]中,法院根据原告买入股票主要是受到证券市场或相关行业的整体利好或上市公司自身公告的个股利好等虚假陈述之外的其他因素影响,认定交易因果关系不成立。

②中性虚假陈述不会影响理性投资人对股票价值的判断。对于某类不具有明显利好或利空性的信息,法院可能会认定其属于“中性”的信息,由于此类信息不会影响理性投资人对股票价值的判断,因此,无论原告因买入还是卖出股票所遭受的损失,都与案涉虚假陈述之间没有因果关系。如上文所述“北大医药案”中,法院就认为“股份代持事项不具有重大性,不会对股票价格涨跌产生实质影响,对投资者决策亦无明显的利好或利空意义,故本案所涉的股份代持事项与金艳投资交易行为没有因果关系”。

③投资者的交易行为特点。在“宝安鸿基案”[②]等案件中,法院根据投资者在揭露日后仍然买入证券的交易模式特点,认定投资者的交易决策并未受虚假陈述行为的影响,故不产生交易因果关系。

④机构投资者的更高注意义务。在“祥源文化案”[③]等案件中,法院认为机构投资者相较于普通证券市场投资人负有更高的注意义务,在机构投资者的投资行为明显不具有合理性或者未能举证证明其已尽到审慎、善意对待虚假陈述的注意义务的情况下,交易因果关系不成立。

2. 明确将特定的外部风险等因素导致的损失排除在赔偿范围之外

《新虚假陈述若干规定》第 31 条明确提出“损失因果关系”:“人民法院应当查明虚假陈述与原告损失之间的因果关系,以及导致原告损失的其他原因等案件基本事实,确定赔偿责任范围。被告能够举证证明原告的损失部分或者全部是由他人操纵市场、证券市场的风险、证券市场对特定事件的过度反应、上市公司内外部经营环境等其他因素所导致的,对其关于相应减

---

① 重庆市高级人民法院民事判决书,(2019)渝民终 344 号。

② 最高人民法院民事判决书,(2016)最高法民申 502 号。

③ 浙江省高级人民法院民事判决书,(2019)浙民终 1414 号。

轻或者免除责任的抗辩,人民法院应当予以支持。"

(1)司法实践中,不同法院对被告非系统风险抗辩主张的处理态度差异极大

《2003年虚假陈述若干规定》第19条规定:"被告举证证明原告具有以下情形的,人民法院应当认定虚假陈述与损害结果之间不存在因果关系……(四)损失或者部分损失是由证券市场系统风险等其他因素所导致……"该条文仅明确规定了可以扣除系统性风险,而未提及非系统风险。"康美药业案"[①]中,法院经审理认为:一方面,按照《2003年虚假陈述若干规定》第19条之规定,缺乏扣除非系统风险导致的损失的法律依据;另一方面,部分被告提出了诸如经营不善、实际控制人曾行贿等应当扣除非系统风险的理由,但未举证证明何种事件应当作为非系统风险,也未证明该等事件独立于虚假陈述行为对康美药业股价产生消极影响,缺乏扣除非系统风险的依据,故法院最终认定对于部分被告要求扣除非系统风险的主张不予支持。

最高人民法院再审案件"湖南尔康制药案"[②]中,原告投资者不服湖南省高院作出的二审判决,提出再审申请主张在披露日时,被告尔康制药并未出现除虚假陈述之外的其他实质性利空,不存在非系统性风险,尔康制药应按投资者损失的100%进行赔偿。本案中,关于是否应扣除非系统性风险的影响问题,最高人民法院经再审审理认为,在本案更正日之后,2017年11月29日尔康制药股价开盘后出现上涨,而在当日,尔康制药出现法定代表人涉嫌违反同业竞争承诺等利空消息。11月30日至12月1日尔康制药公司股票呈现大幅下跌(两日跌幅14.01%),上述利空消息客观上对尔康制药股票价格的下跌产生了一定的影响。原审法院综合考虑上述多种因素对尔康制药股票价格的影响,酌情认定系统性风险及其他因素对尔康制药股票价格的影响为10%,被告尔康制药就虚假陈述行为对原告造成损失部分承担

---

① 广东省广州市中级人民法院民事判决书,(2020)粤01民初2171号。

② 最高人民法院民事判决书,(2020)最高法民申6803号。

90%的赔偿责任，并无不当，故法院认定，原告提出只有存在大幅波动情形才能认定存在系统性风险及本案不存在非系统性风险的主张，没有事实及法律依据，不予支持。最高人民法院结合本案的实际情况，对被告公司股票价格走向与非系统性风险事实均进行了查明，并对两者具有高度关联性持认可意见，最终对于被告抗辩扣除非系统性风险部分损失的主张予以支持。

（2）法院在查明“损失因果关系”中应发挥更积极的作用

根据《新虚假陈述若干规定》第31条的规定，“损失因果关系”属于法院应当查明的“案件基本事实”。这就要求法院在确定赔偿责任范围时应更为主动地行使调查取证等审查权，不能将举证责任全部施加于被告，简单以“被告证据不足以证明”为由回避对损失因果关系的审查和认定。

审理法院在认定非系统性风险等因素导致的损失时，可以充分发挥审查职权，积极委托第三方专业机构进行损失核定，如中证资本市场法律服务中心、中证中小投资者服务中心、上海交通大学中国金融研究院、中国证券投资者保护基金有限责任公司等。在核定时应特别关注损失核定方法的全面性与合理性，如能否将非系统风险所致损失进行合理计算与扣除。

（五）过错认定原则

1.《新虚假陈述若干规定》对“过错”标准的限缩

根据《新虚假陈述若干规定》第13条的规定，证券虚假陈述民事赔偿纠纷中的“过错”仅限于故意和重大过失两种类型，而排除了一般过失和轻过失类型。

（1）故意

“致富公司案”[①]中，法院认为使用亚太北京分所名义的王乐刚明知致富皮业公司的财务状况不符合发行债券的要求，却为实现发债目标，要求致富

① 北京市高级人民法院民事判决书，（2021）京民终244号。

皮业公司提供虚假的财务数据，并介绍伪造财务凭证的相关人员，在欺诈发行债券的共同犯罪中起积极、重要作用，亚太北京分所根据王乐刚提供的内容不实的现场审计底稿及有关虚假财务凭证出具了内容严重失实的审计报告，最终被法院认定构成共同侵权进而判决承担连带赔偿责任。

（2）重大过失

“金亚科技案”[①]中，法院认为，从中国证监会对立信所作出的《行政处罚决定书》所列多项事实看，立信所在履行对金亚科技公司基本账户函证程序，以及公司重大合同审查程序时，未严格遵守审计执业准则，独立进行审计，对相关询证函保持控制，未尽到最基本的注意义务，最终导致诸如涉及金额3.1亿元的公司合同未签字盖章等异常情况、金亚科技公司伪造大量财务资料事项均未被发现。换言之，作为专业的审计机构，立信所如果按照审计执业规则、勤勉尽责，尽到适当的注意义务，金亚科技公司虚假陈述行为即应当被发现，即其过失并非一般疏忽，而应系重大过错，符合《2003年虚假陈述若干规定》第27条“知道或者应当知道”的情形。

（3）无过错

“尔康制药案”[②]中，法院认为尔康制药存在2015年度、2016年度财务报表虚增营业收入和净利润的虚假陈述行为，从天健所一审提交的证据来看，天健所作为尔康制药年度报告的审计机构，在对尔康制药虚假陈述所涉的各笔交易进行审计过程中，进行了必要的查验、函证等程序，并无违反审计准则的行为，在其已保持必要的职业谨慎的情况下，未发现尔康制药的上述违法事实，应认定其不存在故意或重大过失。

2. 如何认定内部人“存在过错”

法院应当根据内部人工作岗位和职责、在信息披露资料的形成和发布等活动中所起的作用、取得和了解相关信息的渠道、为核验相关信息所采取的措施等实际情况进行审查认定。

---

① 四川省高级人民法院民事判决书，（2021）川民终177号。

② 湖南省高级人民法院民事判决书，（2020）湘民终123、124、204、319－343号。

(1)通过审查内部人的具体工作岗位和职责判断各自对相关信息披露是否应当负责,即是否有注意义务

例如,"天成控股案"[①]中,法院认为马滨岚作为天成控股的财务总监,将置换收益确认在2016年,为直接负责的主管人员;王国生作为董事长全面负责公司事务,是天成控股扭亏为盈公告发布的主要决策者,为直接负责的主管人员,因此两者对于重要财务问题的虚假陈述行为均属于直接责任人员,应与上市公司承担连带责任。

(2)通过审查内部人各自在信息披露活动中所起的作用判断是否存在故意

如果部分内部人直接策划、参与实施虚假陈述,或明知实际控制人在组织财务造假仍不予指明并予以发布,那么应当被认定存在故意,如"康美药业案"[②]中董事长、总经理和实际控制人马某,副董事长、副总经理和实际控制人及会计工作的负责人许某。

(3)通过审查内部人取得和了解相关信息的渠道判断其应负的注意义务大小,即勤勉尽责应达到的程度

例如,"保千里案"[③]中,法院认为,公司董事对于公司自身的经营及财务情况更为熟悉,对于披露公司自身信息负有的谨慎注意义务应相对较高,对于此类披露信息,内部人的忠实、勤勉义务应侧重于保证信息实体内容本身的真实、准确和完整;对于他人提供的第三方信息,内部人负有的谨慎注意义务与公司内部信息应有所不同,考量是否履行忠实、勤勉义务则应更加侧重于程序方面。如在专业评估机构出具意见的情况下,内部人审查义务主要体现在审查评估机构的独立性、评估假设前提的合理性、评估方法与评估目的的相关性以及评估定价的公允性。

---

① 贵州省贵阳市中级人民法院民事判决书,(2020)黔01民初2722号。
② 广东省广州市中级人民法院民事判决书,(2020)粤01民初2171号。
③ 广东省深圳市中级人民法院民事判决书,(2018)粤03民初389号。

(4)通过审查内部人为核验信息所采取的措施判断其是否已经履行了勤勉义务

根据《新虚假陈述若干规定》第 14 条第 2 款的规定,如果内部人无法提供任何证据证明其采取了相关措施核验信息的真实性,仅仅以其不从事日常经营管理、无相关职业背景和专业知识、相信发行人或者管理层提供的资料、相信证券服务机构出具的专业意见等理由主张其已经履行勤勉义务的,则法院不予支持。

(六)证券虚假陈述损失的认定

1. 明确了以投资者实际损失为限的损失认定规则,删除了关于利息的计算规则和收益不得冲抵损失的规定

《新虚假陈述若干规定》按照民法关于侵权赔偿的一般原则,在因果关系认定的基础上,确定民事赔偿责任的范围是投资人因虚假陈述实际发生的损失,包括投资差额损失、投资差额损失部分的佣金和印花税。不再包括《2003 年虚假陈述若干规定》中规定的以该两项资金自买入至卖出证券日或者基准日按银行同期活期存款利率计算的利息损失,还删除了“投资人持股期间基于股东身份取得的收益,包括红利、红股、公积金转增所得的股份以及投资人持股期间出资购买的配股、增发股和转配股,不得冲抵虚假陈述行为人的赔偿金额”的规定。

由此看来,投资者可以要求的损失范围实际上有所限缩。但是,值得注意的是,《债券纠纷纪要》仍规定债券欺诈发行和虚假陈述的损失包括实际损失确定之日至实际清偿之日止的利息。

2. 优化了基准日与基准价认定标准

投资差额损失计算的基准日,是指在虚假陈述揭露或更正后,为将原告应获赔偿限定在虚假陈述所造成的损失范围内,确定损失计算的合理期间而规定的截止日期。《2003 年虚假陈述若干规定》列举了四种情况下的基准日认定标准,以成交量达到可流通部分 100% 为主要认定标准,以揭露日后第 30 个交易日、摘牌日前一交易日、停牌日前一交易日等其他情形为辅助认

定标准。然而,该规定可能会导致交易量不活跃的证券所涉基准日因与揭露日时隔太久而失去合理性。

《新虚假陈述若干规定》第 26 条对基准日和基准价的认定标准进一步进行了优化,规定:"在采用集中竞价的交易市场中,自揭露日或更正日起,被虚假陈述影响的证券集中交易累计成交量达到可流通部分 100% 之日为基准日。自揭露日或更正日起,集中交易累计换手率在 10 个交易日内达到可流通部分 100% 的,以第 10 个交易日为基准日;在 30 个交易日内未达到可流通部分 100% 的,以第 30 个交易日为基准日。虚假陈述揭露日或更正日起至基准日期间每个交易日收盘价的平均价格,为损失计算的基准价格。"

此外,新规还明确:"无法依前款规定确定基准价格的,人民法院可以根据有专门知识的人的专业意见,参考对相关行业进行投资时的通常估值方法,确定基准价格。"

司法实践中,如果在揭露日至基准日期间因限售股解禁或流通股限售导致流通股发生变化,可能导致基准日的认定存在一定争议。如"紫鑫药业案"①中,原告主张应当以紫鑫药业全部可流通股为计算基数,被告则辩称:"第一大股东自愿限售股股份,用于计算基准日的'可流通股份数'应与时俱进,具有更新性,在计算过程中可流通股份数应根据实际可流通股份数实时变动。故本案大股东限售的股份应当自限售期 2011 年 10 月 24 日起从可流通股中予以扣除,再据此认定基准日。"吉林高院认为,揭露日至基准日这段期间的意义在于通过这段交易给投资者合理减损的机会,逐步减轻并消除虚假陈述行为对其的影响。大股东自愿锁定股票是市场明知的,大股东在揭露日后解禁股票,投资人再进场接盘可被推定为投资人在明知曾存在虚假陈述的情况下选择接盘,虚假陈述行为未对其交易产生影响。因此,该部分投资人不应被纳入揭露日至基准日的考虑范畴,大股东自愿锁定股票应视为非流通股,在计算基准日时予以扣除。

① 吉林省高级人民法院民事判决书,(2017)吉民终 571 号。

《新虚假陈述若干规定》并未对“可流通部分”的定义作出进一步明确，后续仍有待法院在个案审理中进一步厘清。

3. 损失认定上，鼓励引入第三方专业机构进行损失核定，以进一步细化被告赔偿责任范围

在损失认定上，司法实践中长期以来存在各种计算方式的争议，主要的计算方式包括“综合加权平均法”“先进先出 + 实际成本法”“先进先出 + 加权平均法”“先进先出 + 移动加权平均法”。

（1）从上海金融法院首起证券虚假陈述责任群体性纠纷示范案件看损失核定

长期以来，在证券虚假陈述民事赔偿诉讼实践中，投资者的损失核定一直是一个难题。作为中国证监会直属的证券金融类投资者保护公益机构，中证中小投资者服务中心高度关注中小投资者维权中出现的各类难题，自2017 年起着手研发证券虚假陈述案投资者损失计算软件，该软件于 2019 年年初投入使用。损失计算软件面向司法机关及相关市场主体，中证中小投资者服务中心根据其委托核定投资者损失，包括投资差额损失计算、证券市场系统性风险扣除计算和证券市场非系统性风险扣除计算等[①]。

上海金融法院首起证券虚假陈述责任群体性纠纷示范案件“方正科技案”[②]中，一审期间，经双方当事人共同申请，法院委托中证中小投资者服务中心对本案投资者的投资差额损失、是否存在证券市场系统风险及相应的扣除比例进行核定。中证中小投资者服务中心出具《损失核定意见书》，就上述问题出具了专业意见。

经过庭审质询，经上海金融法院委托，中证中小投资者服务中心出具《损失核定补充意见书》，采用同步指数对比法，对本案证券市场系统风险扣除比例进行调整。具体方法是：从投资者第一笔有效买入日起，以与个股买入均价、卖出均价及基准价格相同的计算方式，同步计算相应买入期间的指

---

① 参见《投服中心首次以第三方专业损失核定机构身份出庭》，载中国证券报 · 中证网，2019 年 3 月 26 日发布。

② 上海金融法院民事判决书，（2018）沪 74 民初 330 号。

数均值、卖出期间的指数均值和揭露日到基准日期间的指数均值。指数均值的计算对应投资者交易记录，取投资者每笔交易当天的收盘指数和交易数量，以个股均价计算方式进行移动加权或加权。通过各交易期间的指数均值可以得出指数跌幅，将上证综合指数、申万一级行业指数和申万三级行业指数的跌幅一一计算后，获取指数平均跌幅，再将指数平均跌幅与个股跌幅进行对比。计算公式如下：

个股跌幅 =（个股买入均价 − 个股卖出均价或个股基准价）÷ 个股买入均价

指数跌幅 =（买入期间的指数均值 − 卖出期间的指数均值或揭露日到基准日期间的指数均值）÷ 买入期间的指数均值

指数平均跌幅 =（上证综合指数跌幅 + 申万一级指数跌幅 + 申万三级指数跌幅）÷ 3

证券市场系统风险扣除的比例 = 指数平均跌幅 ÷ 个股跌幅

本案首次引入第三方专业机构对投资者损失进行核定，由专业人员对金融专业问题作出认定，使判决结果更具有公信力，同时解决计算量过于繁杂的问题；采用“第一笔有效买入后的移动加权平均法”确定买入均价，使投资者的投资差额损失认定符合每个投资者的实际情况；采用“同步指数对比法”扣除相应的系统风险比例，体现了每个投资者经历的不同风险阶段，相比原来的“统一比例法”更为公平合理。本案对于类似案件的处理具有较强的借鉴价值。

（2）《损失核定意见书》性质之探讨

那么，第三方专业机构的《损失核定意见书》性质为何，是否属于证据中的鉴定意见呢？《民事诉讼法》第 79 条规定：“当事人可以就查明事实的专门性问题向人民法院申请鉴定。当事人申请鉴定的，由双方当事人协商确定具备资格的鉴定人；协商不成的，由人民法院指定。当事人未申请鉴定，人民法院对专门性问题认为需要鉴定的，应当委托具备资格的鉴定人进行鉴定。”在司法实践中，就有被告提出“被告认为投服中心不具备相应资质，且与本案存在利害关系,《损失核定意见书》不应予以采信”。对此,法院认为:“投服中心的业务范围包括为中小投资者维权提供信息和技术上的支持。在证券虚假陈述纠纷中,对于证券市场系统风险的认定与扣除计算具有一定的专业性,法院委托投服中心就上述专业问题提供专业支持符合投服中心的业务范围,也于法不悖。”

上述“方正科技案”中上海金融法院委托投服中心进行损失核定,此后的“普天邮通案”[①]、“中安科案”[②]、“中毅达案”[③]中,一审法院上海金融法院均委托上海交通大学中国金融研究院进行损失核定,针对《损失核定意见书》的争议,法院并没有对其性质进行明确阐述。上海高院认为“《损失核定意见书》已是目前所能采用的最科学、经济、高效的方式,其已经达到民事诉讼程序所要求的高度盖然性标准,一审法院按该意见书确定投资者损失,合情合理”。

司法实践中,第三方专业机构从事的核定损失业务尚未被法院认定为法律规定的司法鉴定业务,第三方专业机构出具的《损失核定意见书》和相关判例均未明确出现“鉴定意见”的表述,且第三方专业机构通常不具有司法鉴定机构的资格,其出具的核定意见并无明文规定属于狭义的鉴定意见。法院通常认为其出具的核定意见属于合法有效的专业支持意见,具有较强的参考价值。

综上所述,虽然目前并无明文规定和法院判例判断第三方专业机构的损失额计算报告是否属于鉴定意见,但第三方专业机构出具核定意见的启动程序、异议程序与鉴定行为具有一定相似性,因此关于第三方专业机构出具的《损失核定意见书》性质及其在司法活动中的地位有待相关法律、司法解释进一步释明。

---

① 上海市高级人民法院民事判决书,(2020)沪民终294号。

② 上海市高级人民法院民事判决书,(2020)沪民终666号。

③ 上海市高级人民法院民事判决书,(2020)沪民终302号。

三、董、监、高责任及其他直接责任人员的过错认定

(一)司法案例与行政处罚中的过错认定

1. 近年关于董、监、高责任承担的案例汇总

在以往的司法实践中,关于董、监、高民事赔偿责任的裁判存在较大差异,从不承担责任到对全额赔偿承担连带赔偿责任均有相关案例。

(1)不承担责任

例如,"鞍山重型矿机案"[①]中,法院认定董事的归责原则为"过错推定原则"。首先,在鞍重股份讨论通过《报告书》的董事会会议上,杨永柱作为关联董事回避表决,并未行使表决权,未对《报告书》发表意见。杨永柱只是作为鞍重股份的董事长,被证监会行政处罚。其次,根据证监会行政处罚决定书认定的事实,在鞍重股份披露案涉虚假财务信息的过程中,杨永柱并不具有主观的故意。最后,对于案涉重大资产重组事项,杨永柱作为鞍重股份董事长,根据《上市公司重大资产重组管理办法》的规定,积极督促和安排上市公司聘请独立财务顾问、律师事务所、会计师事务所和资产评估机构等证券服务机构就重大资产重组出具意见,并认真审阅交易文件和各证券服务机构出具的专业意见,且未发现明显异常。九好集团故意财务造假的行为,各证券服务机构经调查后也未能发现,杨永柱作为非专业人士,基于对中介机构的信任,并经过严格、规范的审查流程,仍未能识别和发现,不应认定其具有过失。法院最终认定杨永柱已举证证明其对本案虚假陈述行为不存在过错,故不应对鞍重股份的债务承担连带赔偿责任。

再如,"保千里案"[②]中,法院认定,"首先,上市公司及其董事、监事、高级管理人员和其他直接责任人员受到相关行政机关的行政处罚,并不必然导致或者推定其在民事纠纷中存在过错并承担相应的民事赔偿责任。其次,相比较而言,公司董事对于公司自身的经营及财务情况更为熟悉,对于披露

---

① 辽宁省沈阳市中级人民法院民事判决书,(2017)辽01民初414号。

② 广东省深圳市中级人民法院民事判决书,(2018)粤03民初792号。

公司自身信息负有的谨慎注意义务应相对较高……对于他人提供的第三方信息,公司董事、监事、高级管理人员和其他直接责任人员负有的谨慎注意义务与公司内部信息应有所不同,考量是否履行忠实、勤勉义务则应更加侧重于程序方面,在专业评估机构出具意见的情况下,审查义务……应以合理谨慎的商人标准判断和要求,而对非专业的董事、监事、高级管理人员和其他直接责任人员不能以专业人士的标准加以要求。再次,对于案涉重大资产重组事项,中达股份公司已依据上述《上市公司重大资产重组管理办法》的规定,聘请独立财务顾问、律师事务所、会计师事务所和资产评估机构等证券服务机构就重大资产重组出具了专业意见。最后,中达股份公司重组期间,作为公司董事长的被告童爱平及公司财务负责人的被告王务云频繁往来江阴和深圳,履行了应尽的工作职责。"综合全案情况,法院认为不应认定童爱平等七被告在任职中达股份公司董事期间对案涉虚假陈述民事侵权行为具有过错。

(2)承担补充赔偿责任

例如,"福建众和案"①中,法院认定:"(一)许建成系众和股份董事长兼总裁、詹金明系董事兼董事会秘书、黄燕琴系财务总监,《行政处罚决定书》已认定上述三人是多项虚假陈述行为直接负责的主管人员……上述三人应承担连带赔偿责任。此外,本院注意到上述三人均存在对部分虚假陈述行为不存在过错的情形,但众和股份的一系列虚假陈述行为是一个难以分割的整体,各虚假陈述行为共同导致了众和股份股价下跌,而各行为的作用力大小又无法区分。(二)关于独立董事张亦春、朱福惠、唐予华的责任问题。三独立董事未对财务报告的真实性尽到调查核实义务,存在未能勤勉履职的行为,而且其亦无相反证据(如董事会会议记录等)证明其已尽到了勤勉义务,因此,对于众和股份虚假陈述给投资者造成的损失,上述三独立董事存在过失,应当承担赔偿责任。本院在综合考量三独立董事的职能定位、工作方式、知情程度和主观态度的基础上,尤其是三独立董事仅是对部分虚假

---

① 福建省福州市中级人民法院民事判决书,(2019)闽01民初1972号。

陈述行为存在轻微过失,而且其在知悉财务报告存在虚假记载后,还多次督促公司采取解决措施、在较长时间未领取报酬的情况下仍能继续履职。(三)关于三监事的责任问题,三监事未对财务报告的真实性尽到审慎地调查核实义务,存在未能勤勉履职的行为,而且其亦无相反证据(如相关会议记录等)证明其已尽到了勤勉义务,因此,对于众和股份虚假陈述给投资者造成的损失,上述三监事存在过失,应当承担赔偿责任。基于对三监事的专业知识背景、职能定位及主观过错程度的综合考量,其与独立董事均存在对公司经营信息获取先天性不足、主观上仅存在轻微过失的共性问题,而且相较于董事,监事并非董事会成员,未参与公司决策和管理,其更是难以全面掌握公司经营信息。"法院认为董事、高管系虚假陈述行为的直接负责主管人员,在"过错推定原则"下,董事、高管对外向投资者承担连带赔偿责任;独立董事因对虚假陈述行为仅存在轻微过失,故在5%的范围内承担补充赔偿责任;监事相较于董事,客观上对公司经营信息获取先天性不足、主观上仅存轻微过失,因此酌定三监事在3%的范围内承担补充赔偿责任。

(3)承担比例连带责任

例如,"康美药业案"[①]中,法院认定:"(一)康美药业及其实际控制人、董事、监事、高级管理人员的赔偿责任。马兴田作为康美药业董事长、总经理和实际控制人,组织安排相关人员将上市公司资金转移到其控制的关联方,且未在定期报告里披露相关情况;为掩盖上市公司资金被关联方长期占用、虚构公司经营业绩等违法事实,组织策划康美药业相关人员通过虚增营业收入、虚增货币资金等方式实施财务造假。许冬瑾作为康美药业副董事长、副总经理和实际控制人,是主管会计工作的负责人,与马兴田共同组织安排相关人员将上市公司资金转移到其控制的关联方,且知悉马兴田组织相关人员实施财务造假。马兴田、许冬瑾的行为直接导致康美药业披露的定期报告存在虚假陈述,是应当对康美药业信息披露违法行为直接负责的人员,应当承担连带赔偿责任。(二)剩余被告作为董事、监事或高级管理人

① 广东省广州市中级人民法院民事判决书,(2020)粤01民初2171号。

员如尽勤勉义务，即使仅分管部分业务，也不可能完全不发现端倪。因此，作为董事、监事或高级管理人员并未直接参与财务造假，却未勤勉尽责，存在较大过失，且均在案涉定期财务报告中签字，保证财务报告真实、准确、完整，所以前述被告是康美药业信息披露违法行为的其他直接责任人员，应当承担与其过错程度相适应的赔偿责任。”针对各责任主体，法院判决其在不同比例范围内承担连带责任。

(4)全额连带赔偿责任

例如，“上峰水泥案”①中，法院认定“关于俞锋的民事责任问题。法院认为，根据证监会作出的《行政处罚决定书》(〔2018〕1号)审查认定，对上峰水泥公司的违法行为，俞锋作为上峰水泥公司董事长兼总经理，为直接负责的主管人员。因此，俞锋作为上峰水泥公司的董事长兼总经理，在知悉上峰建材环保违法事项后，未履行信息披露义务，导致上峰水泥公司未以临时报告的方式公告该事件，对上峰水泥公司的案涉‘虚假陈述’行为负有责任”，并以此判决其承担连带责任。

2. 董、监、高承担责任的主要事由与主要职位

通过检索近年来的行政处罚及司法案件，董、监、高受到处罚的主要事由包括“未关注”“未及时、如实报告工作进展”“未采取合理措施”“投赞成票或签字，保证财务报告真实、准确、完整”“协助造假”“参与相关事项”等。另外，承担责任的董、监、高职位多见于财务总监和董事会秘书：财务总监是公司财务的主要负责人，虚假陈述往往涉及财务造假；后者则是信息披露主要负责人，直接承担主要信息披露义务。

(二)《新虚假陈述若干规定》明确规定了董、监、高的责任承担

1. 新规在过错认定上沿用了《2003年虚假陈述若干规定》的过错推定原则，进一步细化和区分“无过错”的具体衡量标准

《新虚假陈述若干规定》第14条明确了人民法院应当根据以下几个方

---

① 浙江省杭州市中级人民法院民事判决书，(2019)浙01民初1074号。

面对董监高主张的“没有过错”进行审查认定:

(1)工作岗位和职责:判定其岗位及职责是否赋予其“勤勉尽责”的义务。

(2)在信息披露资料的形成和发布等活动中所起的作用:区分主导作用和次要作用甚至是不存在作用。

(3)取得和了解相关信息的渠道:如前述“保千里案”,法院结合上市公司董、监、高知情程度、具体职责、分管范围、履职情况、专业背景等方面,认为公司董、监、高对于披露公司自身信息负有的谨慎注意义务应相对较高,对于他人提供的第三方信息负有的谨慎注意义务则不能以专业人士的标准加以要求。

(4)为核验相关信息所采取的措施等实际情况。

明确了在未能提供勤勉尽责的相应证据时,仅存在以下情形不能成为董、监、高主张其没有过错的免责理由:①不从事日常经营管理;②无相关职业背景和专业知识;③相信发行人或者管理层提供的资料;④相信证券服务机构出具的专业意见等。

2. 董、监、高及其他直接责任人员免责抗辩事由

《新虚假陈述若干规定》增加了董、监、高的免责情形,即董、监、高依照《证券法》第 82 条第 4 款的规定,在无法保证证券发行文件和定期报告内容的真实性、准确性、完整性或者有异议的情形下,应以书面方式发表附具体理由的意见并依法披露,并且在审议、审核信息披露文件时投反对票或弃权。

3. 独立董事、外部监事及职工监事的特定免责事由、减责情形

(1)新规发布实施前,行政处罚中认定独立董事承担虚假陈述责任的主要事由

过去的司法审判实践中,投资者直接要求独立董事承担责任的案件较少,行政处罚认定独立董事承担责任的事由,主要包括“作为审计委员会主任对财务未履行监督管理职责”“未尽勤勉尽责义务”“投赞成票或签字”等。

(2)规定的减免责情形

免责情形包括:①在签署相关信息披露文件之前,对不属于自身专业领

域的相关具体问题，借助会计、法律等专门职业的帮助仍然未能发现问题的；②在揭露日或更正日之前，发现虚假陈述后及时向发行人提出异议并监督整改或者向证券交易场所、监管部门书面报告的；③在独立意见中对虚假陈述事项发表保留意见、反对意见或者无法表示意见并说明具体理由的，但在审议、审核相关文件时投赞成票的除外；④因发行人拒绝、阻碍其履行职责，导致无法对相关信息披露文件是否存在虚假陈述作出判断，并及时向证券交易场所、监管部门书面报告的。

减责情形包括：①提交证据证明其在履职期间能够按照法律、监管部门制定的规章和规范性文件以及公司章程的要求履行职责的；②在虚假陈述被揭露后及时督促发行人整改且效果较为明显的。人民法院可以结合案件事实综合判断其过错情况。

司法实践中，已有很多审理法院通过详细查明被诉独立董事的职责范围和履职情况，审慎认定其责任及其责任承担范围。如前述“福建众和案”中，法院认定，独立董事和监事对公司经营信息获取存在先天性不足，并综合其职能定位、主观过错等，认定独立董事在5%范围内承担补充赔偿责任，监事在3%范围内承担补充赔偿责任。上海金融法院在“中安科案”中基于独立董事与内部董事职责不同，判决独立董事不承担赔偿责任，判决担任董事长、财务总监和总经理的三名内部董事在2%范围内承担连带责任。“康美药业案”中，审理法院同样结合相关主体是否参与造假、报告签署情况、被诉主体身份等方面对各董监高进行责任划分，并判定其各自承担的责任范围，体现了“过错与责任相一致”原则。

（三）新规对董、监、高民事赔偿责任的意义与影响

《新虚假陈述若干规定》充分考虑我国独立董事及外部监事的实际履职情形，明确并细化“过错与责任相一致”原则，填补了证券虚假陈述民事赔偿案件中对于外部董、监、高的立法空白。

新规也明确了不从事日常经营管理、无相关职业背景和专业知识、相信发行人或者管理层提供的资料以及相信证券服务机构出具的专业意见等，

在没有相应勤勉尽责证据的情形下,不能成为董、监、高主张没有过错的理由。这种规定更加强调要有证据证明“勤勉尽责”,某种程度上加重了董、监、高的举证责任,也从责任承担角度督促董、监、高履行勤勉义务。

1. 对董、监、高履职的建议

鉴于董、监、高“免责”举证责任的提升,公司内部董、监、高应在如下方面防范风险:

(1)对于与信息披露相关的事项,应严格按照公司的内控制度和监管的要求进行制作和披露,并严格按照自己的岗位职责进行制作、审核。

(2)对于第三方提供的意见,应在自己职权的范围内进行必要的检查、核查和验证程序。

(3)对于自己不清楚的事项,应该明确发表附具体理由的意见,结合监管规则的要求和公司的内部控制制度依法进行披露,同时慎重在信息披露文件中签字或在会议中投赞成票。

(4)如发生公司拒绝、阻碍自己履行职责,导致无法对相关信息披露文件是否存在虚假陈述作出判断,应及时向证券交易场所、监管部门书面报告。

2. 对独立董事、外部监事及职工监事的建议

对于独立董事、外部监事及职工监事而言,虚假陈述责任认定中过错判断相较于内部董、监、高没有那么严格,但也需要从以下几个方面防范风险:

(1)对于不属于自身领域的专业问题,可以积极要求公司聘请第三方专业机构出具专业意见,并同专业人员沟通交流,保存交流记录;

(2)若虚假陈述行为已发生但还未被揭露或更正的,需要以书面的形式向公司提出异议并要求整改,如果公司确实不整改的可以根据情况及时向证券交易场所、监管部门书面报告;

(3)对于无法确定且存在虚假陈述的事项行使表决权的,应该避免直接投赞成票,可以选择弃权,同时附书面的具体理由;

(4)如果无法获取资料且有理由相信造假情况严重,应该及时向交易所报告。

（四）董、监、高责任险

随着上市公司董、监、高直接面临的民事赔偿风险显著升高，旨在缓解董、监、高个人风险的董、监、高责任险受到越来越多的关注。

1. 从董、监、高责任险合同主要条款看保险责任

根据笔者在中国银行保险监督管理委员会网站上的检索，目前已有多家保险公司在向银保监会报备董、监、高责任险，相关保险责任范围如表5－8、表5－9所示。

表5－8 各保险机构保险责任范围

保险机构	保险责任范围
中国平安	第三条 被保险个人的保障 （一）董事、监事和高级管理人员的赔偿责任 如果第三方以被保险个人在自追溯日起至保险期间终止日止的期间内以被保险个人的身份执行职务时的错误行为为由，在本保险期间内向被保险个人提出索赔，且其首次提出索赔的时间是在本保险期间内，对于被保险个人的损失，在被保险公司无义务或无能力补偿被保险个人时，保险人在被保险公司无法补偿的范围内负责赔偿。
中国人寿	第三条 在本保险单明细表中列明的保险期间或追溯期及承保区域范围内，被保险人在履行董事、监事及高级管理人员的职责时，因过失导致在公司公告招股说明书、公司债券募集办法、财务会计报告、上市报告文件、定期报告（年报、中报、季报）、临时报告中，存在虚假记载、误导性陈述或者有重大遗漏，致使投资者（股东）在证券交易中遭受损失，在本保险期间内，由投资者（股东）首次向被保险人提出索赔申请，依照中华人民共和国法律（不包括港澳台地区法律）应由被保险人承担的经济赔偿责任，保险人按照本保险合同约定负责赔偿。 发生保险责任范围内的事故后，被保险人为控制或减少损失所支付的必要的、合理的费用，保险人依照本条款规定负责赔偿。
渤海财保	第三条 被保险个人在执行职务的过程中，由于单独或共同的过错行为导致第三者遭受经济损失，依照中华人民共和国法律（不包括港澳台地区法律）应承担的经济赔偿责任，且被保险个人不能从被保险公司获得赔偿的，保险人按本保险合同的约定负责赔偿。 但保险人承担上述赔偿责任时，以被保险个人引起索赔的过错行为发生于本保险合同约定的溯及日后，并且第三者在保险期间内首次向被保险个人提出索赔为前提。

续表

保险机构	保险责任范围
	第四条　被保险个人在执行职务的过程中,由于单独或共同的过错行为导致第三者遭受经济损失,依照中华人民共和国法律(不包括港澳台地区法律)应承担的经济赔偿责任,且被保险个人依照法律要求或许可,可以从被保险公司获得补偿的,保险人按本保险合同的约定,代表被保险公司在被保险个人所受损失范围内负责赔偿。 但保险人承担上述赔偿责任时,以被保险个人引起索赔的过错行为发生于本保险合同约定的溯及日后,并且第三者在保险期间内首次向被保险个人提出索赔为前提。
美亚财保	A. 您可获得的保险保障:我们仅在您的公司无法向您作出赔偿时以及其无法赔偿的范围内偿付您的金钱赔偿和/或辩护费用。 1. 有关您的管理过失,金钱赔偿和辩护费用。如果下列人员以您的管理过失为由,对您提出索赔,要求金钱赔偿,本保险将偿付您的金钱赔偿和/或辩护费用:(i)股东;(ii)债权人……

表 5－9　各保险机构免责条款

保险机构	免责条款
中国平安	第八条　下列原因造成的损失、费用和责任,保险人不负责赔偿: (一)投保人、被保险人及其代表的故意行为、不诚实行为、欺诈行为或重大过失……
中国人寿	第五条　下列原因造成的损失、费用和责任,保险人不负责赔偿: (一)投保人、被保险人的故意行为或非执业行为……
渤海财保	第九条　保险人对于针对被保险人由于下列行为被提起的索赔或与此等行为有直接或间接关系,又或系由此等行为引申或衍生而成的索赔事故的,不负赔偿责任:……(二)任何不忠诚、欺诈、犯罪、恶意、故意行为及非职务行为……
美亚财保	F. 责任免除:在本保险合同项下,我们不会就由下列事项引起的、基于下列事项的、或可归因于下列事项的任何索赔支付任何款项: F2. 行为。(i)不诚实的、欺诈的、或故意的行为或疏忽;或(ii)您或您的公司均不合法享有的好处或利益;或(iii)违反《中华人民共和国证券法》第47 条、第 73 至 76 条,或违反您的公司股份交易地司法管辖区域内任何与《证券法》第 47 条、第 73 至 76 条相似的以及其他限制任何内幕交易的法规的行为或疏忽。

（1）保险责任范围以董监高执行职务时的错误行为为核心

行为表现既包括明确的“虚假陈述”行为，即“负有信息披露义务的董监高因过失导致在公司公告招股说明书、公司债券募集办法、财务会计报告、上市报告文件、定期报告、临时报告中，存在虚假记载、误导性陈述或者有重大遗漏，致使投资者在证券交易中遭受损失”；也包括保险范围更广的“董监高在履行职责过程中由于单独或共同的过错行为导致第三者遭受经济损失”，但均以董、监、高执行职务时的错误行为为核心。

（2）均将故意、不诚实行为或欺诈行为作为免责事由

《中华人民共和国保险法》第27条第2款规定，“投保人、被保险人故意制造保险事故的，保险人有权解除合同，不承担赔偿或者给付保险金的责任”；《责任保险业务监管办法》第6条规定：“责任保险应当承保被保险人给第三者造成损害依法应负的赔偿责任。保险公司应当准确把握责任保险定义，厘清相关概念及权利义务关系，严格界定保险责任，不得通过责任保险承保以下风险或损失：（一）被保险人故意制造事故导致的赔偿责任；……”笔者检索到的保险公司的保险条款也对此有所印证，均将故意、不诚实行为或欺诈行为作为责任免除事由。

（3）部分保险条款将重大过失亦列为责任免除事由

《新虚假陈述若干规定》中，董、监、高归则原则为“过错推定原则”。该规定第13条规定明确提及：“证券法第八十五条、第一百六十三条所称的过错，包括以下两种情形：（一）行为人故意制作、出具存在虚假陈述的信息披露文件，或者明知信息披露文件存在虚假陈述而不予指明、予以发布；（二）行为人严重违反注意义务，对信息披露文件中虚假陈述的形成或者发布存在过失。”最高人民法院在“尔康制药案”[①]中也有类似观点，认为“中介机构承担责任的主观要件是具有故意或重大过失”。《新虚假陈述若干规定》中的过错实际是指故意和重大过失，如果董责险同时将故意和重大过失作为免责的情形，那么其本应该重点保障的证券虚假陈述行为导致的损失

① 最高人民法院民事判决书，（2020）最高法民申6817号。

将没有赔偿基础,而董、监、高投保该保险的意义也将大打折扣。

(4)其他免责情形汇总

下列情况不属于保险人的赔付范围:

①被保险人因不当行为承担的惩罚性赔偿、行政处罚中的罚款以及刑罚中的罚金;

②被保险人因其他被保险人起诉而承担的损害赔偿责任;

③被保险人在从事非公司管理职责范围内的行为时产生的经济赔偿责任;

④被保险人对投资者(股东)的身体伤害及有形财产的毁损或灭失、对投资者(股东)的精神伤害。

2. 董监高责任保险的被保险人

(1)基本包括董事、监事及高级管理人员

根据各保险公司在中国保险行业协会备案或者在公司官网公布的保险合同,中国人寿财产保险股份有限公司、渤海财产保险股份有限公司、美亚财产保险有限公司、中国平安财产保险股份有限公司、长安责任保险股份有限公司等均以公司的董事、监事及高级管理人员作为被保险人。

(2)很多保险合同将被保险人的范围扩大至被保险公司及配偶、继承人等

以中国平安财产保险股份有限公司、中银保险有限公司、渤海财产保险股份有限公司、美亚财产保险有限公司等的保险条款为例,被保险人范围并不局限于董监高个人。在特殊情况下,若被保险人的"配偶、继承人、代理人或受托人"因为被保险人履行职责的行为而被提起索赔,该等人员的损失也将由保险人依约承担赔偿责任。

目前部分保险条款将"被保险公司"一同纳入被保险人的范畴,如果被保险公司依法或依公司章程应对被保险个人进行补偿,保险人在其应补偿的范围内负责赔偿,甚至第三方以被保险公司在自追溯日起至保险期间终止日止的期间内证券交易上的错误行为为由,在本保险期间内向被保险公司提出索赔,且其首次提出索赔的时间是在本保险期间内,对于被保险公司的损失,保险人也负责赔偿。

3. 保险期间、追溯期和发现期与虚假陈述实施日、揭露日和更正日等重要时间节点的关系

《新虚假陈述若干规定》明确规定了虚假陈述实施日、揭露日和更正日等重要时间节点。保险公司董监高责任险的条款，均会约定保险期间、追溯期和发现期。三者之间存在交集又有所不同。

中国平安财产保险股份有限公司的条款载明："如果第三方以被保险个人在自追溯日起至保险期间终止日止的期间内以被保险个人的身份执行职务时的错误行为为由，在本保险期间内向被保险个人提出索赔，且其首次提出索赔的时间是在本保险期间内……"

美亚财产保险有限公司的条款载明："根据前述'发现期'条款给予的额外期间。在此期间内，您或您的公司可就因保险期间届满之前发生的管理过失、劳动用工过失或损害名誉而在该期间内首次提出的索赔向我们发出通知。"

总体来说，只要虚假陈述实施日在追溯日之后、保险期间终止日之前，同时首次索赔日在保险期间起始日之后、发现期（如有）终止日之前（如无发现期则应在保险期间终止日之前），由虚假陈述引发的索赔就属于董、监、高责任险的保障范围，揭露日和更正日并不会影响保险责任承担（见图5-2）。

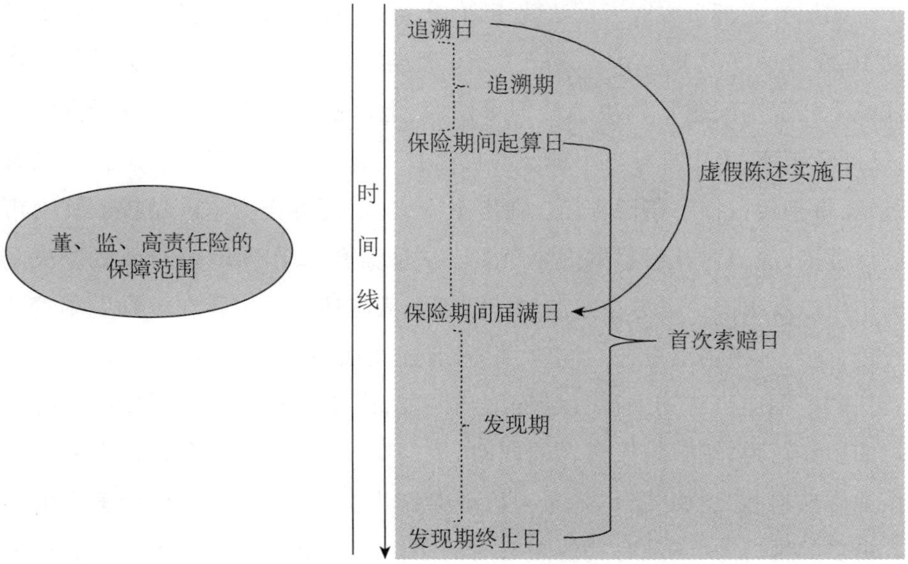

图5-2　董、监、高责任险的保障范围

四、保荐或承销等机构所承担的责任及免责抗辩

(一)近年来司法实践中保荐人责任承担的认定情况

《证券法》第 85 条明确了保荐人、承销的证券公司及其直接责任人员的过错推定责任,即应当与发行人承担连带赔偿责任,但是能够证明自己没有过错的除外。在近年司法实践中,由于相关案件保荐人、承销的证券公司大多存在被行政处罚的情形,在民事案件中法院认定证券公司没有过错的情况较为少见。

1. 案例一:华泽钴镍案

(1)行政处罚情况

2018 年 6 月 19 日,证监会对国信证券作出行政处罚,因其为华泽钴镍出具的上市保荐书、督导报告书等文件涉嫌虚假记载、重大遗漏;2013 年度和 2014 年度持续督导工作报告书存在虚假记载;在核查华泽钴镍关联方非经营性占用资金和应收票据以及利用审计专业意见等方面未勤勉尽责,证监会对其罚款 2800 万元。

(2)法院认定及判决情况

四川省成都市中级人民法院于 2019 年 12 月 25 日作出(2019)川 01 民初 1626 号一审民事判决书,对于"国信证券在本案中是否应当承担赔偿责任及责任范围问题",判决书认为承销商、上市推荐人确立的是过错推定责任,即承销商、上市推荐人举证证明自己并无过错,如不能证明,就推定其有过错,承担侵权损害赔偿责任。在本案中,国信证券作为华泽钴镍恢复上市的保荐人,应当对其保荐书内容负责。从证监会(2018)46 号行政处罚决定书中可以看出国信证券在案涉华泽钴镍虚假陈述行为中存在未勤勉尽责的过错,应当承担赔偿责任。同时,根据前述司法解释的规定,国信证券承担责任的范围应当与其主观过错程度相匹配,由于华泽钴镍实际控制人有意识的欺诈行为,在欺骗投资者的同时,也向国信证券、瑞华会计师事务所提供虚假材料、隐瞒相关事实,而国信证券作为保荐人,除了在审计工作中投入更多的精力外,亦没有其他强有力的手段对上市公司实际控制人的行为

加以规制，国信证券对华泽钴镍实际控制人的上述行为并不知情，亦无通过行政手段调查、制裁华泽钴镍实际控制人之责任和能力，其主要过错在于在保荐华泽钴镍恢复上市过程及持续督导过程中未勤勉尽责，疏忽大意。在共同侵权中，国信证券是基于过失，在其过失范围内承担连带赔偿责任，故国信证券应当对原告的损失承担40%的赔偿责任。

四川省高级人民法院于2021年4月8日作出了(2020)川民终293号二审判决，对于上述争议焦点，二审法院认为：首先，中国证监会已经对国信证券予以行政处罚。其次，《最高人民法院关于审理证券市场因虚假陈述引发的民事赔偿案件的若干规定》第27条规定："证券承销商、证券上市推荐人或者专业中介服务机构，知道或者应当知道发行人或者上市公司虚假陈述，而不予纠正或者不出具保留意见的，构成共同侵权，对投资人的损失承担连带责任。"判断证券承销商、证券上市推荐人、专业中介服务机构是否应对上市公司虚假陈述行为给投资者造成的全部损失承担连带责任，关键是该机构对上市公司虚假陈述行为是否"知道或者应当知道"；如果系"知道或者应当知道"，则构成共同侵权，需承担连带责任。此为法定责任，不因任何情形而发生改变。国信证券作为保荐人，在案涉虚假陈述行为中主要过错在于在保荐华泽钴镍恢复上市过程及持续督导过程中未勤勉尽责；作为专业的上市公司保荐人，如果按照执业规则勤勉尽责，尽到必要的注意义务，华泽钴镍虚假陈述行为即应当被发现，其过错并非一般疏失，而当属重大过错；构成共同侵权，需承担连带责任。国信证券应当就华泽钴镍的共同侵权行为向投资者承担100%的连带赔偿责任。

本案中，二审判决改判保荐人国信证券承担100%的连带赔偿责任，法院认定标准的关键在于是否"知道或者应当知道"，但是并没有进一步区分一般注意义务和特别注意义务，仅是参考行政处罚情况认定其未尽到注意义务，属于重大过错。

2. 案例二：五洋案

(1)行政处罚情况

根据证监会〔2019〕121号《行政处罚决定书》，德邦证券公司因在案涉债券发行过程中未充分核查五洋建设公司应收账款问题、对于投资性房地产未充分履行核查程序、未将投资性房地产出售问题写入核查意见被行政处罚。

(2)法院认定及判决情况

最高人民法院于2021年12月16日作出(2021)最高法民申7618号民事判决书,其中关于"原审判决判令德邦证券公司对投资人的损失承担连带赔偿责任是否正确的问题",最高人民法院认为:本案中,根据《证券法》第31条、第69条之规定,德邦证券公司作为案涉债券的主承销商,对发行人五洋建设公司是否存在虚假陈述行为负有核查把关责任,除非德邦证券公司能够证明自己没有过错,否则应对发行人五洋建设公司虚假陈述造成的损失承担连带赔偿责任。根据证监会〔2019〕121号《行政处罚决定书》,德邦证券公司未勤勉尽责,未按规定和行业要求开展尽职调查,并没有尽到应尽的核查把关责任,致使存在虚假陈述、不符合发行条件的案涉债券得以欺诈发行,且导致债券发行文件中的虚假陈述影响到投资人对发行人偿债能力的判断,德邦证券公司对此存在过错;并且,德邦证券公司以包销方式承销案涉债券,对债券能否完成销售与发行人具有共同的利益,德邦证券公司亦在《募集说明书》中声明不存在因所引用内容而出现虚假记载、误导性陈述或重大遗漏,并对其真实性、准确性和完整性承担相应的法律责任,还承诺《募集说明书》及其摘要因存在虚假陈述致使投资人在证券交易中遭受损失的,与发行人承担连带赔偿责任。原审判决判令德邦证券公司应当与发行人承担连带赔偿责任,具有事实与法律依据。

本案中,最高人民法院同样参考并依据行政处罚的情况,认定主承销商的连带责任。从上述两个案例中可以看出,法院在认定保荐人、承销机构的责任时,多会参考行政处罚的情况,直接认定证券公司未勤勉尽责、存在过错,而不会进一步区分一般注意义务和特别注意义务。在《新虚假陈述若干规定》取消前置程序的背景下,若保荐人、承销机构未被行政处罚,法院也进一步明确其过错的认定标准。

（二）新规明确规定保荐、承销机构尽职调查工作的过错认定标准

1.《新虚假陈述若干规定》明确规定了保荐、承销机构的过错认定依据，明确区分其特别注意义务和一般注意义务

《新虚假陈述若干规定》第 17 条回应了司法实践中的争议，通过免责抗辩事由的规定，明确了保荐、承销机构尽职调查工作的过错认定标准，及保荐、承销机构勤勉尽责的基本认定依据，同时，保荐、承销机构在特别注意义务和一般注意义务项下不同的履职要求得以细化和区分，且需根据提交的尽职调查工作底稿、尽职调查报告、内部审核意见等证据加以认定。

（1）明确勤勉尽责的规则依据是“法律、行政法规、监管部门制定的规章和规范性文件、相关行业执业规范的要求”。据此，“职业道德”“行业惯例”等不能作为判定保荐、承销机构是否勤勉尽责的依据。相关依据包括《证券发行上市保荐业务管理办法（2020）》《深圳证券交易所上市公司保荐工作指引（2014 年修订）》《保荐人尽职调查工作准则（2022 年修订）》《证券发行上市保荐业务工作底稿指引（2022 年修订）》《公开发行证券的公司信息披露内容与格式准则第 1 号——招股说明书》等。

（2）特别注意义务，要求保荐、承销机构审慎进行尽职调查和作出独立判断。对信息披露文件中没有证券服务机构专业意见支持的重要内容，保荐、承销机构经过审慎尽职调查和独立判断，有合理理由相信该部分内容与真实情况相符的，没有过错。

（3）一般注意义务，要求保荐、承销机构审慎进行核查和作出必要的调查、复核。对信息披露文件中证券服务机构出具专业意见的重要内容，经过审慎核查和必要的调查、复核，有合理理由排除了职业怀疑并形成合理信赖的，没有过错。

2. 针对保荐机构、承销机构履行非尽职调查义务时的过错认定标准尚未明确

保荐、承销机构在证券发行、交易市场中的法定义务类型并不全是尽职调查义务，此外，保荐机构在持续督导期间对于上市公司的信息披露文件也

具有法定督导义务。对于在持续督导期发行人存在虚假陈述的,保荐机构是否应承担连带责任,“证券公司在持续督导期间对上市公司的信息披露负有何种法定职责”或将为相关案件的争议焦点。

针对该争议焦点,案件原告(投资者)通常主张认为在持续督导期间,保荐人对上市公司信息披露负有的法定义务是“调查、监督、承诺”或“核查+提供合理保证”。

保荐机构、承销机构的抗辩观点则往往认为,根据《证券发行上市保荐业务管理办法(2009 年修订)》及《上市公司保荐工作指引(2014 年修订)》等规定,在持续督导期间,保荐人对上市公司信息披露负有的法定义务仅限于“持续督导”和“及时审阅”。

根据相关规定,“督导”即督促和引导,而非“审慎核查”。既然允许保荐人可以在上市公司发布信息披露文件后再进行“事后审阅”,发现问题时再督促上市公司及时纠正,就可以说明保荐人不必通过事先获得的资料提前查验上市公司拟披露的信息,也不负有核查、验证以及合理保证信息披露文件真实、准确、完整的职责。因此,保荐人在持续督导阶段既没有法定义务,也没有可以确保上市公司披露信息真实、准确、完整的必要手段。特别是针对“未及时披露”和“隐瞒不报”导致的临时信息披露违法行为,证券公司客观上确实无法通过日常督导、审阅发行人已经披露的事项来发现后者是否有隐瞒其他重大事项,以及具体隐瞒了哪些重大事项。这与证券发行上市阶段的核查、验证及合理保证义务存在明显区别。据此,证券公司在持续督导期间对上市公司的信息披露负有何种法定职责通常是督导和及时审阅义务,而非尽职调查义务。《新虚假陈述若干规定》第 17 条的适用情形应仅限于保荐、承销机构在发行、上市环节中负有尽职调查义务的情形。

当然,上述法定义务的履行情况需要大量工作底稿证明其已按照业务规则要求,审慎履行了对上市公司信息披露的持续督导职责。

最高人民法院在“尔康制药案”[①]中也持相同的意见,其认为,保荐人的

---

① 最高人民法院民事判决书,(2020)最高法民申 6801 号。

持续督导职责“与公司上市过程中保荐机构的财务核查与保证职责不同”，保荐人“并不需要在上市公司年度报告、审计报告披露过程中核查报告中的财务数据”。

对于保荐人并非负有尽职调查义务的情形，应当结合具体法律、行政法规、监管部门制定的规章和规范性文件、相关行业执业规范要求，精准认定保荐人的法定职责边界，不宜对《新虚假陈述若干规定》第 17 条规定作扩张解释，要求保荐人的免责抗辩必须符合该条规定的标准。

第三章　国浩经典案例

一、概述

国浩在民商事争议解决领域积累了丰富的办案经验，并取得了骄人成绩，获 LEGALBAND、Benchmark Litigation 等多家国际权威法律服务评估机构重点推荐，其承办案件屡次被国内最高及各级人民法院、各地律师协会及有关管理部门评选为年度典型案例、十佳案例等，其中不乏引发公众关注和媒体聚焦的里程碑式案例。同时，国浩律师的代理成果也得到了客户的充分认可，尤其在金融、证券纠纷类型案件的代理中，国浩处理了多起业内具有影响力的代表案例，《新虚假陈述若干规定》的颁布，也促使我们不断总结过去宝贵的办案经验，为以后代理同类型案件打下坚实的基础，并提供丰富的实践指南，因此，本章将简要介绍国浩曾代理过的典型证券虚假陈述案例，个别案例将从适用《新虚假陈述若干规定》角度出发，探讨相比旧规，假设旧案如适用《新虚假陈述若干规定》，是否会对已决证券虚假陈述案件的结果走向产生不同的影响，在《新虚假陈述若干规定》下同样的案件将何去何从。

二、经典案例分享

（一）兴业证券因欣泰电气"欺诈发行"遭投资者索赔案[①]

2020 年 9 月，最高人民法院发布了 7 件人民法院依法惩处的证券、期货

---

① 本案由国浩律师（福州）事务所承办。

犯罪典型案例,其中就包括丹东欣泰电气股份有限公司(以下简称欣泰电气)、温某等欺诈发行股票、违规披露重要信息案(以下简称欣泰电气欺诈发行案),行为人欺诈发行股票,数额巨大,违规披露重要信息,严重损害股东利益,该案是上市公司在申请上市前后连续财务造假而受到刑事处罚并被依法强制退市的典型案例。

欣泰电气欺诈发行案引发了投资者对兴业证券股份有限公司(以下简称兴业证券)提起的证券虚假陈述责任纠纷的衍生诉讼,投资者起诉称被告兴业证券作为欣泰电气的保荐机构,未对欣泰电气应收账款、银行存款以及公开发行募集文件的真实性和准确性进行审慎核查且其出具的保荐书等文件存在虚假记载等行为导致欣泰电气违规上市,且给原告造成经济损失,依法应予赔偿。该系列兴业证券虚假陈述纠纷案件中,国浩律师均作为被告兴业证券的代理人,帮助客户抵御并反击投资者不合理的诉求,积极维护了证券公司的合法权益。

1. 证券公司不承担赔偿责任

例如,福建省福州市中级人民法院(以下简称福州中院)审理的吕桂芳诉兴业证券证券虚假陈述责任纠纷案[案号:(2017)闽01民初464号],该案的争议焦点主要在于:欣泰电气虚假陈述的揭露日或更正日应如何认定。原告要求以《行政处罚和市场禁入事先告知书》得以公开的日期作为揭露日。国浩律师作为兴业证券的代理人不同意原告该主张,并提出揭露日/更正日应以较早的欣泰电气发布《关于对以前年度重大会计差错更正与追溯调整的公告》的日期(2015年11月27日)为准,主要理由为欣泰电气在该公告日向社会公开披露了虚假陈述事实与内容并作了更正,直接引起投资者重新判断股票价值,当日欣泰电气股价大跌(跌停),应当认定该日是欣泰电气第一个虚假陈述更正日;2015年12月10日,欣泰电气发布《关于2015年半年度财务报告会计差错更正的公告》,进一步更正了2015年半年度财务报表中应收账款及相关财务数据差错,当日欣泰电气股票继续下跌,因此,应当认定该日是欣泰电气第二个虚假陈述更正日。

福州中院经审理后采信了被告兴业证券代理人提出的关于虚假陈述更

正日认定的主张,因此,虽然欣泰电气于2016年6月2日发布的《关于收到中国证券监督管理委员会〈行政处罚和市场禁入事先告知书〉的公告》以及2016年7月8日发布的《关于收到证监会〈行政处罚决定书〉及〈市场禁入决定书〉的公告》中对该虚假陈述的违法行为予以揭露,但该虚假陈述内容早在2015年11月27日《欣泰电气关于对以前年度重大会计差错更正与追溯调整的公告》中就予以公开及更正,此时的揭露已不是"首次被公开揭露",不符合《2003年虚假陈述若干规定》第20条关于揭露日的规定,故法院认为原告要求以《行政处罚和市场禁入事先告知书》得以公开的日期作为揭露日的主张不能成立。

因该案原告所购买欣泰电气股票的时间系在两次更正日之后,依据《2003年虚假陈述若干规定》第18条、第19条关于虚假陈述与损害结果之间是否存在因果关系的规定可以得出,原告系在虚假陈述揭露日或者更正日及以后才进行投资,故原告因买卖欣泰电气股票所遭受的损失与欣泰电气的虚假陈述不存在因果关系。最终,法院驳回了原告全部诉讼请求,该案中被告兴业证券无须向原告承担任何赔偿责任。

2. 证券公司仅承担有限度的责任

福州中院审理的吴成文诉兴业证券证券虚假陈述责任纠纷案[案号:(2017)闽01民初834号]中,原告提起诉讼的事实理由基本与上述吕桂芳案相同,但是在案件事实认定上,原告股票交易的时间及其交易行为导致的原告投资损失范围系本案的主要争议焦点。

原告主张其投资损失与证券市场系统风险无关,关于损失的计算方法,本案应当采用实际成本法。国浩律师作为兴业证券代理人,一针见血地提出了关于赔付范围的问题,在分析该案的揭露日或更正日认定后认为应分段计算原告的损失,并且在扣除证券市场系统风险因素后仍存在损失的,方属赔偿范围,原告在虚假陈述更正日(2015年11月27日)之前已卖出的,或在第二次虚假陈述更正日之后才买入的,相关部分投资损失均不属于虚假陈述责任的赔偿范围。

关于原告主张采用普通加权平均法来计算投资差额损失,代理人也提出了明确的异议,并指出此种计算方法将投资者在揭露日前基于正常的市场判断而卖出股票所造成的损失也计入了投资人可索赔的损失,根据该算法原理,在揭露日前卖出股票亏损的情况会影响到买入平均价的计算,亏损越大,买入平均价就越高,普通加权平均法没有扣除与欣泰电气虚假陈述无关的投资损失,有违常理。因此,应采用更为精确和客观的移动加权平均法来计算投资者的证券买入平均价,该种算法剔除了与虚假陈述无因果关系的投资损失(即揭露日或更正日之前卖出的投资损失)。

福州中院经审理,支持了兴业证券代理人关于虚假陈述更正日或揭露日的认定、扣除系统风险因素所致损失的意见以及关于损失的具体计算方法相关意见,最终仅判决支持原告诉请的部分合理金额。在兴业证券系列案件中,国浩律师作为被告证券公司的代理人,逐一对原告的主张进行了抗辩,全方位回击了原告不合理的诉讼请求,法院对代理人提出的观点及意见基本均予以采纳,从案件的审判结果可以看出,国浩律师充分维护了证券公司的正当利益,避免了客户因上市公司欺诈发行而遭受进一步损失。

(二)上海家化公司虚假陈述民事损害赔偿案[①]

国浩律师代理的上海家化联合股份有限公司(以下简称上海家化公司)虚假陈述民事损害赔偿系列案件共130余起,其中绝大部分达成调解/和解,为上市公司显著减轻损失。但回顾该系列案件,如果适用新规,该案可能面临完全不同的结果。

1.《2003年虚假陈述若干规定》项下审判结果

以该系列虚假陈述案件中,上海市第二中级人民法院(以下简称上海二中院)审理的夏军诉上海家化公司证券虚假陈述责任纠纷案[案号:(2017)沪02民初277号]为例,该案中国浩律师接受上海家化公司的委托,为本案被告代理人。原告夏军诉称,因被告上海家化公司的"违法行为"给原告造成了损失,要求上海家化公司赔偿其投资差额损失、佣金和印花税损失,该

---

① 本案由国浩律师(上海)事务所承办。

案中原告所主张的被告存在的“违法行为”,实际上系被告未在年报中披露其关联交易,即存在信披违规的情形。

2015 年 6 月 9 日,上海证监局作出《行政处罚决定书》(沪〔2015〕4 号),认定上海家化存在以下违法事实:2008 年,上海家化时任董事长葛某安排上海家化退休职工管理委员会(以下简称上海家化退管会)等单位和个人投资沪江日化,同时约定成立沪江日化管理委员会行使董事会相关职能,2009 年 2 月至 2012 年 12 月,上海家化时任副总经理宣某同时兼任沪江日化管委会成员。依据《上市公司信息披露管理办法》(2007)第 71 条第 3 项,并参照《上海证券交易所股票上市规则(2008 年修订)》第 10.1.3 条第 3 项和第 10.1.5 条第 2 项、《上海证券交易所股票上市规则(2012 年修订)》第 10.1.3 条第 3 项和第 10.1.5 条第 2 项的规定,上海家化与沪江日化在上述期间构成关联关系。经查明,2009 年 3 月至 12 月,上海家化与沪江日化之间发生的采购、销售及资金拆借等关联交易金额合计达 2.81 亿元,占上海家化当年年末净资产的 25.64%(其中 3 月至 6 月,合计达 4272 万元,占比 3.90%);2010 年,合计达 4.27 亿元,占比 32.38%(其中 1 月至 6 月,合计达 1.89 亿元,占比 14.36%);2011 年,合计达 5.4 亿元,占比 36.12%(其中 1 月至 6 月,合计达 2.46 亿元,占比 16.41%);2012 年,合计达 5.54 亿元,占比 31.52%(其中 1 月至 6 月,合计达 2.50 亿元,占比 14.19%)。上述采购、销售及资金拆借等关联交易金额已分别达到 2009 年至 2012 年年度报告的披露标准,但上海家化对于与沪江日化构成关联关系以及关联交易情况均未予以披露。

上海二中院经审理认为,上海家化公司的相关行为构成证券虚假陈述,投资者有权向其主张损失赔偿。该结论也暗合之后发布的《九民纪要》对于“重大性”问题的认定标准。所以,虚假陈述行为是否具有“重大性”并非原审案件审理焦点。

2. 适用《新虚假陈述若干规定》的探讨

该案不同于一般的证券虚假陈述案件,其不存在常见的“财务造假”行为导致股价大跌,上海家化公司的违法事实虽经证监会查明认定,但其仅未如实履行关联交易信息披露的义务。那么,本案在适用《新虚假陈述若干规定》及《证券法》(2019 年修订)情况下,可能存在新的关注点。

如前文所述,《新虚假陈述若干规定》第 10 条规定,在特定情形下,虚假陈述的内容才具有重大性,只有符合“重大性”要件的虚假陈述行为才具有可赔偿性,而重大性的认定标准,原则上是“属于法律法规等规定的重大事件”加“价格敏感性”标准。《新虚假陈述若干规定》第 4 条第 4 款还专门细化了“重大遗漏”的定义,即:“重大遗漏,是指信息披露义务人违反关于信息披露的规定,对重大事件或者重要事项等应当披露的信息未予披露。”

新规之下,本案的争议焦点将增加两个重要内容:其一,要认定该行为是否属于“重大遗漏”,是否符合《证券法》等法律法规明确规定的“重大性”标准;其二,要认定该行为是否导致股票价格或交易量的明显变化。如经双方举证质证及法院审理,虚假陈述行为不满足上述条件,则上海家化公司抗辩其虚假陈述行为不具有重大性就可能被法院采纳,那么,案件的结果和走向将会与原判存在很大的不同,投资者据此向上海家化公司提出投资损失索赔就未必会得到法院的最终支持。

(三)亨达股份案——新三板定向增发虚假陈述索赔胜诉第一案①

投资者诉新三板公司青岛亨达股份有限公司(以下简称亨达公司)及其董监高证券虚假陈述纠纷案,山东省高院于 2021 年年底作出二审生效判决,判决支持了原告的诉请及相关主张,该案系新三板定向增发虚假陈述索赔胜诉第一案。本案中委托国浩律师起诉的投资者有六家,合计参与亨达公司 2015 年欺诈发行股票的金额达 1800 万元。

1. 案件概要

2015 年 1 月 15 日,亨达公司股票在新三板挂牌转让。2015 年 4 月 28 日,亨达公司公布了财务数据存在虚假记载的 2014 年年度报告。2015 年 4 月至 6 月,亨达公司以虚假年报数据为定价依据,向 21 名投资者定向增发

---

① 该案系国浩律师(济南)事务所承办。

875万股股票,总计融资7000万元。亨达公司股票2015年欺诈发行时股票定价为8元/股。2015年8月至2017年1月12日,股价呈现下跌趋势,2017年1月12日停牌日前的价格为1.71元。停牌后亨达公司未申请复牌,直至2019年8月15日被摘牌。2018年12月10日,中国证监会青岛证监局经立案调查,对亨达公司及其直接责任人员作出《行政处罚决定书》(〔2018〕2号),认定亨达公司及相关责任人员存在虚假陈述以及未按规定披露信息行为。

2. 争议焦点及处理思路

在旧规定的背景下,该案的争议焦点主要包括:(1)本案是否属于证券虚假陈述责任纠纷;(2)原告的投资损失与虚假陈述行为之间是否存在因果关系;(3)本案如何确定亨达公司等被告向原告投资者承担的赔偿数额。

国浩律师作为原告投资者的代理人,从案件的定性及法律适用等方面提出了对案件审理具有建设性的意见,认为:

第一,该案属于证券虚假陈述责任纠纷案件,应当适用《2003年虚假陈述若干规定》审理判决,并从规定第2条及国务院公布的《关于全国中小企业股份转让系统有关问题的决定》向法院释明该案中发行市场(一级市场)的定向发行,即全国股份转让系统属于"国家批准设立的其他证券市场",且既不是场外交易,也不是协议转让股票,山东省高院最终采纳了代理人的观点。

第二,关于因果关系认定,代理人认为原告投资者买入股票的时间均在实施日之后、揭露日之前,并持续持有导致亏损,因此投资者的投资损失与虚假陈述行为之间存在因果关系,山东省高院对此与代理人持同样观点。

第三,关于投资者损失额如何确定的问题,代理人主要围绕亨达公司欺诈挂牌、欺诈发行,对于资本市场中小投资者来说,其股票没有任何投资价值的观点进行论述,通过对比,除了《行政处罚决定书》披露的虚假财务数据,亨达公司最后一次披露的年报中,截至2016年6月30日净资产为负数,每股净资产同时也为负数,所有者权益因此为负数,股票不具有实际价值,换言之,股票价值为0元,山东省高院最终采纳了代理人提出的股票价值为

0 元的主张,原告投资差额损失应为(8 元 -0 元)×股数。

3. 案件的典型意义

本案的特殊之处在于,投资者通过股转系统定向增发的方式取得股东身份,但因定向增发不具有公开性,本案是否属于证券虚假陈述案件,能否适用《2003 年虚假陈述若干规定》也是案件的争议焦点。同时,亨达公司在 2017 年 8 月 17 日虚假陈述行为被揭露时,早已于 2017 年 1 月 13 日停牌,且再没有复牌,根据《2003 年虚假陈述若干规定》,本案无法认定基准日,亦无法确定虚假陈述揭露日起至基准日期间每个交易日收盘价的平均价格,即基准价,投资者损失认定成为难题,最终法院支持了投资者的上诉请求,认定亨达公司股票价值为 0 元。本案已被山东省高院选为"山东法院 2021 年十大商事审判典型案例",并被法治日报社采用并详细报道,中国人民大学法学院教授、商法研究所所长刘俊海对本案作了精彩点评,认为本案和"康美药业案"分别在新三板和 A 股市场产生强烈的反响,两个案件具有异曲同工之妙,为上市公司和中介机构敲响了警钟。

4. 适用《新虚假陈述若干规定》的探讨

相比《2003 年虚假陈述若干规定》,新规扩大了虚假陈述司法解释的适用范围,取消了旧规排除私募证券的限制,统一适用于公开发行与非公开发行证券,区域性股权市场发生的该类案件,同样可以参照适用新规。因此,假设在适用新规的情形下,该案是否属于证券虚假陈述责任纠纷案件,代理人就无须耗费过多精力进行释明,案件的定性及法律适用就会变得相对容易。除此之外,如遇适用《2003 年虚假陈述若干规定》无法确定基准价的特殊情形时,根据《新虚假陈述若干规定》第 26 条第 5 款的规定:"无法依前款规定确定基准价格的,人民法院可以根据有专门知识的人的专业意见,参考对相关行业进行投资时的通常估值方法,确定基准价格。"因此,新规颁布后,当事人依据法律规定无法确定基准价的,人民法院可以根据专家的专业意见通过更准确、更能反映客观事实的方法予以确定。

(四)中毅达虚假陈述民事赔偿纠纷案①

上海证监局对被告上海中毅达股份有限公司(以下简称中毅达公司)的虚假陈述行为进行审查,并于2018年4月8日对中毅达公司作出《行政处罚决定书》(沪〔2018〕26号),处罚认定:中毅达公司在2015年第三季度报告中虚增营业收入的行为构成信息披露违法行为。上海金融法院审理的许某、叶某等与中毅达公司证券虚假陈述责任纠纷案[案号:(2018)沪74民初615号],上海金融法院于2020年4月17日作出一审判决,支持原告投资者的赔偿诉请。被告不服一审判决上诉后,案件经上海市高级人民法院二审,于2020年6月10日作出驳回上诉、维持原判的终审判决。

1. 国浩代理人的抗辩观点

本案中,国浩律师作为被告上市公司的代理人,对于原告的诉请,提出了针对性的抗辩意见,虽然在当时的制度背景下未能获得法院采纳,但在新规颁布后,当时的观点就十分值得关注:

第一,代理人指出,原告主张的投资损失与中毅达公司虚假陈述之间不存在因果关系或因果关系原因力不大,因为中毅达股票于2015年年底及2016年年初上涨是受到中毅达公司重大资产重组等利好信息披露的重大影响,中毅达公司于2015年10月27日公告《重大资产购买报告书》,若重大资产重组成功,中毅达公司营收规模将巨幅增加,因而对股价系重大利好信息,可见这一时间段内买入中毅达股票的投资者受公司重大资产重组利好信息诱导,与虚假陈述没有因果关系。

第二,2016年1月至2月,在大盘熔断暴跌背景下,中毅达股票仍保持上涨势头,被众多媒体报道为“妖股”,在该期间大量买入中毅达股票的投资者受到媒体宣传报道及专业人士分析意见的重大影响。此外,部分原告投资者卖出中毅达股票亦非受到虚假陈述影响,而是基于中毅达公司发布了包括重大资产重组失败在内的一系列重大利空信息。

---

① 本案由国浩律师(上海)事务所承办。

第三，原告投资者因受证券市场系统风险等其他因素影响而产生的损失，不属于中毅达公司的赔偿范围。

第四，原告投资者关于利息损失的主张缺乏法律依据，不应得到支持。

2. 适用《新虚假陈述若干规定》的探讨

假设本案适用《新虚假陈述若干规定》，被告代理人的抗辩将会变得更加有理有据。

《新虚假陈述若干规定》第 12 条规定了交易因果关系不成立的情形，其中第 3 项明确当原告买卖被告股票的交易行为，是受到虚假陈述实施后发生的上市公司的收购、重大资产重组等其他重大事件的影响时，该种情况就应当认定交易因果关系不成立，即原告的交易行为与被告的虚假陈述行为无关。具体到本案，被告曾抗辩认为，证监会认定被告中毅达公司在 2015 年第三季度报告中虚增营业收入的行为构成信息披露违法行为，而在这之后，中毅达公司于 2015 年 10 月 27 日公告《重大资产购买报告书》，披露拟进行的收购立成景观公司 61% 股权的重大资产重组计划，因此，原告系在被告虚假陈述实施后受到重大资产重组的影响而交易股票具有高度盖然性，被告这一抗辩观点就可以通过新规第 12 条第 3 项进行支撑，有了相应的法律依据。

同时，新规第 31 条新增了关于损失因果关系的规定，在损失认定上，被告能够举证证明有减免责任的理由的，法院应当予以支持，以进一步细化被告赔偿责任范围，被告代理人曾提出的原告损失系受到其他因素的影响也有了相应的法律依据，因此，适用新规的情况下，本案交易因果关系及损失因果关系是否全部成立就会成为影响案件走向的关键问题。

关于投资者的利息损失问题，本案在不具有《2003 年虚假陈述若干规定》第 29 条“导致证券被停止发行的”的情形下，法院适用旧规第 30 条第 2 款仍支持了原告主张的利息损失，然而，如果适用《新虚假陈述若干规定》，由于新规中删除了赔偿损失包括利息部分的相应内容，且损失赔偿范围仅包括原告实际损失，实际损失列明的范围也不包括利息，原告要求被告承担其利息损失就缺乏了相应的法律依据。

结　语

通过对比研究《2003 年虚假陈述若干规定》与《新虚假陈述若干规定》可以看出，新规对旧规诸多方面进行了修订完善，明确取消了前置程序，规定了虚假陈述重大性要件，过错的重大性标准，对诉讼时效规则作出了相应调整，并且，在总结实务经验的基础上，对交易因果关系和损失因果关系予以区分、鼓励根据有专门知识的人的专业意见确定基准价格、增加了对预测信息的责任限制，新规更符合保护投资者利益的政策趋势，有利于规范行为人及相关利益主体的市场行为，为维护证券市场的良好运行起到里程碑式的开拓意义。随着近些年证券市场的蓬勃发展，证券类纠纷的案件数量也呈上升式增长，尤其近几年审理的影响广泛的“康美药业案”“五洋债案”等，法院判决将发行人、发行人董监高、保荐机构、承销机构、证券服务机构等主体纳入了赔偿责任人的范围，体现了证券市场的监管态势日趋严格，也对各证券中介机构、证券服务机构的注意义务和风险应对提出了更高要求。但是，新规施行后仍可能面临一些问题，如新规取消前置程序后，则需要法院在审理中区分行政违法行为与民事侵权行为，且侵权行为重大性认定兜底标准“价格敏感性”在实务中的判断尺度如何，以及因虚假陈述行为而受到行政处罚时，其虚假陈述行为是否一定具有重大性等疑问，对法院而言也将充满挑战。因此，未来在证券虚假陈述民事赔偿案件的司法实务中，可能涉及的侵权行为的重大性要件、因果关系认定标准、中介机构的职责边界、责任主体与责任形式等方面仍需要经过实践检验，在司法实践中不断完善和修正。

专题六

不可抗力、情势变更民法制度在涉新冠疫情商事争议中的适用

国浩律师（上海）事务所　丁伟晓　张承飙　周世昉

2019年年底2020年年初，新冠肺炎疫情暴发，社会生产生活因疫情及随之而来的管控措施受到不同程度影响和限制，民事合同履约受阻的情况广泛存在。也因此，在此特殊背景下形成的民事责任，如何在既有法律框架下合理认定和分配，是各行各业都在密切关注，亟待确定性规则指引和解决的重要议题。其中，民事法律规则中"不可抗力""情势变更"及其配套规则与此类疫情时期问题的解决息息相关。在疫情背景下，随着《民法典》于2021年1月1日起正式施行，受疫情影响导致合同违约状态、发生合同目的无法实现状况的一方如何适用不可抗力规则、情势变更规则合理地寻求法律救济破局，是涉新冠肺炎疫情纠纷实务中的核心法律问题。在司法实务领域，疫情期间最高院逐步出台了《关于依法妥善审理涉新冠肺炎疫情民事案件若干问题的指导意见》，上海市高院逐步出台了《关于涉新冠肺炎疫情案件法律适用问题的系列问答》，为在疫情背景下不可抗力、情势变更抽象法律规则如何适用提供了具象的分析框架和参考依据。因此，本专题通过对"不可抗力"和"情势变更"相关法律规则、司法指导意见以及案例的梳理和分析，希望对读者在应对因疫情所面临的突发状况和经营风险时有所助益。

第一章　不可抗力

一、概述

根据《民法典》第180条的规定，不可抗力指“不能预见、不能避免且不能克服的客观情况”，该定义沿用了《民法通则》《民法总则》关于不可抗力的定义表述。在疫情前时代，由于该定义适用情形的局限性，通常仅在如发生地震、海啸等罕见自然灾害导致义务履行不能的少数场合方存在适用空间，并不常见于一般民商事争议之中。在新冠疫情发生之后，由于新冠疫情不但具备此“不能预见、不能避免且不能克服”的特征，且与疫情相伴的防疫措施对于各行各业的民商事活动造成了广泛的影响及限制，促使“不可抗力”从原本相对小众的法律问题，一下跃升至各行各业都需要重点关注和提前预判以控制风险的法律议题。对此，上海高院在其出台的《关于涉新冠肺炎疫情案件法律适用问题的系列问答（二）》对于新冠疫情符合不可抗力定义持肯定态度，具体评述为：“新冠肺炎疫情被认定为突发公共卫生事件后，为保护人民群众身体健康和生命安全，政府及有关部门采取了相应疫情防控措施。对于因此不能履行合同或不能及时行使权利的，新冠肺炎疫情发生宜认定属于不能预见、不能避免并不能克服的不可抗力。”上海高院的该等意见代表了司法实践中的普遍观点。然而，新冠疫情符合不可抗力的法律定义，并不代表不可抗力规则项下主张违约免责、合同解除的法律救济可以于个案中当然适用，在实践中仍需结合个案事实和法律适用的构成要件，具体问题具体分析。

二、法律依据

(一)《民法典》关于不可抗力免责规则

《民法典》第 590 条规定:“当事人一方因不可抗力不能履行合同的,根据不可抗力的影响,部分或者全部免除责任,但是法律另有规定的除外。因不可抗力不能履行合同的,应当及时通知对方,以减轻可能给对方造成的损失,并应当在合理期限内提供证明。当事人迟延履行后发生不可抗力的,不免除其违约责任。”

(二)《民法典》关于不可抗力法定解除权规则

《民法典》第 563 条规定:“有下列情形之一的,当事人可以解除合同:(一)因不可抗力致使不能实现合同目的……”

三、构成要件

(一)适用《民法典》不可抗力免责规则的构成要件

适用不可抗力免责规则的前提条件,是存在因不可抗力导致违约行为的具体事实,其中包括以下要件:(1)不可抗力之事实;(2)违约行为之事实;(3)因不可抗力导致违约行为的直接因果关系。基于该要件,根据涉疫情司法指导意见和目前已形成的判例,新冠疫情已被普遍认为符合不可抗力事件的法定定义。进而,受疫情影响导致违约状态的一方,如拟基于《民法典》第 590 条规则寻求免责救济,须进一步举证新冠疫情所涉负面影响或相关防疫措施与其违约行为之间存在直接因果关系。

(二)适用《民法典》不可抗力法定解除权规则的构成要件

适用不可抗力法定解除权规则的前提条件,是存在不可抗力导致合同目的不能实现的具体事实,其中包括以下要件:(1)不可抗力之事实;(2)合同目的不能实现的事实;(3)因不可抗力导致合同目的不能实现的直接因果关系。基于该等要件,根据涉疫情司法指导意见和目前已形成的判例,新冠疫情已普遍被认为符合不可抗力事件的法定定义。进而,如受疫情影响导致合同目的已然无法实现、亟须解约终止履行合同的一方,拟基于不可抗力规则寻求解除合同救济的,仍须进一步举证新冠疫情所涉具体影响或疫情相关封控措施与其合同目的无法实现的状况之间存在直接因果关系。

四、法律后果

(一)适用《民法典》不可抗力免责规则的法律后果

适用《民法典》第590条不可抗力免责规则产生的具体法律效果是,部分或全部免除违约责任。具体到疫情背景下,最高人民法院在其发布的《关于依法妥善审理涉新冠肺炎疫情民事案件若干问题的指导意见(一)》中确立了基本裁判思路:首先,在判定全部或部分免责的尺度时,应当综合考量疫情对不同地区、不同行业、不同案件的影响,准确把握疫情或者疫情防控措施与合同不能履行之间的因果关系和原因力大小;其次,如主张免责的一方,自身对于合同不能履行或者损失扩大仍有可归责事由的,也应依法承担相应部分责任。

(二)适用《民法典》不可抗力法定解除权的法律后果

《民法典》第563条规定了基于不可抗力事由的法定解除权,行使法定解除权无须依赖合同条款约定,且通知解除行为本身不被视为违约行为,不承担违约责任。在行使解除权后,根据《民法典》第566条的规定,对于尚未履行的合同将产生终止履行的法律后果;对于已经履行的合同,根据履行情况和合同性质,合同当事人进一步获得要求恢复原状、赔偿损失的权利。

五、适用合同情形列举

关于不可抗力规则对于涉新冠疫情案件的适用性,截至目前,最高人民法院业已出台了四份关于依法妥善审理涉新冠肺炎疫情民事案件若干问题的指导意见[①][以下分别简称《涉新冠疫情指导意见》《涉新冠疫情指导意见(一)》《涉新冠疫情指导意见(二)》《涉新冠疫情指导意见(三)》],为新冠疫情是否适用不可抗力规则奠定了裁判原则。根据《涉新冠疫情指导意见(一)》第2条、第3条之规定,最高院实际采纳"具体问题具体分析"的处理原则,强调了不可抗力规则的适用前提条件是"受疫情或者疫情防控措施直接影响而产生的民事纠纷"。结合《民法典》规定,其认为在判别法律适用时应检验"疫情"或"疫情防控措施"与"违约行为""不能实现合同目"的争议事实之间,是否具备直接的因果关系。在符合"直接因果关系"的检验条件之后,方可进一步触发基于不可抗力规则产生的免责或解除合同之法律效果。为便于理解该裁判规则,笔者结合实务经验梳理了以下几种争议类型。

(一)买卖合同

在日常商品或服务的买卖合同中,买卖双方对于不可抗力规则的适用存在完全不同的适用视角和条件:

对于卖方而言,合同所约定的商品或服务的交付可能因疫情防控措施而在生产或物流环节中断,导致卖方处于客观上无法按时交付合同标的物的违约状态。在此情形下,如买方向卖方主张损失赔偿的违约责任,则卖方可基于不可抗力规则,通过充分举证其受疫情影响不能按约履行交付义务进而主张免责。

对于买方而言,由于其在买卖合同项下主要义务通常为支付价款义务,因疫情管控通常不会影响其资金支付义务的履行,在不存在阻却合同义务履行的情况下,通常不能适用不可抗力规则。但如确因疫情管控原因导致银行资金处理业务暂停,进而造成买方无法按时支付合同价款,则因迟延支付价款产生的违约责任(如迟延履行违约金及卖方主张解除合同等)可适用不可抗力规则主张免责。另外,在合同解除方面,如买方所购商品或服务的

① 包括法发〔2020〕16号文、法发〔2020〕12号文、法发〔2020〕17号文以及法发〔2020〕20号文。

合同目的存在季节性或及时性需求,卖方迟延交付标的物则将导致买方合同目的无法实现,则在此情况下,买方可适用不可抗力规则主张免责解除合同。

在河南高院审理的(2021)豫民申 10194 号商品房预售合同纠纷案中,开发商因疫情原因工期迟延,进而无法按照预售合同约定期限办理产权证、向购房人交付房屋。购房人因此按照预售合同中以购房款为基数每日万分之一的标准向开发商主张违约金责任,而开发商以疫情属于不可抗力为由抗辩、主张免责。最终,法院结合疫情不可抗力情况,基于公平原则调减了违约金,以银行同期贷款罚息的利率标准计算违约金,即免除了开发商部分违约责任。河南高院在再审裁定中维持了前述判决。该判例反映了当不可抗力规则在买卖合同纠纷中具体适用时,如疫情确实阻却或延迟了一方履行义务的,则法院可基于公平原则,适当免除其违约责任。

另外,在(2021)吉民终 300 号买卖合同纠纷案中,负有支付货款义务的购货方以疫情属于不可抗力影响其收入导致资金筹措困难为由,认为其未支付货款的违约状态是因疫情引起,进而抗辩卖方因其拖欠货款主张解除合同的诉请。在该案件中,疫情对于企业经营效益、现金流的影响与其不履行付款义务之间并不具有法律上的直接因果联系。购货方的抗辩主张最终未获法院支持。

(二)商业租赁合同

在商业租赁领域,受疫情防控影响,承租人可能实际租赁房屋、支付租金但无法投入运营使用,承受巨大的租金和成本压力。在此情况下,根据不可抗力规则及《涉新冠疫情指导意见》,因租金支付义务的履行与疫情影响并不存在直接因果关系,故承租人通常不能根据不可抗力规则主张免除其疫情期间的租金支付义务。但承租人仍可根据地方性政策申请租金减免或补助。此外,虽不能适用不可抗力规则进行救济,承租人还可根据《民法典》第 533 条等规定的“情势变更”规则向出租人主张减免租金、延长租期或者延期支付租金。法院通常在确认租金支付义务不受疫情影响的基础上,结合公平原则在违约金责任方面作出适当调减。

例如,在(2021)青民申 1141 号租赁合同纠纷案中,商铺承租人因疫情管控措施无法正常经营、欠付租金,出租人向承租人主张欠付租金,以及按照合同约定支付相当于6 个月租金的违约金。最终,法院判令以承租人缴纳的保证金抵扣租金。该判决结果在再审程序中获得了青海高院的确认。该案例体现了法院在处理疫情背景下租赁纠纷所采取的特殊的利益平衡思路。如严格按照租赁合同约定和惯常的司法实践,租金支付义务应与违约金责任进行区分处理,即保证金应仅限于对违约金进行抵扣处理,而租金作为到期应付债务不能当然在保证金中抵扣。在该案例中,法院的处理方式,是在确认租金支付义务不受疫情不可抗力影响的同时,通过与保证金相抵,实质减免了承租人在疫情背景下的违约金责任。

另外,在(2021)豫民终 644 号租赁合同纠纷案中,在承租人不符合当地疫情减租政策条件的情况下,法院亦结合公平原则,基于承租人的生产经营受疫情影响的客观情况,对于承租人调减租金的主张予以部分支持。

(三)建设工程合同

在建设工程领域,承包方受疫情防控措施的直接影响可能出现因工程停工导致迟延完成工程节点、工作面交付或迟延竣工的违约状况。在此情况下,根据不可抗力规则以及《涉新冠疫情指导意见(二)》第 1 条等规定,承包方有权适用不可抗力规则主张免除其违约责任。如在(2021)豫 01 民终 10036 号建设工程合同纠纷案中,法院在认定误工费时,扣除了施工确受疫情防控措施影响期间的误工费。

(四)物流合同

在物流运输领域,物流运输企业受疫情防控措施影响存在显著违约风险,例如,物流运输线路被采取禁行、限行措施,导致承运人延迟交货或无法交货。鉴于该等违约情形与疫情防控措施存在直接因果关系,故根据不可抗力规则以及《涉新冠疫情指导意见(三)》第 10 条的规定,承运人亦可主张适用不可抗力规则以免除迟延交货相应的违约责任。

在(2021)辽民终1290号案中，承运人将委托人的货物运送至目的港后，委托人因疫情造成其客户需求量骤减的原因而一直未予提货，造成承运人持续支出滞箱相关费用，由此引发纠纷。在该案件判决中，法院对于委托人因疫情影响不予提货的时段进行严格界定，认定在2020年3月13日之后，因当地已转为疫情低风险地区，故在此时点之后委托人仍然不予提货的行为已不存在不可抗力的抗辩事由，构成违约，最终判令委托人需支付此时点之后的滞箱相关费用。

六、实务建议

(一)固定过程性证据

根据不可抗力规则及《涉新冠疫情指导意见》，疫情与违约行为或不能实现合同目的事实之间的直接因果关系是举证责任的核心。因此，在疫情期间，疫情或疫情防控措施对于合同履行或合同目的之实现造成阻碍的所有过程性证据，均建议予以记录和存档，并可形成相应归档制度，其中包括但不限于：与合同相对方、政府主管部门关于疫情影响的沟通、征询记录，政府有关部门下发的采取疫情管控措施的通知，疫情或封控对于合同履约造成具体影响的照片、录音、录像等。

(二)履行通知义务

受疫情影响处于违约状态的一方应通过及时履行通知义务，告知合同相对方自己因疫情影响合同义务履行受阻的具体情况，以此梳理和固定截至通知时已经发生的受疫情影响的事实以及相关当事方于该节点的对于履约事实的确认情况，同时，此举还可促使合同相对方对于合同履行障碍的情况产生合理预估，尽可能避免因其后续损失或损失的扩大而进行的责任追偿。

七、参考案例表

(一)疫情背景下不可抗力免责规则的典型案例

疫情背景下不可抗力免责规则的典型案例见表6－1。

表6－1　疫情背景下不可抗力免责规则典型案例

序号	案号	终审法院	案由	裁判时间	结果
1	(2021)豫民申10194号	河南高院	商品房预售合同纠纷	2022年3月2日	不适用
2	(2021)青民申1141号	青海高院	租赁合同纠纷	2022年2月11日	不适用
3	(2021)豫民终644号	河南高院	租赁合同纠纷	2022年1月29日	适用
4	(2021)辽民终1290号	辽宁高院	运输合同纠纷	2021年10月20日	适用

(二)疫情背景下不可抗力法定解除权的典型案例

疫情背景下不可抗力法定解除权的典型案例见表6－2。

表6－2　疫情背景下不可抗力法定解除权典型案例

序号	案号	终审法院	案由	裁判时间	结果
1	(2021)豫民终644号	河南高院	租赁合同纠纷	2022年1月29日	适用
2	(2021)新40民终1431号	新疆高院	林业承包合同纠纷	2021年12月20日	适用
3	(2021)吉民终300号	吉林高院	买卖合同纠纷	2021年7月2日	不适用

第二章　情势变更

一、概述

（一）《民法典》颁布之前的相关法律规定和适用

《民法典》出台之前，“情势变更”的概念和雏形早在20世纪80年代《中华人民共和国经济合同法》中已有涉及：“凡发生下列情况之一者，允许变更或解除经济合同：一、当事人双方经过协商同意，并且不因此损害国家利益和影响国家计划的执行；二、订立经济合同所依据的国家计划被修改或取消；三、当事人一方由于关闭、停产、转产而确实无法履行经济合同；四、由于不可抗力或由于一方当事人虽无过失但无法防止的外因，致使经济合同无法履行；五、由于一方违约，使经济合同履行成为不必要。当事人一方要求变更或解除经济合同时，应及时通知对方。因变更或解除经济合同使一方遭受损失的，除依法可以免除责任的外，应由责任方负责赔偿。”此后，最高院通过《关于印发〈全国经济审判工作座谈会纪要〉的通知》以及《最高人民法院关于适用〈中华人民共和国合同法〉若干问题的解释（二）》等司法解释和司法文件，对“情势变更”做了进一步的规范和明确。

然而，“情势变更”此前并未在立法层面予以明确，而由于在具体条文中，不可抗力与情势变更两者之间的概念差别、适用规则以及体系定位的区分不明确，二者出现原因与结果不分、实务适用中相互排斥的情况。这一问题在2003年“非典”时期，以及2020年年初新冠疫情伊始尤为明显。部分法院将因疫情（不可抗力）造成的合同履行中的不公平的问题，参照适用“情势变更”规则。

（二）《民法典》对情势变更规则适用的相关调整

正是由于上述问题，《民法典》针对司法实践中发现的问题，对情势变更的判断标准、适用情形以及法律后果等进行了修正。《民法典》第 533 条规定："合同成立后，合同的基础条件发生了当事人在订立合同时无法预见的、不属于商业风险的重大变化，继续履行合同对于当事人一方明显不公平的，受不利影响的当事人可以与对方重新协商；在合理期限内协商不成的，当事人可以请求人民法院或者仲裁机构变更或者解除合同。人民法院或者仲裁机构应当结合案件的实际情况，根据公平原则变更或者解除合同。"该条内容相较此前的规定，主要变化体现在以下五个方面：

1. 将情势变更适用的条件，从因"客观情况"发生重大变化修改为"基础条件"发生重大变化，从语义的理解上，似乎是缩小了适用的范围，但实质是在强调外界变化须与合同本身的基础条件存在直接因果关系。

2. 删除情势变更须非不可抗力因素造成这一前提条件，回应了实务中因新冠疫情等不可抗力事件造成的合同履行不公平，却不能适用情势变更规则的困境，在法律逻辑上将"不可抗力"视为可以适用情势变更的因素。

3. 保留"继续履行合同对于当事人一方明显不公平"这一适用条件，不再将"无法实现合同目的"作为情势变更的适用情形，就因不可抗力或一方违约导致"无法实现合同目的"的法律后果，直接在《民法典》第 563 条法定解除权中予以明确，进一步厘清了"不可抗力"和"情势变更"的相互关系和体系定位。

4. 仅允许"受不利影响的当事人"享有重新协商的权利，要求因情势变更受到不利影响的合同当事人积极行使自己的权利，同时增加"合理期限内协商不成"作为当事人提起诉讼或仲裁的前置条件，需要注意的是，提起诉讼或仲裁的权利归属于合同当事人双方，不再局限于受不利影响的一方。

5. 原来的司法解释，仅列明人民法院可根据公平原则作出处理，此次《民法典》将仲裁机构与人民法院并列，同时作为有权适用情势变更规则的裁决机构，显然更为科学、合理。

二、构成要件

（一）对于情势变更的事实发生于合同成立之后的理解

引起情势变更的事实是否发生在合同订立之后，是一个相对简单的事实判断，但在实务中，我们会发现仍有以下几点需要注意。

首先，若潜在风险因素已经存在，该潜在因素引发的后续事实，不应被理解为合同成立之后无法预见的非商业风险。在龙煤公司与郑北平股权转让纠纷案中，龙煤公司以探矿权行使过程中发生的政策变化导致股权转让合同目的不能实现为由，要求解除其与郑北平于2010年3月29日签订的《股权转让协议》。该案中，案涉矿区位于乌鲁木齐南山风景名胜区内，而龙煤公司作为矿产企业，在《股权转让协议》签订时对于案涉矿区位于风景名胜区内应当知晓，即使如龙煤公司所称当地环保政策宽松，龙煤公司在行政法规有明确的规定的情形下，对政策的走向应当有预见，之后当地政策逐步收紧导致探矿权不能延续对于龙煤公司而言不属于意外风险。龙煤公司明知行政法规禁止在风景名胜区采矿，而甘愿冒风险通过签订《股权转让协议》成为恒润泰公司股东。因此，法院认为，在行政法规已有明确规定，潜在风险已经存在的情形下，龙煤公司对当地的政策变化应当有所预见，其仍以实际行为明确愿意继续履行合同，此情况下所形成的（政策）风险显然并不属于合同订立之后发生的无法预见的风险。

其次，如情势变更的事实发生于合同订立之后、履行完毕之前的时间段内，应以合同双方当事人合同约定为准；合同正常履行期限因一方违约被人为延后继而发生的事实，不应再适用情势变更规则调整合同或解除合同。海力化工与陕鼓动力承揽合同纠纷案中，陕鼓动力于2018年5月完成案涉压缩机生产，此后因海力化工主动提出延期交货，经协商双方将交货期调整为2019年3月30日。此后，海力化工未按照约定，提前书面通知陕鼓动力交货时间和地点。2019年3月21日发生"3.21"响水事故，中共江苏省委办公厅、江苏省人民政府办公厅印发《江苏省化工产业安全环保整治提升方案》，其中规定了停产整改类、限期整改类及化工企业关停要求等内容，对化工危险行为的运营提出更严格的审批要求。海力化工以此为由要求解除合同,山东高院认为:其一,“3.21”响水事故并不会对海力化工履行通知义务造成任何影响;其二,海力化工在往来函件中确认推迟发货是因为其公司并购、资金紧张等原因所致,各事由均系其自身经营问题,因此,海力化工以“3.21”响水事故属于情势变更情形为由,要求变更合同履行期限的主张未被支持。

通过上述案例可知,对于造成情势变更的事实,司法实践中采用严格认定标准,要求是在合同订立之后发生的事实,是独立的事件,不能是合同订立之前的任何潜在情况;同时,事实发生的时间,不应是由于一方违约等人为因素所造成。

(二)对于无法预见的非商业风险的判别标准

合同订立后的事实是否无法预见且不属于商业风险,可能是判定是否可以适用情势变更规则最为复杂且争议最大的一个甄别标准,因此,笔者从司法实践中提炼如下观点以供参考。

华盛房产与生命红食品房屋拆迁安置补偿合同纠纷案中,最高院对引起商业风险与非商业风险的判别标准做了如下阐述:其一,商业风险属于从事商业活动所固有的风险,作为合同成立基础的客观情况的变化未达到异常的程度,一般的市场供求变化、价格涨落等属此类;而情势变更则是作为合同成立基础的环境发生了异常变动。其二,对商业风险,法律推定当事人有所预见,能预见;对情势变更,当事人未预见,不能预见。其三,商业风险带给当事人的损失,可归责于当事人;而情势变更则不可归责于当事人。前述标准在(2020)最高法民终234号、(2019)最高法民终1748号、(2017)最高法民申3380号、(2017)最高法民申1786号、(2016)最高法民终622号和(2016)最高法民终219号等案件中均有所体现,可以认为是最高院在总结该等案例的基础上的提炼和归纳。

但同时需要注意,上述判断原则在处理政府政策因素时,需要进一步针对具体情形进行分析。在(2018)最高法民终387号、(2017)最高法民申

2539号和(2015)民提字第39号等案件中,法院认为法律规定及有关司法解释虽并未明确规定政府政策调整属于情势变更情形,但是如果确实因政府政策的调整,导致不能继续履行合同或者不能实现合同目的,当然属于合同当事人意志之外的客观情况发生重大变化的情形。然而,在(2020)最高法民申1357号、(2018)最高法民终630号和(2016)最高法民终641号等案件中,法院又认为合同当事人应当对政策的走向有所预见,因此,政府政策或行为的调整并不应构成情势变更。政府政策因素的影响为何在司法实践中会形成迥然不同的裁判结论,通过对上述案例进行全面分析,其实可以发现两者的主要差别在于,合同当事人是否对政策变化具有预见的可能性:首先,在认定政府政策不构成情势变更的案件中,政府政策往往都具有延续性,或者在合同订立之前已有相应的原则性规定;相反,在认定构成情势变更的案件中,政策普遍具有突然性。其次,认定不构成情势变更所涉及的行业都有非常高的专业性,如矿产、能源、房地产等;相反,构成情势变更的案件中,合同主体因为规划、环评等因素,突然无法继续履行原来的合同。最后,在个别案例中,合同当事双方已经就可能存在的具体政策风险进行了明确约定,因此,法院根据合同约定的内容,推定双方对于该等风险的存在或发生都是具有预见性的,此时当然不再具备适用情势变更的基础和条件。

综上所述,对于事实是否属于无法预见的非商业风险的判断应掌握以下两个标准:首先,由于市场供求变化、价格涨落等因素造成的商业活动有关的固有风险均不属于“非商业风险”;其次,应综合考虑合同约定内容、缔约双方的专业性以及合同缔结时行业情况和政策导向等多种因素,判断合同当事人是否对合同履行中的风险“有所预见”。

(三)对于存在明显的不公平的理解与适用

《民法典》对原来的司法解释进行调整修正以后,仅保留了“继续履行合同对于当事人一方明显不公平”这一实质要件,“无法实现合同目的”不再作为情势变更的适用要件。因此,如何在诉讼中证明,合同继续履行将对一方明显不公,成为至关重要的问题。

在中铁二建与滕王阁房产股东出资纠纷案中,中铁二建主张由其补缴全部(至少7亿元)土地出让金,将造成各方权利义务明显失衡,对其明显不公平,因此,主张适用情势变更解除其与滕王阁房产的合作协议。法院查明,此前政府在内部文件中,确实批核给予中铁二建下属子公司45万元/亩的涉铁优惠政策,但也建议旧城改造项目的实施由中铁二建或其全资子公司承担。但因中铁二建与滕王阁房产共同出资设立项目公司,此后,政府主管单位出具函件明确,因中铁二建以非全资子公司办理涉铁旧城改造项目,不再适用原来的相关政策规定。就上述事实,法院认为,构成情势变更"对于当事人一方明显不公平的",应是指继续履行合同会造成一方当事人履约能力严重不足、履约特别困难、继续履约无利益并对其利益造成重大损害,明显违反公平、等价有偿原则等情形。但基于现有证据,首先无法得出补缴土地出让金的具体金额,更为重要的是,由于双方产生纠纷多年来未能实际履行,案涉土地价值及周边房价均大幅上涨,因此,即使补缴7亿元以上的土地出让金,中铁二建提交的证据也不足以证明继续履行合同会造成其产生亏损、无履行利益。

根据最高院在该案例中的阐述,我们可以确认,情势变更中的"明显不公平"主要考虑是否违反公平、等价有偿等原则,具体而言,可以从两个维度进行判别:(1)履行可能性,即是否造成一方当事人履约能力严重不足、履约特别困难;(2)权责平衡性,即是否造成该方当事人继续履约无利益并对其利益造成重大损害。同时,我们还应注意到,最高院在(2020)最高法民申4996号、(2017)最高法民申1786号和(2016)最高法民终781号等案件中进一步明确,因情势变更产生的一方履约困难或者严重损失,须是必然的结果,而不是一种未来的或然可能性。

三、法律后果

情势变更规则适用的法律后果包括变更履行与解除合同。首先,应当注意到,适用情势变更规则时,变更与解除并不是并列的选项,而是递进关系。在(2020)最高法民终629号案中,最高院在释理说法中明确阐述了这一观点:依照适用情势变更制度的相关法律规定,符合情势变更法定情形的,人民法院应结合案件的实际情况,根据公平原则变更或者解除合同。同时,由于情势变更解除适用《民法典》第566条第1款之规定,权利人享有无责解除的权利,因此,从平衡当事人权利义务以及合同严守原则角度,人民法院一般先予考虑变更合同,以此调整双方权利义务,在非达到必要程度时,应慎重对待解除合同的主张。因此,若明显受不利影响的一方在诉讼中主张解除合同,应注意先行证明已尽了最大可能和诚意协商变更合同,但由于相对方无协商意愿或协商方案不具有公平性,才选择主张合同解除。

此外,针对金钱债务和行为义务,应注意两者在诉讼请求中的差异,即:裁判机构可以根据公平原则自由裁量变更履行金钱债务,但无法支持行为的变更履行。

四、适用合同情形列举

(一)买卖合同

疫情期间,如果疫情或疫情防控措施等原因导致合同继续履行将对合同价款、交付期限等产生明显影响,且对其中一方明显不公平的,受不利影响的一方,可通过书面函件形式提出合理变更的请求,明确疫情影响的实际情况及合理的变更方案或解除条件。应注意的是,书面函件中应附上经营受疫情影响的相关证据。

若双方协商解除合同,建议供货方及时采取措施避免或减少后续损失,包括将易变质货物及时降价销售等合理举措,并注意保留损失产生的相关凭证,作为后续协商确定双方共担损失的依据。

(二)租赁合同

根据上海的政策,承租国有房屋从事生产经营活动的小微企业和个体工商户,可依据政策规定直接申请减免租金。除该等情形外,承租人因疫情或者疫情防控措施没有营业收入或者营业收入明显减少,继续按照原租赁合同支付租金对其明显不公平的，可依据情势变更的规定，就疫情或疫情防控措施对使用租赁场所的实际影响，提出减免租金、延长租期或延期支付租金等合理的协商方案。

需要特别注意的是，若双方无法就减免租金、延长租期或延期支付租金等协商方案达成一致，但租赁合同仍处于继续履行或承租人继续占用租赁场所的状态，承租人无权以双方未就协商方案协商一致为由，拒付非受疫情影响期间的其余应付租金。

（三）建设工程合同

建设施工合同中，因疫情或者疫情防控措施导致价格发生重大变化，致使人工费、材料费或设备租赁费等大幅波动，同时合同中对价格波动未作明确变更约定，或继续履行合同约定的计价条款对一方明显不公平的，受不利影响的一方，可根据情势变更的情况，在公平、合理的基础上提出变更合同价款的协商方案，并以书面形式固定变更内容。

（四）物流运输合同

物流运输是受疫情影响最严重的行业，由此导致的合同纠纷也最为普遍。其中涉及的合同无法继续履行、合同目的无法实现等，主要归因于不可抗力造成的合同违约风险的免除。但同时由于各地防控措施的影响，企业之间长期的物流运输合作业务，由于物流运输的起运地或到达地限行措施，以致运输路线变更、装卸作业受限、物流复工人员有限等成本上升，并可能造成仓储成本、集装箱超期使用成本骤升等情况。因此，在该等情形下，同样可以适用情势变更规定，允许承运人根据实际情况提出提高疫情期间内的单位运输费，或者根据实际情况暂停部分地区的物流运输服务。

五、实务建议

（一）分析甄别

在争议解决的准备和应对过程中，应注意从本章第二部分所述情势变更认定的构成要件各方面去考虑是否具备了适用情势变更规则的条件。同时,考虑到情势变更规则适用,其处理结果存在“变更”与“解除”不同选择,因此,作为受到不利影响的一方,应在诉争提出之前,事先对所追求的法律后果做好履行可能性以及支持可能性的分析和预判。

(二)通知程序

1. 存在迟延履行情形,应书面将疫情的客观情况、疫情对企业生产经营的影响及无法按约履行的情况进行告知,并明确主张免除或减轻逾期提供产品/服务的违约责任。

2. 存在无法履行合同情形,应及时书面发送终止履行或提出合理变更的请求,并提供疫情对企业生产经营的影响和继续履行对一方明显不公的客观情况,协商终止合同履行或变更履行条件。

3. 应注意收集整理经营受疫情影响的相关证明,无法协商一致时,就可能后续发生的诉讼或仲裁作出应对准备。

(三)证据固定

司法实践中,原告方往往因无法举证“无法预见的非商业风险”与一方当事人受到的不利影响存在直接的因果关系,导致诉请无法得到支持。因此,在证据的收集和使用过程中,应注意通过归纳法、控制变量法等科学方法,直观地揭示出情势变更事件对合同继续履行造成的明显不公,以此证明两者之间直接的因果关系。

六、参考案例表

(一)适用情势变更

笔者整理了相关案例,其中适用情势变更规则、对涉案合同进行了调整、变更或解除合同的案例见表 6 – 3。

表 6－3 适用情势变更案例

序号	案号	终审法院	裁判时间	结果
1	(2021)新 40 民初 68 号	新疆高院(伊犁分院)	2021 年 3 月 19 日	适用/调整
2	(2021)新 40 民初 74 号	新疆高院(伊犁分院)	2021 年 3 月 19 日	适用/调整
3	(2021)新 40 民初 79 号	新疆高院(伊犁分院)	2021 年 3 月 19 日	适用/调整
4	(2021)新 40 民初 65 号	新疆高院(伊犁分院)	2021 年 3 月 19 日	适用/调整
5	(2021)新 40 民初 76 号	新疆高院(伊犁分院)	2021 年 3 月 19 日	适用/调整
6	(2021)新 40 民初 70 号	新疆高院(伊犁分院)	2021 年 3 月 18 日	适用/调整
7	(2021)新 40 民初 72 号	新疆高院(伊犁分院)	2021 年 3 月 18 日	适用/调整
8	(2021)新 40 民初 71 号	新疆高院(伊犁分院)	2021 年 3 月 18 日	适用/调整
9	(2021)新 40 民初 73 号	新疆高院(伊犁分院)	2021 年 3 月 18 日	适用/调整
10	(2021)新 40 民初 69 号	新疆高院(伊犁分院)	2021 年 3 月 18 日	适用/调整
11	(2022)鲁 01 民终 878 号	济南中院	2022 年 2 月 23 日	适用/解除
12	(2021)辽 01 民终 17877 号	沈阳中院	2021 年 12 月 21 日	适用/解除
13	(2021)黑 09 民终 534 号	七台河中院	2021 年 11 月 25 日	适用/变更
14	(2021)湘 01 民终 11249 号	长沙中院	2021 年 11 月 10 日	适用/解除
15	(2021)冀 04 民终 1380 号	邯郸中院	2021 年 4 月 12 日	适用/变更
16	(2020)青 01 民终 3190 号	西宁中院	2021 年 3 月 5 日	适用/变更
17	(2021)鲁 10 民终 392 号	威海中院	2021 年 1 月 28 日	适用/解除
18	(2021)豫 11 民终 79 号	漯河中院	2021 年 1 月 20 日	适用/变更

(二)不适用情势变更

笔者整理的案例中,不适用情势变更的案件见表6－4。

表6－4　不适用情势变更案例

序号	案号	终审法院	裁判时间	结果
1	(2021)最高法民申3867号	最高院	2021年6月24日	不适用
2	(2020)最高法民终629号	最高院	2021年3月31日	不适用
3	(2022)新40民终391号	新疆高院(伊犁分院)	2022年3月7日	不适用
4	(2021)渝民终454号	重庆高院	2021年12月27日	不适用
5	(2021)鲁民申11615号	山东高院	2021年11月18日	不适用
6	(2021)辽民申5759号	辽宁高院	2021年11月17日	不适用
7	(2021)鲁民终1737号	山东高院	2021年10月28日	不适用
8	(2021)辽民申5712号	辽宁高院	2021年10月27日	不适用
9	(2021)京民终51号	北京高院	2021年9月29日	不适用
10	(2021)吉民申3877号	吉林高院	2021年9月26日	不适用
11	(2021)豫知民终291号	河南高院	2021年7月20日	不适用
12	(2021)皖民申916号	安徽高院	2021年3月12日	不适用